DEEP
LEARNING

幼儿深度学习——面向未来的学前教育丛书

叶平枝　主编

区域活动中幼儿的深度学习

蔡黎曼　主编

刘琨　副主编

教育科学出版社

·北 京·

参编人员

主　编	蔡黎曼				
副主编	刘　琨				
编委会	吕凤清	史力玲	于美华	刘湘丽	郭烈琼	宋延俊
	任方芳	陈雅欣	白锦红	黄少仪	钟倩瑜	宣　汶
	冯嘉文	王京红	梁文欣	唐妙红	卢丽林	徐桂梅
	周静熙	陈　桦	张　莹	张雪凡	张祖娟	刘小圆
	孙　烜				

各章作者

第一章	蔡黎曼	郭烈琼	宋延俊	任方芳		
第二章	刘　琨	陈　桦	张　莹	张雪凡	张祖娟	
第三章	刘　琨	黄少仪	张雪凡	白锦红	钟倩瑜	刘小圆
	孙　烜	张祖娟	任方芳			
第四章	史力玲	宣　汶	冯嘉文	郭烈琼		
第五章	于美华	王京红	梁文欣	刘小圆	唐妙红	陈雅欣
	陈　桦	宋延俊				
第六章	刘　琨	张　莹	刘小圆	卢丽林	郭烈琼	
第七章	于美华	徐桂梅	梁文欣	周静熙	任方芳	
第八章	吕凤清	刘湘丽	陈雅欣	唐妙红	宋延俊	

丛书序一

当今世界正处于转折时期，社会对儿童和教育系统的要求正在发生改变。过去，教育的目标是教给儿童知识。而现在，教育的目标是确保儿童形成扎实的能力，使他们能够在日益变化的世界中找到自己的方向，应对以前所未有的速度快速变化的经济和社会，胜任还未出现的职业，使用还没有被发明的技术，解决我们还不知道将要发生的社会问题。因而，在全球教育都在走向新方向的今天，我们必须面对个人素质的重构。这种应对未来的重构意识，使得我们不得不关注儿童该如何学习的问题。

从学前教育改革和发展的进程来看，学界越来越重视儿童的学习，幼儿园教育由关注单一知识向关注生活与经验转变，由关注物质向关注互动转变，由关注学什么向关注怎么学转变。这些转变让人感到欣喜，因为这意味着我们关注到了儿童，关注到了儿童特殊的心理发展特点和需要，关注到了儿童学习发生和发展的过程，同时也使得我们更加基于儿童发展需求去考虑教师支持和鹰架的有意义策略。这也正是近年来深度学习越来越受到广大学者重视的重要原因之一。这种重视实则是出于对儿童这一精神个体学习过程的关注，是对其所获得的成长的关切。

叶平枝教授带领的研究团队，既有来自广州大学、河南大学、北京师范大学、华南师范大学和广东第二师范学院等院校的理论工作者，也有来自学前教育一线的知名教研员、园长和骨干教师。他们长期聚焦于幼儿的深度学习研究，在园所展开了大量有益实践，并获取了相当多鲜活的案例。团队编撰的有关幼儿深度学习的系列丛书，相信会助推和深化幼儿深度学习的研究，让一线教育工作者有所借鉴。

　　幼儿的深度学习是幼儿作为一个精神生命在自我探寻的过程中，由内而外地组建他所能够获得的外界给他准备好的信息，在自己的主动推动与教师或所处的环境和规则的引导下，获得有意义成长的一种学习策略。希望更多的幼儿园教师具有深度学习能力，更多的幼儿能够打好深度学习的基础，为未来做准备，获得受益终身的学习力。

侯莉敏

广西师范大学

2022 年 2 月 16 日

丛书序二

19世纪中叶，斯宾塞发出"什么知识最有价值"的课程之问，指出教育的目的是为"完满的生活"做准备，"完满的生活"就是"幸福的生活"，而幸福生活的获得有赖于最有价值的知识——科学。将近200年过去了，科学以惊人的速度发展着。如果说教育的目的是为"完满的生活""幸福的生活"做准备，那么我们该怎样为未来做好准备，怎样为幼儿的未来做好准备？可以说，当今时代对于教育的挑战是空前的。

在思考如何应对未来世界挑战的过程中，教育研究有两个重要进展：一是对未来准备目标和内容的研究，即"核心素养"的研究与实践；二是对教育方式的研究，即"深度学习"的研究与实践。1997年，经济合作与发展组织提出了核心素养的结构模型，不仅掀起核心素养改革浪潮，还使核心素养成为教育改革的焦点。《中国学生发展核心素养》将中国学生发展的核心素养分为三个维度，综合表现为六大素养。"核心素养是学生在接受相应学段的教育过程中，逐步形成的适应个人终身发展和社会发展需要的必备品格和关键能力。"① 让学习者获得核心素养，必须将知识的学习转化为智慧和能力的学习，深度学习就成为必然选择。所谓深度学习就是学习

① 林崇德. 中国学生核心素养研究 [J]. 心理与行为研究，2017（2）：145.

者以解决问题和发展高阶认知为目的，积极主动地运用综合知识和经验解决问题、建构认知的过程。"深度学习"概念虽然是国外学者于1976年提出的，但"授人以鱼不如授人以渔"的"渔"追求，中国古已有之，有意义的学习、有效的学习，均与深度学习的追求暗合。

在学生核心素养和深度学习研究如火如荼之时，学前教育也在进行着静悄悄的革命。《3—6岁儿童学习与发展指南》虽然没有提"核心素养"，但其对幼儿"应知应会"的选择、对幼儿关键知识和关键经验的确定都是核心素养的研究旨归。冯晓霞教授较早提出了"幼儿区域活动中的深度学习"，推动了我国幼儿深度学习的研究。深度学习与核心素养（或者说"关键经验"）是相辅相成的。核心素养是为完满生活和幸福生活做准备，而要获得核心素养，必须让幼儿深度学习，获得真正的学习力，将知识转化为素养或能力。学习不仅仅是知识的学习，更是围绕着知识进行探索，获得学习力和创新力等未来社会与个人终身发展必需的关键能力、个性品质及道德品质。我们的研究以已有研究为基础，努力体现以下三个特点。

前瞻性。面对新时代和未来世界的复杂性和多变性，我们认为学前教育与中小学教育一样，都应该进行朝向深度学习的教育改革，使幼儿在游戏和探究活动中发展好奇心和探究能力，主动、积极地解决问题，发展计划性、反思能力和问题解决能力。深度学习既是对社会环境变革的回应，也是学习本质的回归。我们的研究从幼儿深度学习课程设计和教育支持、游戏中的深度学习、区域活动中的深度学习、教学中的深度学习、一日生活中的深度学习与幼儿深度学习评价等方面，对幼儿深度学习进行理论和实践的探索。

统整性。我们倡导深度学习是回归学习本质的学习，力图从幼儿深度学习角度统整课程、游戏和教学的理论与实践：①确定幼儿应知应会的关键经验和核心素养；②整合我国综合主题课程改革和国外著名课程模式研究的经验，确定实施模式；③根据深度学习理论和学习机制的多学科研究成果，确定教育支持的方法与策略；④探索幼儿深度学习的评价模式和方法。我们的研究努力做到本土课程与国外先进课程的统整、教师主体与幼儿主体的统整、预设与生成的统整、游戏与课程的统整。

操作性。我们的研究既不是理论上的设想和推演，也不是单纯的实践探索，而是理论和实践的真正结合。我们对深度学习的理论研究历时多年，也进行了持久的实践探索，正式实验也有近两年时间。经过理论与实践的持续对话，我们较好地解决了课程教学碎片化、知识与经验对立、预成与生成割裂等问题，力图使理论变得更有解释力和迁移力，使方法与策略具有较强的可操作性。本丛书的许多案例来自实验园的实践成果，说明这样的改革不仅是必要的，也是可行的。

我们深深知道，没有研究者和实践者的卓越探索与实践智慧，就不可能有本套丛书。我们借鉴了前人的大量智慧，在此表示深深的谢意，也希望通过一系列抛砖引玉的研究，启发更多理论和实践工作者加入对深度学习的探索。我们也将以开放的态度欢迎大家批评指正，共同为幼儿未来幸福和完满生活打下坚实的基础。

广州大学

2021 年 12 月 17 日

目　录

第一章

区域活动中
幼儿深度学习概述

　　信息技术时代科学技术的迅猛发展，为人类获取信息提供了极大便利，人类获取知识的途径越来越多样化。但与此同时，碎片化的信息也极大地影响了人类的学习质量和学习效率。因此，能够建立知识体系解决复杂问题的能力、具有对知识进行深度加工的能力、知识的迁移运用与创新能力、信息的整合能力、终身学习能力等被认为是信息技术时代人才所必须具备的关键能力，而这些能力的形成仅仅通过学习浅层的、灌输式的、脱离具体问题情境的程序性知识是远远无法得到的。因此，科学有效的学习方式是不断提升幼儿的学习效果和提高学前教育质量的必然要求，而深度学习作为一种科学有效的学习方式应运而生。

　　幼儿教育是国民教育的基础，幼儿阶段的学习质量对个体的后期学习及终身发展具有深刻影响。幼儿园区域活动以其开放性、自主性、动态性、差异性的特征成为幼儿最喜欢的活动形式之一，也是幼儿教育的基本形式之一，是影响幼儿学习质量的决定性因素之一。

　　区域活动为幼儿提供了多样化的学习经验，在发展幼儿的主动性、同伴合作、探究精神、问题解决能力等方面体现了多元价值，这些价值与深度学习所倡导的教育理念不谋而合。因此，关注幼儿园区域活动中幼儿深度学习对于培养适应新时代社会发展的人才具有重要意义。

第一节　区域活动中幼儿深度学习的内涵与特征

一、区域活动的内涵与特点

　　有关幼儿园区域活动的教育思想最早起源于西方国家，意大利著名儿童教育家蒙台梭利是区域活动教育思想的首创者，她批判了传统幼儿园只注重集体活动的做法，认为集体活动实际上是用一个模子去塑造儿童，忽视了儿童的个性和发展潜力。因此，她提出将儿童所处的教室设计成不同大小的区域，从而达到不同的教育目的。这些区域包括日常生活教育、感官教育、语言教育、数学教育、科学教育、文化教育以及艺术教育等，并在其中放置不同的教具和活动材料，幼儿可以自由选择在不同的区域开展不同的活动，进行不同的探索。美国学者约翰·托马斯、玛丽·伊丽莎白·约克等将蒙台梭利有关区域活动的教育思想进一步完善。为了促进幼儿的主动学习，高瞻课程设置了积木区、美工区、音乐区、沙水区、运动区、木工区、娃娃家等9个区域活动，哈佛大学加德纳教授以及塔夫斯大学的费尔曼教授提出的光谱方案也将区域活动作为该课程方案的核心内容。

此后，区域活动在国外盛行，20世纪80年代，区域活动作为一种新的教育形式引入中国，我国幼儿园开始相继出现区域活动，因此，国内学者针对区域活动开展了一系列的理论研究和实践探索。

（一）区域活动的内涵

区域活动也叫区角活动、游戏区活动、活动区活动，是从国外引入我国的一种新型幼儿园教育形式，并在我国获得普遍认可并逐渐推广。经过几十年的探索与实践，区域活动对幼儿的发展价值备受认可，已成为集体活动之外幼儿学习的重要活动形式。虽然关于区域活动的内涵，至今没有形成比较统一的界定，但综合我国学者对区域活动的界定，可以分为以下几种类型。

1. 将区域活动视为一种学习与发展的活动空间

将区域活动视为幼儿学习与发展的活动空间这一观点在国内受到广泛认可，众多学者也是从这一角度对区域活动进行界定。

如冯晓霞认为，所谓区域活动或活动区活动，指的是教师根据幼儿喜欢的区域材料和区域类型，将活动室的空间划分为不同的区域，让他们按照自己的意愿进行选择，在其中通过与材料、环境和伙伴的互动中获得学习与发展。①

2001 年教育部颁发的《幼儿园教育指导纲要（试行）》（以下简称《纲要》）中也指出区域活动就是，儿童在班级中最感兴趣的地方和获得知识的地方，它是教师依照儿童本身的特征和喜好而特别创建的活动空间，以便促进儿童轻松快乐地学习。

王春燕认为，区域活动是指以幼儿的需要、兴趣为主要依据，考虑幼儿园教育的目标、正在进行中的其他教育活动等因素，划分一些区域，如积木区、表演区、科学区等，在其中投放一些适合的活动材料，制订活动规则，让幼儿自由选择区域，在其中通过与活动材料、同伴等的积极互动，获得个性化的学习与发展。

霍力岩提出，区域活动是教育者以幼儿感兴趣的活动材料和活动类型为依据，将活动室的空间划分为不同的区域，教师根据一定的教育目标在这些区域里布置丰富多彩的活动材料，让幼儿根据自己的兴趣和发展水平自主选择区域和活动内容，通过操作材料、与环境和同伴的充分互动而获得个性化学习和发展。②

2. 将区域活动视为一种教育组织形式

持此种定义的研究者从幼儿园教育活动组织形式出发，将区域活动与幼儿园集体教育活动相区分，认为幼儿园集体活动是集体化教学组织形式，而幼儿园区域活动是个别化教学组织的典型代表。

如我国学者黄瑾便是从这一角度出发对幼儿园区域活动进行界定，认为区域活动是幼儿教师利用游戏特征创设环境，让幼儿以个别或者小组的方式，自主选择、操作、探索、学习，从而在和环境的相互作用中，利用和积累、修正和表达自己的经验与感受，在获得游戏般体验的同时，获得身体、情感、认知及社会性等各方面发展的一种教育

---

① 冯晓霞. 幼儿园课程（第 2 版）[M]. 北京：北京师范大学出版社，2001.
② 霍力岩，孙冬梅，等. 幼儿园课程开发与教师专业发展——比较研究的视角 [M]. 北京：教育科学出版社，2006.

组织形式。①

3. 将区域活动视为一种游戏活动

《纲要》指出幼儿园教育应充分尊重幼儿作为学习主体的经验和体验，尊重他们身心发展的规律和学习特点，以游戏为基本活动，引导他们在与环境的积极相互作用中得到发展。游戏作为幼儿园的基本活动形式，应当贯穿幼儿园教育的方方面面，因此，张哲从游戏视角来界定区域活动，认为区域活动是幼儿在幼儿园中根据教师提供的区域环境与区域材料，自主选择、自主进行的游戏形式，是有教育意义的幼儿自主游戏活动。② 这一定义反映了近年来我国幼儿园教育游戏化的特征，体现了幼儿园区域活动的本质是游戏活动。

虽然不同学者看待区域活动的角度不同，界定其内涵也不同，但综合不同学者对区域活动的界定可以发现，不论是哪一种类型的内涵，都十分强调幼儿的兴趣、需要，强调幼儿在活动中的自主性、活动过程的探究性、幼儿发展的差异性，最终指向幼儿的身心健康与和谐发展。

综合国内不同学者关于区域活动内涵的观点以及区域活动的核心要义，本书从教师和幼儿双主体来界定区域活动。

从教师角度看，区域活动既是一种特殊的教育活动，也是一种个别化的教育组织形式，教师通过投放多样化的材料、创设丰富的区域环境促进幼儿的自主性学习和个性化发展。从幼儿角度看，区域活动既是一种游戏活动也是一种学习活动，幼儿根据自己的兴趣爱好，在与同伴的合作和与区域环境的相互作用中开展自主性、探究性和合作性的游戏与学习活动。幼儿园区域活动一般分为三类，一是常规区域，二是主题区域，三是特色区域。③ 常规区域是指任何一个幼儿园和班级都可能会见到的区域，本书选取了幼儿园中的几个常规区域，包括科学区、艺术

① 黄瑾. 幼儿园教育活动设计与指导［M］. 上海：华东师范大学出版社，2007.
② 张哲. 教师介入中班幼儿区域游戏的现状研究——以保定市区两所公办园为例［D］. 保定：河北大学，2011.
③ 董旭花. 幼儿园游戏（第二版）［M］. 北京：科学出版社，2016.

创作区、建构区、角色区、语言区、音乐区。

（二）区域活动的特点

区域活动的特点包括区域环境的开放性、活动内容的动态性、活动过程的自主性、学习方式的差异性、教师指导的间接性等，这些特点使其在幼儿园教育活动中越来越受到重视。

1. 区域环境的开放性

幼儿园各区域之间是开放的，幼儿在各个区域活动中自由进出、充分交流，区域活动的开放性使区域活动之间是紧密联系的，区域环境的开放性可以有效提高幼儿同伴交往的质量，幼儿的主动性和积极性得以提高，进而促进幼儿语言、人际交往等多方面能力的发展。区域环境的开放性，可以将各个区域串联起来，形成一个大区域。如教师利用"货币的流通"这一线索将语言区、角色区、科学区、建构区、艺术创作区等各个区域连接起来，形成一个可供全班幼儿参与的大型区域活动。

2. 活动内容的动态性

幼儿发展的动态性决定了幼儿园区域活动内容也是动态发展变化的。区域活动内容随着幼儿的兴趣、活动主题、探究活动深入程度而不断生成新的内容。幼儿园区域活动内容的动态性一方面表现为幼儿探究活动的动态性，另一方面表现为区域中材料投放的动态性，区域环境材料随着幼儿活动的不断深入，教师也需投放满足幼儿活动需要的环境材料。

3. 活动过程的自主性

区域活动中幼儿拥有更多的自主权，幼儿是区域活动的主人，既可以是区域活动的自主发起者，也可以是区域活动的推进者。教师尊重儿童的话语权与抉择权，幼儿可以决定自己是否参与区域活动以及开展哪一个区域活动，可以根据自己的兴趣选择不同类型的活动区、活动材料和游戏伙伴，自主决定开展区域活动的主题，如想做什么、用什么材料做、和谁一起做以及做出什么作品等；此外，在区域活动中幼儿可以自主决定活动的节奏，一起讨论下一阶段的活动主题和活动任务。

4. 学习方式的差异性

关注个别差异，促进每名幼儿自由而有个性地发展是教育教学改革一直以来的使命和目标。区域活动作为典型的个别化教育形式，更关注幼儿的个性化发展。在区域活动中，教室被分成若干个不同的区域，不同的区域有不同的游戏材料，幼儿可以根据自己的兴趣和爱好选择自己喜欢的活动区域，经验不同、能力不同、爱好不同的幼儿均可以通过区域活动实现自己与区域环境和材料的相互作用。因此，区域活动本质上是一种尊重幼儿学习风格、学习能力和发展差异的个性化教育形式。[1]

5. 教师指导的间接性

蒙台梭利在其著作《童年的秘密》中对教师的角色进行了阐述，认为教师在教育儿童的过程中主要肩负两个重要任务：发现真正的儿童和为教育儿童做好准备。这一观点表明，教师在幼儿发展的过程中，要不断调整自己的活动以适应幼儿发展的需要，同时善于通过观察、反思等方式不断做好调整自己活动的准备，即教师在教育幼儿的过程中不是一成不变的知识传授者，而应该成为幼儿发展的支持者、引导者、观察者、发现者。

霍力岩提出区域活动本质上是一种导师制教育[2]，认为教师在区域活动中不应该为幼儿的活动准备教案，而应该为促进幼儿的发展提前准备活动材料。因此，区域活动中教师指导的间接性体现在教师角色的转变，从教的角色转变为导的角色，从知识传授者转向为发展支持者，教师在幼儿区域活动中的作用也从备课转向备材料[3]。在区域活动

---

①②③　霍力岩，齐晓恬. 区域活动的本质特征 [J]. 幼儿教育（教育教学），2009（1）：23-25.

中，教师要为幼儿创设适应不同幼儿发展水平的区域活动环境，间接引导幼儿成为区域活动中的主动学习者和自主探究者。

二、深度学习的内涵与特点

关于深度学习的研究最初起源高等教育领域研究者们对于高校学生在校学习过程以及结果的关注。20 世纪 50 年代，瑞典歌特堡大学学者马顿（Ference Marton）和萨乔（Roger Saljo）研究了大学生在进行阅读学习过程中表现出的学习策略以及学习结果。研究发现，当大学生在学习过程中使用的学习策略不同时，学生的学习结果也不同，即学生的学习结果存在浅层（surface-level processing）的机械记忆和深层（deep-level processing）的理解运用等不同学习结果。1976 年，马顿（Ference Marton）和萨乔（Roger Saljo）在《学习的本质区别：结果和过程》一文中，正式提出并详细阐述了深度学习和浅层学习两个相对应的概念，提出深度学习是一个知识迁移、提高问题解决能力的过程，这是深度学习这一概念最早被提出。[1]

此后，有关深度学习的研究成果越来越丰富，澳大利亚比格斯（Biggs，J.）等学者在这一概念基础上都对深度学习进行了不同角度的研究。

国内有关深度学习的研究起步较晚，直到 21 世纪初，我国才开始关注深度学习。最早将深度学习引入我国教育界的是上海师范大学的黎加厚教授。

（一）深度学习的内涵

1. 深度学习

自黎加厚将深度学习引入国内，众多学者对深度学习概念提出了

---

① MARTON F，S LJ R. On qualitative differences in learning: i-out-come and process [J]. British Journal of Educational Psychology，1976，46（1）：4-11.

自己的观点和看法，目前受到广泛认可的主要有以下观点。

（1）深度学习是一种指向提高学生问题解决能力的学习过程

黎加厚指出，深度学习是指在理解学习的基础上，学习者能够批判地学习新思想和知识，并将它们融入原有的认知结构中，能够在众多思想间进行联系，并能够将已有知识迁移到情境中，做出决策和解决问题的学习。①

张浩认为，深度学习是指学习者根据自己的学习兴趣和需求，在理解的基础上主动地、批判性地学习新思想和知识，运用多样化的学习策略来深度加工知识信息，建立多学科知识、多渠道信息、新旧知识信息等之间的联系，建构个人知识体系并有效迁移应用到真实情境中来解决复杂问题的学习。②

吴永军在《关于深度学习的再认识》一文中将深度学习定义为在特定的社会文化情境中，学习者在与他人互动以及环境互动中，关注知识之间的有机联系，最终能够迁移并能够解决实际生活问题的意义生成的过程。③

以上几位学者关于深度学习的定义主要从建构主义的观点出发，将深度学习作为与浅层学习相对应的一对概念，在知识观上强调新习得的知识与已有认知结构之间的关联性，在学习观上强调学生的主动学习，在学习结果上关注学生的问题解决能力以及高阶思维发展。

（2）深度学习是教师支持下围绕具有挑战性内容的有意义学习过程

郭华在黎加厚观点的基础上，创造性地提出深度学习是指在教师的引领下，学生围绕具有挑战性的学习主题，全身心积极参与、体验成功、获得发展的有意义学习过程。在这个过程中，学生掌握学科核

---

① 何玲，黎加厚. 促进学生深度学习［J］. 现代教学，2005（5）：29-30.
② 张浩，吴秀娟. 深度学习的内涵及认知理论基础探析［J］. 中国电化教育，2012（10）：7-11，21.
③ 吴永军. 关于深度学习的再认识［J］. 课程·教材·教法，2019（2）：55-56.

心知识，理解学习过程、把握学科的本质以及思想方法，形成积极的内在学习动机、高级的社会性情感、积极的态度、正确的价值观；既成为具有独立性、批判性、创造性又有合作精神、基础扎实的优秀学习者，成为未来社会历史实践的主人。① 这一内涵既包含深度学习的性质、内容，也包含深度学习的过程、任务和目的。

郭华关于深度学习的内涵指出深度学习的性质是教师的教学，而非学生的自学，除了教师的教，有挑战性的任务是深度学习的内容。郭华以维果茨基的最近发展区为指导，认为要促进学生的深度学习就必须设置有挑战性的任务，并且只有在教师的支持下才能完成这一挑战，此外，深度学习的任务和目的是促使学习真正发生。

郭华关于深度学习的定义凸显了教师在促进学生深度学习过程中所发挥的关键性作用，指出教师的教是学生深度学习的关键因素，更多从社会文化视角出发，强调学生与成人的社会性互动，关注教学与学生发展的关系。

2. 幼儿深度学习

随着深度学习研究成果不断丰富，有关深度学习的研究也引起早期教育研究者的关注，幼儿的深度学习进入研究者们的视野，什么是幼儿的深度学习、幼儿能否产生深度学习引发了研究者们的思考。

冯晓霞认为幼儿的深度学习是一种有意义的长效学习②，杨晓萍指出幼儿的深度学习指的是幼儿积极主动地通过自己特有的学习方式，对周围社会、自然、物质环境进行探索，将获取的新知识、新经验纳入原有认知结构之中，最终能够迁移已有经验至新情境中不断解决问题获得高阶思维能力的学习，体现在学习性质、目标过程、态度和效果方面具有与浅层学习明显的特征差异。③ 从学习性质看，幼儿深度学

① 郭华. 深度学习及其意义 [J]. 课程·教材·教法，2016，36（11）：25-32.
② 冯晓霞. 区域游戏中的深度学习 [R]. 南京：中国学前教育研究会学术年会. 2016.
③ 杨婷，杨晓萍. 论区域活动中幼儿的深度学习——基于情境认知理论 [J]. 重庆第二师范学院学报，2019（5）：78-82.

习是一种复杂的、有意义的高级学习；从学习目标看，幼儿深度学习旨在培养幼儿高阶认知能力；从学习过程看，幼儿深度学习注重对知识的理解和批判；从学习态度看，幼儿深度学习是一种高投入的主动性学习；从学习效果看，幼儿深度学习可以促进高阶思维发展。

王小英在郭华与吴永军有关深度学习观点的基础上，从认知、动机、社会文化三个层面对幼儿深度学习进行界定，认为幼儿深度学习是指幼儿在教师的引导下，在较长时间内，围绕富有挑战性的课题，全身心地积极投入，通过同伴间的合作与探究，运用高阶思维，迁移已有经验，最终解决实际问题的有意义的学习过程。[①] 在王小英看来，幼儿的深度学习并不是指向高深的学习内容，也不是超越幼儿认知能力的小学化的学习。

叶平枝等在《幼儿深度学习课程设计与实施》一书中对幼儿深度学习做出界定，认为幼儿深度学习是在兴趣和问题的内在动机驱动下，主动积极地探究并解决问题，丰富和发展认知、情感、能力和个性，并将学习所得迁移到新情境中的一种学习[②]，强调幼儿的深度学习具有内在动机、由情境带入、整体性学习、有意义学习、反思为中介等特征。

虽然不同学者对幼儿深度学习的概念界定不同，但综合各学者的观点可以发现幼儿的深度学习与深度学习内涵相比，更加凸显了深度学习的特征，将深度学习的关键词聚焦于内在动机、主动性、经验迁移、问题解决、人际互动、挑战性问题、高阶思维等，是对深度学习内涵的进一步凸显与清晰化，对于在幼儿教育实践中促进幼儿深度学习的产生与发展与具有重要意义。

[①] 王小英，刘思源．幼儿深度学习的基本特质与逻辑架构［J］．学前教育研究，2020（1）：3-10.

[②] 叶平枝，等．幼儿深度学习课程设计与实施［M］．北京：教育科学出版社，2022.

（二）深度学习的特点

深度学习作为一种指向学生核心素养发展的学习状态，既具有学习的一般特征，也具有自身独特的特点，这些特征是帮助我们判断幼儿是否产生深度学习的依据。

1. 学习的主动性与建构性

深度学习本质上是一种由学习者的内部动机引起的学习，来源于学习者对学习的真实需要，包括自我实现、自我发展以及建构人生价值与意义的需要等，这是深度学习得以产生的前提条件。因而，学习者在学习的过程中必然是主动的学习者和建构者，而不是知识的被动接受者。学生在学习过程中不仅能够以积极的情感态度主动参与学习过程，还能充分调动元认知，发挥自身主观能动性运用各种学习策略以促进知识的不断建构，在学习过程中遇到困难与挫折能够积极主动地寻求解决问题的办法。

2. 知识的整合性与迁移性

与浅层学习不同，深度学习强调知识之间的有机整合与迁移，具体表现为：一方面，深度学习强调新旧知识之间的有机联系，关注学习者在学习过程中将新学习的知识与头脑中认知结构中的已有旧知识整合起来，加强新旧经验之间的相互联系，从而不断完善自身的认知结构，与此同时关注将所学习的知识迁移到不同情境中解决问题；另一方面，深度学习强调知识与生活的有机整合，学以致用、举一反三，将所学习的知识迁移到日常生活中解决实际问题是深度学习所追求的目标之一，也是深度学习的必然结果和落脚点。

3. 思维的高阶性与深层性

高阶思维是发生在较高认知水平上的心智活动或较高层次的认知能力。一方面，布鲁姆认知目标分类学中曾将人的认知水平分为记忆、理解、应用、分析、评价、创造 6 个不同的阶段，其中应用、分析、评价、创造 4 个认知水平被认为是发生在较高认知水平上的能力。当深度学习发生时，学习者的认知水平不仅仅停留在简单的记忆与知识的理解层面，而是能够将所学的知识进行运用、分析、综合与评价；另一方面，人的创新能力、问题解决能力以及批判性思维能力也被认为是高阶思维的具体表现。高阶思维与深度学习两者之间存在紧密联系，高阶思维既是实现深度学习的关键因素，也是深度学习最核心的特征，是判断学习者是否产生深度学习的重要依据，如深度学习强调学习者对知识的理解、运用、迁移、批判，关注学习者获得问题解决能力、创新创造能力等，都是高阶思维活动的重要组成部分。

4. 问题的真实性与挑战性

掌握知识不是学习的最终目的，将知识运用于现实生活中解决真实的问题才是学习的终极目标，因此，深度学习强调学习是由一个真实的问题引发的持续探究的过程，在探究问题、解决问题的过程中不断提升自己、建构知识、提高问题解决能力。此外，深度学习不仅要求问题的真实性，同时也关注问题的挑战性，深度学习的内容必须高于学习者现阶段发展水平且具有挑战性，能够引起学习者获得有意义的发展，但又不能超过学习者的能力极限，而是在教师的支持与引导下能够达到的能力水平，即维果茨基所指出的最近发展区。

三、区域活动中幼儿深度学习

（一）区域活动与深度学习的关系

1. 区域活动是实现深度学习的桥梁

区域活动是实现深度学习的重要桥梁，可以为幼儿的深度学习提供有力的保障，具体表现在以下几点。

第一，区域活动开放的活动空间为幼儿提供了开展深度学习的场域。

幼儿园区域活动以其空间的开放性，为幼儿提供了自主学习、自主探究的空间。在区域活动中，幼儿可以根据自己的兴趣和能力水平以及生活经验，选择自己喜欢的同伴、自由选择、自主操作、大胆操作。在这种开放、自由、民主的环境中，幼儿的自主性得到充分彰显，有利于充分调动幼儿参与活动的积极性和主动性。众多研究表明，幼儿主动发起的活动与幼儿被动接受的活动相比，更能激发幼儿学习的内驱力，调动幼儿自我发展、自我实现的愿望。这与深度学习是一种由学习者的内部动机引起的学习这一本质不谋而合，因此，可以说区域活动能够提供产生深度学习的前提条件。

第二，区域活动丰富多样化的材料为幼儿提供了深度学习的载体。

材料是引发幼儿深度学习的重要载体，在区域活动中，教师通过投放丰富多样的活动材料，让幼儿能够在与材料的交互作用中建构自己的认知结构，丰富直接经验，这比教师的讲解与灌输更能激发幼儿对知识的理解与认知，让幼儿的认知水平不仅仅停留在记忆与理解层面，同时能够在自己动手操作获得直接经验的基础上综合运用以及分析评价相关知识。

同时，区域活动中低结构、高开放性的材料中包含着更多需要解决的问题，进而为幼儿提供更多思考、探索的空间，这对发展幼儿的创新创造、问题解决等高阶思维能力具有无可比拟的作用。因此，区域活动对于深度学习而言，其丰富多样化的材料提供了更多引发幼儿深度学习的可能性。

第三，区域活动为幼儿提供了解决真实问题的游戏情境。

幼儿在区域中开展的活动更多是由幼儿在生活和学习过程中遇到的真实问题引起的，当幼儿在学习和生活中碰到难以解决的问题，便可以到区域活动中通过对材料的操作、自主探究、与同伴合作寻求解决问题的办法。此外，幼儿也可以将集体活动中所学的内容延伸并迁移到区域活动中解决真实的问题，这也是深度学习的有效体现。因此，区域活动能够为幼儿提供解决真实问题的现实情境，从而引发幼儿的深度学习。

综上所述，区域活动与深度学习中主动学习、知识建构、问题解决、迁移运用等特征不谋而合，对促进幼儿深度学习具有重要价值，为幼儿的深度学习提供了适切的载体。因此，在幼儿园开展的探究式活动、项目式活动、基于问题的学习等指向幼儿深度学习的方式大都以区域活动为载体，在区域活动中推进项目学习、开展探究活动，以此促进幼儿的深度学习。

2. 深度学习是提高区域活动质量的内在要求

区域活动因打破了集体活动中统一规范的活动流程，关注幼儿发展的差异性与教育的个性化，是实施因材施教的重要教育形式而备受关注。近年来，有关区域活动的研究已经成为幼儿园课程改革以及学前教育实践探索的重点之一。然而，在开展幼儿区域活动的过程中，由于教师对区域活动认知不足，幼儿园区域活动存在幼儿情感投入不足、主动性不强、活动方式流于形式、各区域彼此割裂等问题，幼儿的区域活动无法深入展开，缺乏对问题的持续探究，幼儿的学习停留在浅层的机械记忆与被动接受层面，难以抵达深层的灵活迁移运用、反思批判等层面，这必然影响区域活动开展的质量。因此，要充分发挥区域活动的教育价值，提高区域活动的质量，有效培养幼儿的学习品质，就必须为区域活动创造有利于深度学习的条件，将深度学习作为有效开展区域活动、提高幼儿区域活动质量的内在要求。

首先，深度学习的产生必须以学习者的主动性为前提，关注学习者的内部动机与知识的主动建构。在区域活动中，教师需要不断转变自身角色，成为区域活动中幼儿活动的支持者、观察者、引导者，有效地激发幼儿的主动性、探究欲望以及参与区域活动的内部动机，让幼儿成为区域活动的主体，成为活动的主动发起者、推进者以及知识的主动建构者。只有这样，才能有效引发幼儿对问题持续不断地探究，才能让幼儿的学习不断走向深入。因此，只有幼儿的主动性得到充分发挥、内部动机得到充分激发的区域活动才可能是高质量的区域活动。

其次，深度学习是一种涉及高阶思维的学习，强调学习者对知识的综合、分析、运用与评价，同时关注学习者的创新思维能力和批判思维能力。对于幼儿而言，区域活动不仅指向幼儿在认知水平的机械记忆、技能的单一模仿复制、情感的简单接受与被动反应，而且更加关注幼儿在区域活动中对知识的迁移与运用、综合与分析，在技能层面上能够突破单一的模仿转向适应与创新，在情感层面形成系统化、个性化的价值体系。如果区域活动中幼儿的学习仅停留在简单识记、机械重复模仿的状态，区域活动将会失去其应有的教育意义与价值。可以说，区域活动只有以促进幼儿的深度学习为目标，为发展幼儿的高阶思维为导向，才能发挥它应有的价值与作用。

最后，深度学习立足于真实问题的解决，强调学习者将所学习的知识应用到真实的情境中解决实际生活中的现实问题。区域活动作为开展项目式学习、探究式学习的有效途径，必须以解决实际问题为指引，帮助幼儿学会学习、自主探索、独立解决问题，而不仅停留在形式化、同质化的材料操作层面，否则幼儿在区域中的活动便会被统一性、流程化的活动所固化。因此，指向现实的问题情境也是区域活动所追求的目标之一，是提高区域活动质量的重要方式。

（二）区域活动中幼儿深度学习的特征

正如前文所述，我国学者叶平枝提出，幼儿深度学习是在兴趣和问题的内在动机驱动下，主动积极地探究并解决问题，丰富和发展认知、情感、能力和个性，并将学习所得的迁移到新情境中的一种学习，强调具有内在动机、由情境带入、整体性学习、有意义学习、反思为中介等特征[①]；冯晓霞通过分析区域游戏探究案例"五月的风"，总结并提出了区域活动中幼儿深度学习的多种特征，包括学习者的积极主动性、真实的问题解决、已有经验的运用、新经验的获得与迁移、批判与反思、内容与现实世界的联系、对有关概念和原理的建构与理解

---

① 叶平枝，等. 幼儿深度学习课程设计与实施 [M]. 北京：教育科学出版社，2022.

等；王小英经过多年的研究，总结提炼了幼儿深度学习的特征，包括在认知层面的问题解决能力、动机层面的积极情绪以及社会文化层面的人际互动等特征，并在此基础上形成了幼儿深度学习的逻辑框架：以问题解决为导向、以积极情绪为动力、以动手制作为依托、以同伴合作为支撑、以评价反思为主轴。①

综合学界观点，我们将区域活动中幼儿深度学习的特征总结如下。

1. 以发展幼儿问题解决为目标

深度学习是一种基于和指向幼儿问题解决的学习，因而深度学习最核心的目标是发展问题解决能力，促进高阶思维发展。研究者们普遍认为问题解决能力是深度学习的落脚点，并有学者专门针对儿童的问题解决能力和深度学习的内在关联进行了系统探究，研究结果表明：问题解决能力的高低与儿童学习的程度呈正相关，当儿童表现出深度学习时，儿童问题解决能力也较强，当儿童表现出浅层学习时，儿童问题解决能力也较弱②。区域活动作为幼儿自主、主动发起和参与的以幼儿为主体的活动形式，强调幼儿将生活、游戏和集体活动中获得的经验迁移到区域活动中，解决区域活动中面临的问题，因而更加强调知识的理解与批判、经验的迁移和应用，区域活动中幼儿的深度学习也更加需要以发展幼儿的问题解决能力为目标。而蕴含意义的问题萌发于具有整体性的真实情境，因此，区域活动中幼儿的深度学习活动强调注重经验之间的内在联系与学习活动的整体性设计，反对碎片化、割裂式的教育教学方式。

2. 以幼儿学习与发展的关键经验为重点

幼儿的学习以直接经验为基础，幼儿主动获取学习经验是其发展过程中必不可少的元素，而关键经验则是幼儿在各领域的学习与发展

① 王小英，刘思源. 幼儿深度学习的基本特质与逻辑架构［J］. 学前教育研究，2020（1）：3-10.

② 王靖，崔鑫. 深度学习动机、策略与高阶思维能力关系模型构建研究［J］. 远程教育杂志，2018（6）：44.

中需要直接获取的重要经验，这一概念出现于 20 世纪 70 年代美国高瞻课程的理论体系中，后又不断完善发展。在幼儿的一日生活中，并非所有事物都需要进行深度学习，且教育者也无法穷尽所有幼儿需要掌握的具体知识与技能，因此，为避免"只见树木，不见森林"，幼儿的深度学习应以幼儿学习与发展中的关键经验为重点，唯有在幼儿发展过程中必不可少的元素才更有必要进行深度学习。就其特征而言，一方面，关键经验作为一种从经验中划分出的类型，直接获得性是其最为一般也最为首要的特征，幼儿必须通过自己的主动学习在区域活动中获得经验并建构知识；另一方面，关键经验作为一种区别于一般经验的重要经验，关键在于指向经验的基础性、稳定性、必要性和普适性。基于此，本书后续章节对区域活动中的关键经验进行了梳理，以此作为教育活动组织与实施的基本线索与质量评价的参考指标，并结合实际案例对教师支持策略进行构建与评价。

3. 以积极的情绪情感体验为动力

幼儿的深度学习是一个全人整体性投入的活动，既有认知维度智力因素的投入，也有动机、情感和意志等非智力因素的投入。① 众多有关学习心理学的研究表明，动机是影响学习者学业成就的关键因素，近年来众多脑科学的研究也表明，在一个正常的大脑中，理智不能离开情绪独自发挥作用。② 在幼儿园的区域活动中同样如此，幼儿的动机、情绪、意志等非智力因素是激发和维持幼儿开展区域活动的基本动力，是影响幼儿区域活动顺利开展的重要因素，是对幼儿区域活动中深度学习起着至关重要作用的因素。没有积极的情绪情感体验，幼儿就无法产生开展区域活动的内部动机，幼儿在区域活动中的探索也就无法深入乃至维持，进而幼儿也不可能产生深度学习。更进一步，情境作为建构主义教育观所强调的学习环境的重要因素，也对唤醒、

---

① 王小英，刘思源. 幼儿深度学习的基本特质与逻辑架构 [J]. 学前教育研究，2020（1）：3-10.

② 吴永军. 关于深度学习的再认识 [J]. 课程·教材·教法，2019（2）：55-56.

维持、深化幼儿在区域活动过程中的情绪情感体验，进而引发深度学习的真实发生发挥着重要作用。

4. 以幼儿对区域活动经历的反思为中介

反思，主要是对自己思维过程的回溯。现代教师群体正在逐渐成为反思性学习者，但作为学习的主体，儿童的反思能力尚未受到足够的重视。董奇的研究表明，儿童的意识监控能力有一个从他控向自控、从不自觉向自觉、从单维元认知向多维元认知、从局部向整体发展等基本特征。[①] 由此可见，就人的毕生发展而言，尽管学前儿童对自身思维活动的意识监控能力和调节能力尚处于相对较低的水平，但这并不能从根本上抹杀儿童作为一个反思性学习者的巨大潜力。

而由于幼儿的意志调控能力较弱，思维具体形象，注意力容易转移，且反思所需要的思维紧张度较高，较难仅靠自身的力量在意识层面上对自己的思维过程进行整理和全程监控，因此，除了肯定幼儿在活动过程中自发地对自己的思维过程进行调整外，教师需要更加主动地有意识地引导幼儿有意识地对自己在区域活动中的认识过程进行及时回溯，例如，"为什么这么做？""遇到了什么困难，用什么办法解决？""还有哪些需要改进和补充的？"等，逐步帮助幼儿养成反思习惯，提高反思水平，将零散的经验逐步图式化，乃至进行意义迁移，推动学习走向深度。这一环节也是区域活动发挥教育功能的重要中介。

需要强调的是，幼儿的表征方式与反思水平具有差异，教师需要通过语言、绘画等媒介和个体自我评价、小组相互评价等方式更为多元地倾听和发现幼儿的表征与反思，推动深度学习的发生与进行。

5. 以经验的迁移与应用为依托

区域活动关注幼儿主动性、操作性、理解性的学习，以幼儿对日常生活、集体活动、游戏活动中获得的已有经验为基点，通过经验的

___

① 董奇，周勇. 10—16岁儿童自我监控学习能力的成分、发展及作用的研究 [J]. 心理科学，1995（2）：75—79.

不断迁移和对已有知识的应用实现深度学习。在区域活动中，幼儿经验的迁移与应用是一个循序渐进的过程，首先建立在幼儿对知识的理解与批判的基础上，幼儿不是被动地接受所学知识，而是通过区域活动建构新旧知识与经验之间的联系；其次建立在幼儿的联想与建构的基础上，在区域活动中，幼儿不能停留在当下的情境中，而需主动激活已有知识经验，促进新旧经验之间的整合与重组，进而建立起区域活动中的知识网络；最后才是经验的迁移与应用过程，运用已有知识经验解决区域活动中遇到的真实问题，实现深度学习。

6. 以同伴间的人际互动为支撑

从情境学习理论的视角看，幼儿的深度学习不仅是个体的心理发展过程，而且也是植根于具体的社会、文化的建构过程，幼儿园各区域的环境与处于区域中的幼儿也属于社会文化的一部分。维果茨基的社会文化交往理论强调同伴间的合作对幼儿发展的作用，他认为，共享活动的合作伙伴不仅是面对一项共同的任务，他们还分享了执行这项任务所涉及的心理过程和类别。① 幼儿区域活动不是单个个体的独自活动，而是依托建立在同伴交往基础上的社会性学习活动，幼儿园区域活动开展过程中同伴间的交流、协作等人际互动也为幼儿深度学习提供了社会文化层面的支撑。我国学者王小英认为，幼儿在与同伴交流学习的过程中会不断产生认知冲突，继而由认知冲突引发辩论，同伴间的辩论或讨论使得幼儿对事物的认识更加深入、全面。与此同时，幼儿同伴间的讨论有助于发展幼儿的高阶思维技能，因为讨论提供了一个使幼儿同伴间彼此澄清自己想法与观点的平台，这种同伴合作解决问题的方式比幼儿个体解决问题更有效。② 可见，区域活动中幼儿深度学习离不开同伴间的人际互动。

---

① 柯祖林. 心理工具：教育的社会文化研究［M］. 黄佳芬，译. 上海：华东师范大学出版社，2007.

② 姚利民，杨莉. 课堂讨论国外研究述评［J］. 外国中小学教育，2015（7）：61.

第二节　区域活动中幼儿深度学习的影响因素

区域活动中幼儿能否产生深度学习受到各方面因素的影响，因此，厘清区域活动中幼儿深度学习的影响因素是促进幼儿深度学习的有效途径。

一、环境因素

《幼儿园工作规程》（以下简称《规程》）中明确指出，要创设与教育相适应的良好环境，为幼儿提供活动和表现能力的机会与条件，《3—6岁儿童学习与发展指南》（以下简称《指南》）也指出，要珍视游戏与生活的独特价值，创设丰富的教育环境。我国学者钟志贤认为，区域学习环境是一种支持性的力量，对某种学习活动或行为具有"给养"作用①，这反映出区域环境因素对幼儿发展的深刻影响。

环境是指人们所在的周围地方与有关事物，一般分为自然环境与社会环境。幼儿园的区域活动环境是指教师为幼儿区域活动所提供的条件，主要包括区域空间和场地的设置、活动材料的选择、心理社会环境的创设等。②

（一）材料因素

材料是指人们用于制造物品、器件、构件、机器或其他产品的物资的总称，区域活动中的材料是指能够支持幼儿顺利开展区域活动的各类物资的总称。华爱华认为幼儿园活动材料是被用于幼儿游戏的一切物品，包括专门为幼儿游戏而制作的玩具，以及任何日常物品或自

---

① 钟志贤. 面向知识时代的教学设计框架 [J]. 电化教育研究，2004（10）：18-23.
② 廖晓萍. 在生命教育理念下重新认识与建构幼儿园区域活动 [J]. 学前教育研究，2010（4）：70-72.

然材料①。《纲要》指出，幼儿园的空间设施、活动材料和常规要求应有利于引发、支持幼儿与周围环境之间的积极的相互作用。区域活动与其他活动相比，最大的优势和特点在于能够为幼儿提供丰富的、多样化的适合其年龄特征和认知水平的活动材料。

众多研究表明，活动材料对幼儿区域活动中的学习产生深远影响。国内外学者通过大量研究表明，区域材料的种类、性质、数量、搭配关系影响着幼儿的游戏与学习②，如当为幼儿提供不同的游戏材料时，幼儿会结合自己的经验和能力玩出不同的情节③。此外，游戏材料的搭配对幼儿的游戏具有定向作用，因为把游戏材料进行不同的搭配后，对幼儿构成了新的知觉定势，不同的知觉定势将影响幼儿的游戏与学习行为④。有学者针对建构区中材料的结构化程度与幼儿的游戏与学习之间的关系进行了研究，将区域活动中的材料分为高结构辅助材料、低结构辅助材料，研究结果表明，单色低结构的材料更有利于幼儿在建构区域中建构游戏行为⑤。

（二）空间因素

区域空间设置是指，在幼儿园区域活动中教师根据幼儿发展性需要进行的有计划的合理空间划分与布局。幼儿园区域空间设置对幼儿深度学习的影响表现在以下方面。

第一，活动区的分隔与安排影响幼儿区域活动中的深度学习。

如尼尔等的研究表明⑥，幼儿园各区域之间如果缺乏分隔，将不利

① 华爱华. 活动区材料的投放方式与幼儿行为及发展的关系 [J]. 幼儿教育，2008（7）：4-7.

② 刘焱. 儿童游戏通论 [M]. 北京：北京师范大学出版社，2004.

③ 邱学青. 学前儿童游戏（第四版）[M]. 江苏：江苏教育出版社，2008.

④ 华爱华. 幼儿游戏理论 [M]. 上海：上海教育出版社. 2003.

⑤ 董素芳. 结构游戏材料投放方式对儿童结构游戏行为影响的研究 [D]. 上海：华东师范大学，2007.

⑥ Sheehan, R. & Day, D. Is open space just empty space? [J]. Day Care and Early Education, 1995 (3): 10-13, 47.

于幼儿区域活动开展过程中合作行为的开展，幼儿同伴之间产生矛盾冲突的概率会增加。而当幼儿园空间被有计划地划分为若干不同功能的区域时，幼儿同伴间的交往会更加和谐，幼儿的活动开展会更加顺畅，幼儿与环境材料互动的频率增加，也更容易产生知识的建构，促进已有经验的迁移和经验的理解，提高问题解决能力。

第二，活动区空间安排的灵活性和计划性程度影响幼儿的深度学习。

沃林等研究表明，活动区域的灵活性使幼儿在区域活动中更加自由、灵活，这有助于幼儿自由而充分地与周围环境发生交互作用，通过自己的动手操作和探究获得更多直接经验，增加对知识的理解与应用；而活动区域的计划性为幼儿提供了更加稳定的发展环境，让幼儿的学习保持螺旋式上升的状态，逐步由浅层学习转向深度学习。[①]

（三）人际因素

区域人际因素是指影响幼儿区域活动开展有效性的人际关系，如师幼关系、同伴关系等。区域活动中良好的人际关系与和谐安全的人际氛围对幼儿的深度学习也会产生积极影响。

一方面，师幼关系影响幼儿区域活动中的深度学习。师幼互动作为学前教育过程性质量的核心指标，普遍被认为对幼儿认知、社会情感发展有积极的预测作用。[②] 研究表明，积极的人际关系能够诱发幼儿的深度学习，积极的师幼关系更有可能促使幼儿主动参与学习活动、完成更高级的学习任务，更倾向于使用高阶思维进行深度学习，而那些与教师互动较少的幼儿，对学习活动的参与度低，其思维水平更多

---

① Walling. Planning an environment ： A case study, In S. Kritchevsky & E. Prescott（Eds.）. Planningenvironment for young children：Physical space ［J］. Washington, DC：National Association for the Education of Young Children, 1977.

② 鲍钰清. 指向幼儿深度学习的高质量师幼互动要素——基于 CLASS 评估系统的视角［J］. 福建教育，2023（20）：39-42.

停留在浅层学习。① 作为深度学习的重要理论支柱，情境认知理论认为，深度学习是学习者基于真实的问题情境，在不同的实践共同体中通过"合法的边缘性参与"来获得意义建构和身份认同。② 幼儿深度学习的实现不仅需要创设真实的学习情境，更重要的是构建有意义的实践共同体，除同伴外，幼儿在建构游戏中接触与交流最多的便是教师，师幼互动的质量对幼儿深度学习有直接且重大的影响。高质量的师幼互动能够在理解幼儿想法与感受的前提下促进幼儿更加深刻地理解材料中蕴涵的空间关系、数理逻辑知识等，同时也能够帮助幼儿学会与人沟通、表达与交流，体验深度学习所带来的成功与自信。与此相反，低水平的师幼互动则会致使幼儿无法解决切实的游戏问题并对学习产生消极的情绪体验。

另一方面，同伴关系影响幼儿区域活动中的深度学习。王小英等的研究表明，同伴互动学习，如交流、讨论、合作等对学习中的深度学习效果具有积极影响。达蒙等曾做过这样一个实验，将幼儿的合作学习分为三类，第一类是同伴指导，即一名能力比较强的幼儿为另一名幼儿提供帮助；第二类是合作学习，即所有成员为了一个共同的目标相互鼓励、相互支持，共同完成任务；第三类是同伴协作学习，即教师不参与任务中，所有幼儿以平等的地位，在建立共同的兴趣与信任的基础上，相互协商、讨论，交流彼此的观点和想法，最终讨论出一个最好的解决方法，研究结果表明，第三组幼儿的学习效果最好，问题解决方式最好。③ 这说明和谐的同伴关系与同伴间的良性沟通与交流有助于幼儿问题解决能力的提高，有利于幼儿深度学习的产生。

---

① Margaret Burchinal, Carollee Howes, Robert Pianta. Predicting Child Outcomes at the End of Kindergarten from the Quality of Prekindergarten Teacher-Child Interactions and Instruction [J]. Applied Developmental Science, 2008 (3): 140–153.

② 杨婷，杨晓萍. 论区域活动中幼儿的深度学习 [J]. 重庆第二师范学院学报，2019，9 (5): 78–82.

③ Damom W, Phelps E. Strategic uses of peer learning in children's education [M] //Berndt T J, Ladd G W. Peer Relations in Children Development: New York, Wiley, 1989.

二、幼儿因素

（一）已有经验

皮亚杰和一些建构主义学者们都强调经验对于儿童成长与发展的作用。皮亚杰将影响人的认知发展因素分为成熟、练习与经验、社会性经验和平衡化四类，其中练习和经验是指个体在对物体施加动作中通过练习和习得获得相关经验。很多建构主义学者也认为个体的认知是建立在已有经验的基础上，在与外部环境的相互作用过程中获得认知、完善认知结构。

区域活动中幼儿的深度学习也是幼儿自我建构的过程，幼儿在区域活动中新的经验和认知的产生以及幼儿在区域活动中如何开展活动、活动开展的程度均受到幼儿自身认知水平和已有经验的影响，幼儿的已有经验越多，幼儿可迁移和应用的经验也就越多，将已有经验应用于当前情境解决实际问题的能力也就越强。反之，幼儿的已有经验越匮乏，认知水平越低，幼儿可迁移和应用的经验也就越少，解决实际问题的能力也就越弱。

（二）内部动机

内部动机是指个体由自己内部需要而引发的从事某种活动或行为的动机。国内外学者一致认为，内部动机与学习者学习成果正相关，如著名教育心理学家布鲁纳和奥苏贝尔等都十分重视内部动机的作用，他们认为学习者的学习成就很大程度上是由于学习者内部学习动机的牵引，近年来国内外众多研究也为这一观点提供了实证依据。在此基础上，研究者们也正在努力寻求内部动机对学习者学习效果的影响机制，研究发现内部动机对学习成效的影响主要受非认知因素的调节作用，即内部动机通过影响学习者的深度学习进而影响学习者的学习成效，文策尔等通过实证研究发现学习者的内部动机越强，对学习活动的兴趣和探究的欲望也越强，在这种情况下学习者更倾向于投入更多的时间和精力去完成既定目标和学习任务。此外，内部动机的学习者倾向于使用更加复杂的推理技能和学习策略，也更容易发起学习活动并保持对学习的参与以及对学习过程的承诺，增强深度学习。

内部动机对幼儿园区域活动中幼儿的深度学习的影响也是如此，当幼儿参与区域活动的内部动机越强烈，幼儿积极主动地参与探究的可能性也越大，持续探究学习的动力也越大，进而进行有意义的知识建构，实现深度学习。

第三节　区域活动中幼儿深度学习的理论基础

一、情境学习理论

情境学习理论是 20 世纪 90 年代出现的，以莱夫、温格等为代表的学习理论，是继行为主义学习理论、认知学习理论以及建构主义学习理论后对教育影响重大的学习理论。情境学习理论以维果茨基社会历史文化理论、杜威社会学习理论以及建构主义理论为基础。

情境学习理论以全新的视角审视了知识的内涵。认为知识是一种高度基于情境的实践活动，而不是脱离实际情境的抽象对象；知识是个体与环境交互作用过程中建构的一种交互状态，这决定了知识不是一成不变的，不同的个体与同一环境交互作用下也会建构出不一样的知识；知识是人类协调一系列行为去适应动态变化发展的环境的能力，而不是局限在书本上死的原理概念。

1. 情境学习理论的基本观点

情境学习理论的核心概念和特征是真实的问题情境、实践共同体、合法的边缘性参与。

（1）真实的问题情境

情境学习理论认为情境是一切认知活动的开始，因此主张在具体的情境中进行知识和技能的学习，认为学习是学习者在真实或模拟仿真的问题情境中通过完成真实的活动或任务使个体行为、态度、情感发生变化的文化适应过程。情境可以帮助学习者更好地实现知识、技能情感的迁移，当学习者处于实际情境中时，其所获取的知识往往是一种默会知识。[①]

（2）实践共同体

情境学习理论认为个体的学习是个体与情境、文化、社会环境交互作用的结果，是个体在真实的问题情境中通过参与不同的实践共同体中获得合法的边缘参与性进行意义建构的过程。这里的实践共同体是指一个由诸多个体组成的集体，这些集体中的个体长时间地共享学习资源、信念，拥有一个共同的目标、追求一个共同的事业，因此实践共同体中的学习和简单把许多人聚集在一起的学习有本质的区别，实践共同体的核心是集体中每个成员之间的相互关联、交互作用、协商沟通、共享经验、相互依赖甚至文化再生产的过程。

（3）合法的边缘参与

合法的边缘参与是指学习者在学习过程中，通过共同体成员之间共享的学习资源、对专家工作的观察以及与同伴专家的协商、讨论等方式进行学习，获得默会知识，逐渐由共同体中的边缘向共同体的核心转化的过程，即从一位不熟悉活动和任务的新手成长为完全胜任工作职责的熟手甚至专家的过程。

2. 情境学习理论对促进幼儿深度学习的启示

情境学习理论为促进幼儿深度学习提供了理论指导，具体而言包括以下内容。

（1）创设真实的问题情境

问题情境是现有信息与最终目标之间需要克服的一种障碍情

---

① 王文静. 基于情境认知与学习的教学模式研究［D］. 上海：华东师范大学，2002.

境①，是主体与客体思维上相互作用的一种特殊类型，当主体完成要求发展新的、主体前所未知的知识或动作方式的作业时产生的一种心理状态②。在幼儿园区域活动的开展过程中，教师有目的、有计划地创设真实的、特定的问题情境可以让幼儿进入认知困境，通过现实问题与幼儿已有认知之间产生认知冲突，在认知冲突的刺激下幼儿进一步产生对现有问题与经验的好奇心以及探究欲望。因此，在区域活动中，教师应该创设真实的问题情境，通过问题情境激发幼儿不断发现问题、探究问题、解决问题，以此发展幼儿的高阶思维能力。

（2）提高幼儿参与度，保障幼儿参与权

区域活动中幼儿的学习是幼儿在由教师、幼儿组成的实践共同体中通过由新手逐渐转变为专家的"合法的边缘性参与"而进行的，这就表明幼儿在区域活动中是主动的参与者、观察者与学习者的角色。先有参与，才有获得，幼儿只有在参与实践共同体的活动过程中，才能获得核心成员所掌握的技能和价值观念，幼儿也只有在参与过程中其真正深刻的学习才能发生。③

二、分布式认知理论

20 世纪 80 年代，美国加利福尼亚大学埃德温·赫钦斯在借鉴现代心理学、人类学以及社会学研究成果的基础上首次明确提出了分布式认知的概念。赫钦斯认为，传统的认知理论片面关注个体内部对人的认知发展的影响，忽视社会文化环境等各种复杂的因素对认知活动的

① 杨婷，杨晓萍. 论区域活动中幼儿的深度学习——基于情境认知理论 [J]. 重庆第二师范学院学报，2019（5）：79.
② 谭景凤，于波. 问题情境的性质及其教育意义 [J]. 教学与管理（中学版），2016（9）：1-4.
③ 陈向明. 从"合法的边缘性参与"看初学者的学习困境 [J]. 全球教育展望，2013（12）：3-10.

影响，他认为认知是分布式的，人的认知活动不仅包括个人头脑内部所发生的认知活动，还包括人与环境、人与技术、人与工具等的交互过程中所产生的活动过程。[①]

1. 分布式认知理论的基本观点

分布式认知理论的基本观点是：个体的认知分布于个体内、个体间、媒介、环境、文化、社会和时间等之中，是包括认知主体和认知环境以及所有参与认知活动的事物的一个分析单元系统。[②]

（1）认知分布于个体内

大脑是认知活动产生的基础，模块理论认为大脑被分为若干个区域，每个区域都负责相应的高度专门化的认知活动，通过大脑中不同模块的巧妙结合，共同形成了人的生理和心理基础。从这一角度，大脑是认知活动产生的基础，认知活动分布于个体内部的不同功能与结构中，因而认知分布于个体内，是个体内部的有关认知的一种表征状态。

（2）认知分布于媒介中

人的认知活动并不是个体内部直接产生的，而是大脑对外部客观事物的客观反应，需要通过媒介的传递将外部的客观事物传递到个体大脑中。这里所涉及的媒介包括物质媒介，如书籍、仪器设备、计算机、图表、实物等；也包括人际媒介，如教师的语言、动作、表情等。人的认知活动通过媒介这一途径由外部表征过渡内部表征，这是外部技术工具表征、人际表征与内部表征相互作用的一种认知过程。

（3）认知分布在文化中

文化是指人类社会所产生的特定的规范、信念、价值符号等，不

---

① 乔纳森. 学习环境的理论基础［M］. 郑太年，任友群，译. 上海：华东师范大学出版社，2002.

② Cole，M. &Engestrom，Y. A cultural-historical approach to distributed cognition［M］// Salomon，G（Ed.）Distributed cognitions：psychological and educational consideration. Cambridge：Cambridge University Press，1993：11-19.

同的地域所产生的社会环境也是不一样的。在人的认知活动过程中，文化也以间接的方式影响着人的认知，如研究表明不同的文化背景下人们的认知风格也会不同。因此，认知不仅分布在个体内部及媒介中，同时也分布在个体所处的文化背景中。

（4）认知分布在时间上

从时间维度来讲，时间包含现在、过去和未来，人在不同时间段的认知是相互影响的，如当前的认知活动受过去已有经验与认知的影响，同时当前所获得的认知也会对过去已经获得的认知以及对未来的认知活动产生影响。如幼儿对鱼的种类的认知会受过去幼儿是否去过海边的经验和认知的影响。

2. 分布式认知理论对促进幼儿深度学习的启示

分布式认知理论突破了传统的认知理论只关注个体内部认知而忽视复杂社会文化环境对人的认知活动的影响，分布式认知理论的研究者们认为个体、社会文化、媒介等多种分布式认知方式能够提供更多认知工具来分担学习者的认知负荷，从而让学习者有更多的时间和精力去发展高阶思维能力。因此，分布式认知理论启发我们要通过分布式的区域条件引导幼儿的认知向高水平认知发展，引导幼儿在区域中的学习活动和探究活动向深度学习迈进。

（1）创设支持性的区域学习环境

分布式认知理论认为个体的认知分布于各种媒介中，而学习环境是个体认知的重要媒介，因此主张以系统的观点看待学习环境，十分强调对学习环境的设计与创设。分布式认知理论研究者认为，学习环境的变化也会引起学习者学习兴趣和学习动机的变化。因此，区域活动中要创设支持性的学习环境，包括物质环境和情感学习环境。区域活动的物质环境创设包括材料、墙面、区域设置等，如为幼儿提供多样化和可操作性的游戏材料、合理规划各区域墙饰、充分挖掘墙面环境的作用与价值、合理规划区域数量与划分等。区域情感学习环境创设包括通过营造和谐、温馨、关爱、认同、接纳、自主、自由的氛围，建构支持幼儿深度学习的同伴关系、师幼关系。

（2）促进同伴间的合作性学习

分布式认知理论认为个体的认知分布于个体与文化中，不同的个体由于所处的文化背景不同，所接受的价值观不同，其获得的经验也不同。因此，学习共同体和合作性学习、交流是具有重要价值的认知活动，学习不仅需要发挥个体的主动性，而且需要关注与社会群体之间的互动、合作、讨论等。这就要求在区域活动中，教师要关注幼儿之间的合作性学习，变个体式学习为合作式学习，促使幼儿由独白走向对话，让幼儿在与同伴的合作交流中寻求解决问题的途径。

（3）密切区域活动与幼儿已有经验的联系

分布式认知理论认为个体在不同时期的经验对个体的认知产生影响。在区域活动中，幼儿需要借助区域材料了解周围世界，建构自身已有经验与区域活动间的联系，因此，幼儿的已有经验也在区域活动中得以显现和延伸。在区域活动中，幼儿在已有经验的指引下，借助区域活动材料、玩具进行整合与创作，形成自己独特的认知。因此，教师在进行区域环境创设、开展区域活动时应与幼儿生活密切联系，在幼儿已有经验水平的基础上提供适宜的活动材料。

第四节　区域活动中幼儿深度学习的指导

一、区域活动中幼儿深度学习的基本过程和路径

幼儿园区域活动是以活动区为中介，进行材料操作、经验获取的一种教育形式，结合深度学习的基本要素以及区域活动的基本过程，本书根据研究者们有关区域活动和深度学习的路径和学习过程的观点，从促进幼儿深度学习的视角将区域活动中幼儿深度学习的过程以及活动路径进行了归纳总结，将区域活动中幼儿深度学习的过程归纳为"经验唤醒—经验改造—经验提升—经验内化、迁移"，将幼儿在区域

活动中的深度学习的活动路径归纳为"问题发生—持续探究、问题解决—公开展示—反思回顾、活动拓展",深度学习过程和活动路径在实践的过程中螺旋式、循环式上升。

　　首先，区域活动中的深度学习需要对幼儿进行经验唤醒。经验唤醒是指将幼儿日常生活中的常见活动作为经验原型唤醒幼儿的生活经验。幼儿已有经验的唤醒是促进幼儿深度学习的首要任务，也是实现深度学习的基本条件。教师可以通过以下方式促进经验的唤醒：第一，关注幼儿的生活经验，寻找幼儿的经验原型；第二，以幼儿的兴趣为契机，根据幼儿已有经验投放相应的材料唤醒幼儿经验，激发幼儿参与区域活动的积极性；第三，基于真实的情境提出真实的问题，激发幼儿产生真实的情绪情感体验，从而实现当前情境与已有经验的联结。

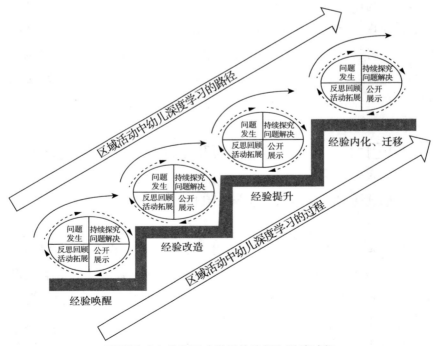

区域活动中幼儿深度学习的路径和活动过程

其次，区域活动中的深度学习需要对幼儿进行经验改造。经验改造是指通过多样化的情境拓展幼儿的生活经验，将幼儿的生活经验转化为他们最近发展区内的符号经验。众多实证研究表明，多元情境对幼儿的学习具有积极深刻的影响，在区域活动的经验改造阶段，教师要通过创设多样、多元的情境，促进幼儿已有经验的不断改造，进而建构完整的活动经验。因此，为有效实现幼儿已有经验的不断改造，帮助幼儿形成完整的经验，区域活动的深度学习需要实现四个转变：一是从单个的区域活动转变为连续的主题区域活动；二是从单个的探究问题转化为螺旋式上升的系列探究问题；三是教师从间断的关注转向对幼儿区域活动的持续关注；四是从放任型的教师指导和无效的指导转向有效的指导。

再次，区域活动中的深度学习需要对幼儿进行经验提升。经验提升是指将幼儿获得的具体的符号经验转化为抽象的符号经验的过程。经验的有效提升依赖于教师的指导与反馈，当幼儿通过一系列持续探究的主体区域活动获得阶段性成果时，教师需要对幼儿的阶段性成果进行小结、反思。

最后，区域活动中深度学习需要对幼儿进行经验内化、迁移。经验的内化、迁移是指幼儿将在某个区域活动中获得的经验内化、迁移至一日生活、集体活动中以及其他区域中，以实现问题解决的过程，是思维创新的过程，也是区域活动中深度学习的最后一个过程，因此，需加强区域活动之间、区域活动与集体活动、区域活动与一日生活的横向联结与纵深发展。

区域活动中幼儿的深度学习经历从经验唤醒、经验改造到经验提升与经验内化、迁移，每个过程都遵循着"问题生发—持续探究、问题解决—公开展示—反思回顾、活动拓展"的基本路径，当幼儿的经验得到唤醒后便可进入新一轮的"问题生发—持续探究、问题解决—公开展示—反思回顾、活动拓展"，直至幼儿完成经验内化、迁移阶段的反思回顾和活动拓展，至此幼儿区域活动中的深度学习基本达成。

二、区域活动中幼儿深度学习的指导原则

区域活动是幼儿自主的学习活动，但同时也离不开教师适当、灵活有效的指导，教师在指导幼儿的区域活动时，不仅有语言行为上的指导，同时也有材料投放方面的指导，因此，本书从教师指导原则和教师材料投放原则两个方面进行阐述。

（一）教师指导原则

教师指导原则是指教师在区域活动中促进幼儿深度学习所需遵循的基本准则，包括主体性原则、情感性原则、支架性原则。

1. 主体性原则

主体性原则是指在指导区域活动的过程中，教师应当尊重幼儿的主体地位，着眼于幼儿的主体性，以幼儿为本，让幼儿成为区域活动的主人。区域活动是幼儿的自主活动，因此，在区域活动中，教师不能硬性要求幼儿按照教师的设计和意愿开展区域活动，而应充分尊重幼儿，了解其兴趣爱好，把幼儿作为有能力的主体，通过为幼儿提供自主选择活动方式、自主选择合作伙伴、自主操作活动材料、自主推进探索和学习活动的机会等方式唤醒幼儿的主体意识，让幼儿在和区域环境的相互作用中表达自己的经验与感受，成为区域活动的主人。

2. 情感性原则

情感性原则是指在指导区域活动的过程中，教师应当为幼儿的深度学习提供情感支持，对幼儿的持续探究给予鼓励与肯定。情感性原则要求教师在区域活动中特别是在幼儿遇到挑战性的问题时，给予鼓励和情感支持，从而赋予幼儿能量以激发其乐于、敢于在各种活动情境中尝试、探索和冒险的精神，如主动发起和参与区域活动、主动寻求与同伴合作或得到帮助、坚持不懈地解决问题、迁移和应用已有经验和进行创新创造性思维等。

3. 支架性原则

支架性原则是指在指导区域活动的过程中，教师应当为幼儿搭建发展的脚手架，为幼儿提供发展的支架。区域活动与集体活动最大的区别在于区域活动是幼儿自主性的探究活动，幼儿是区域活动的发起者、推进者之一，这一特征决定了幼儿是区域活动的主人，幼儿在与环境的交互作用中建构知识经验，而不是被动地接受。因此，教师在指导区域活动的过程中，要基于对幼儿的了解和最近发展区的判断，为幼儿的发展提供支架，如在主题形成、材料选择、社会交往等方面给予幼儿适当的支持和引导，以帮助他们在原有水平上获得发展。

（二）材料投放原则

材料投放原则是指教师在区域活动中促进幼儿深度学习时，对于各区域材料所需遵循的基本准则，包括适宜性原则、层次性原则、探究性原则。

1. 适宜性原则

适宜性原则是指区域中的材料投放要充分满足幼儿开展区域活动的需要。第一，材料投放应具有心理适宜性。幼儿的认知发展处于前运算阶段，幼儿心理发展表现为泛灵论的特征，认为世间万物都是有生命的，和人一样可以说话，有感情。因此，幼儿喜欢生动形象的材料，区域活动材料投放应注意生动形象，适宜幼儿年龄发展特点和水平，能够激发幼儿的主动性和积极性，调动幼儿开展深度学习的欲望。第二，材料投放数量应具有适宜性。虽然有研究表明，区域中的材料投放与幼儿的游戏行为有着紧密联系，当教师提供多样化的材料时，幼儿在问题解决的过程中就会表现出更多的发散思维[1]，多样化的材料更有利于幼儿区域活动中的深度学习，但是，这并不意味着材料数量

---

[1] 华爱华. 活动区材料的投放方式与幼儿行为及发展的关系［J］. 幼儿教育，2008（7）：4-7.

和种类越多越好，材料投放过多反而会让幼儿无从下手，不利于幼儿想象力和创造力的发展，同时过多的材料容易分散幼儿的注意力，而适当的缺乏一些材料反而能促使幼儿积极地寻找代替物，激发幼儿解决问题的能力和创新思维。正如华爱华所说，判断一个活动区材料是丰富还是缺乏，应当依据幼儿积极行为和消极行为的增减，而非材料数量的多少。[①]

因此，区域活动材料是否适宜、充足，并不能简单地以数量来衡量，而要基于幼儿的年龄发展特点和能力水平，基于能否满足活动中幼儿实际操作的需求。

2. 层次性原则

层次性原则是指区域活动材料投放要考虑不同年龄阶段幼儿的心理发展特点和同一年龄阶段幼儿能力水平的差异，材料投放经历由多到少、由简单到复杂逐步递进的过程。一方面，不同年龄阶段幼儿的区域活动材料投放应具有层次性。幼儿所处的年龄阶段不同，投放的区域活动材料的数量和种类也应当所有不同，如低年龄阶段可以提供生动形象、操作性强的材料，高年龄阶段可以提供更加复杂抽象、对幼儿逻辑思维要求更多的材料，使区域活动内容更具有挑战性。另一方面，同一年龄阶段区域活动材料的投放应具有层次性。幼儿的发展是循序渐进的，对同一区域活动的探究任务也经历着由易到难、由简单到复杂的过程。因此，投放的区域活动材料开始以简单为主，目的在于激发幼儿参与活动的积极性，随着幼儿区域探究活动的逐步深入，投放的材料难度也可以不断增加，适当提供具有挑战性的材料，激发幼儿将在区域活动中前期获得的经验迁移并应用到新的环境材料中，以解决新的问题，引发新的思考。

3. 探索性原则

探索既需要幼儿的动手操作，又能使幼儿思维不断活跃，在探索

---

① Damom W, Phelps E. Strategic uses of peer learning in children's education ［M］//Berndt T J, Ladd G W. Peer Relations in Children Development. New York：Wiley，1989.

过程中幼儿的自主性和差异性得到重视，幼儿的学习连续不断深入，幼儿的灵感不断得到激发，创造性得以发挥，深度学习也伴随着探究过程的不断深入而生发。因此，区域活动材料的投放应当遵循探索性原则，活动材料投放应该能够为幼儿提供持续不断深入探究的空间，支持幼儿与材料之间的相互作用，在引发幼儿动手操作的同时还能引发幼儿积极的思维活动。

研究表明，能够引发幼儿探究性行为的材料包括以下两种类型：一是半成品材料，与成品材料和原始材料相比，半成品材料蕴含一定的线索，可以引导幼儿根据半成品线索进行探索，同时又能克服原始材料忽视幼儿经验水平的缺点；二是低结构、高开放的材料，这类材料能够留给幼儿更多动手操作和创造想象的空间。因此，要使材料更具有可探究性，应当投放半成品、低结构、高开放的材料。

第二章

区域活动中
幼儿深度学习的影响因素

幼儿园是实施深度学习的重要场域，区域活动既是一种学习方式的转换，也是对幼儿园室内外场所进行新的理解与划分的结果，涉及物质环境和精神环境的创设，也涉及幼儿的学习兴趣与学习动机，更对教师的专业素养提出了新的要求。区域活动自 20 世纪 90 年代初被引入我国后，国内幼儿园对于区域活动的认识和研究也逐步展开。2011 年，教育部颁布的《教育部关于规范幼儿园保育教育工作防止和纠正小学化现象的通知》中，要求幼儿园通过创设多种区域活动空间，配备丰富的玩具、游戏材料，来为幼儿提供自主学习与探索的机会和条件。2012 年，教育部颁布的《指南》强调幼儿园教育应遵从幼儿的学习特点，强调在直接感知、实际操作中获取经验。但是，当前，在对幼儿园区域活动的观察中，常常发现幼儿园里到处都是"赏心悦目"的区域环境、"精致逼真"的区域材料、"看似合理"的区域规则标识，这些"标配"的物质环境创设虽然精美，但是是否能在较长一段时间内真正唤起幼儿的参与兴趣尚有待实践观察。当走近观察时，依然能够发现有的幼儿单向性简单、重复地操作区域材料；有的幼儿徘徊在各个区域之间，左顾右盼，频繁地更换区域；有的幼儿跟从性地坐在区域里，做着与区域目标毫无关联的游戏等。在此类区域活动场景中，幼儿深度学习的动机未被充分激发，能力也未得到充分发展。本章结合深度学习的理论审视幼儿园区域活动，分析区域活动中阻碍幼儿深度学习的因素，以期能够为进一步深入研究幼儿深度学习提供有价值的参考。

第一节　区域活动中影响幼儿
深度学习的环境因素

区域活动环境是幼儿深度学习的关键因素，在适宜的环境氛围下，幼儿能够进行观察、感受、探究与迁移。深度学习重视引导幼儿学会解决各种复杂的问题，促进幼儿问题解决能力的提升，因此，区域环境创设应重视以材料和空间为幼儿营造基于问题的情境，激发幼儿自主探究的愿望，以良好的师幼互动和同伴关系为幼儿深度学习提供心理环境。通过观察与分析，当前影响幼儿区域活动深度学习的环境因素主要体现在三个方面：材料因素、空间因素和人际因素。

要在区域活动中实现知识经验的迁移，要点之一是创设有相似任务条件或元素的游戏情境，这有利于幼儿将已有经验迁移运用到新游戏情境中。

在实际的区域活动环境创设中，教师在更新区域活动游戏情境创设时，往往缺乏连贯性与持续性，使得幼儿的已有经验难以在新的情境中得到运用或提升。如，在娃娃家中，教师以娃娃衣服为主题创设游戏情境，如果只是在墙上粘贴可爱的娃娃和精美的衣服图片，幼儿进区欣赏一下后就会失去探索的兴趣。如果教师再花点心思，围绕娃娃衣服这个大主题，创设一系列子主题的游戏情境，如"四季与衣服""不同材料的衣服""给娃娃设计制作衣服"等，就能营造出丰富的游戏情境，且通过一个个子主题将幼儿从认知引到动手实践，不断将已有经验运用于游戏中，持续丰富、加深经验，获得新的经验，并使相关经验形成一个连贯的整体。

一、材料因素

皮亚杰说儿童的智慧源于材料。在区域活动中，活动材料是吸引幼儿注意力、激发幼儿学习兴趣、支持幼儿操作、持续探究问题的物质媒介，因此，要想实现深度学习，区域活动材料的投放就要以理解深度学习为基础，但教师往往会忽略材料投放的真实目的，致使达不到深度学习的效果。

（一）材料的丰富性

材料的丰富性表现为材料的数量和种类，但是不能单纯地依靠表面的数字来分析材料的丰富性，而是要依据幼儿在活动中的表现，即以幼儿的积极行为与消极行为的增减来判断区域中的材料是丰富还是匮乏。

在实际的区域活动中，经常出现教师投放的材料丰富性不足的情况，直接导致幼儿在进行活动时经常出现争抢材料、半途而废等现象，极少数的幼儿能够对材料进行持续探索。由此可见，在区域活动中教师提供的材料不丰富、不充足，就不足以满足幼儿持续探索学习的需要。

材料的丰富性还表现在材料的多样性上。在实际操作中，部分教师很少调整区域材料，大多数只是在材料缺失的情况下才会去补充相同类型的材料。在这种情况下，幼儿容易对重复操作的材料失去兴趣，幼儿的创造性思维难以激发，活动难以持续和深入。

（二）材料的层次性

材料投放的层次性要求根据幼儿的年龄特点和实际需求投放不同的材料。对幼儿来讲，材料投放的层次性主要体现为年龄适宜性以及为存在个体差异的幼儿提供难度适宜的材料，以适应幼儿的探索需要。[①] 在实际观察中，有些幼儿园区域材料投放的层次性较低，一部分班级投放的材料对幼儿来说过于简单，难以引发幼儿的认知冲突，不利于幼儿思维的发展；还有一部分投放的材料操作难度较大，难以引起幼儿的探索兴趣，进而导致探究活动难以进行。

区域活动材料的投放如果不能很好地服务于活动目标，不能根据幼儿的年龄特点进行投放，忽略层次性的需求，容易使幼儿产生思维定式，批判性思维的发展也会受到限制。如，在科学区中，幼儿探究浮沉的游戏，小班、中班和大班在投放材料时若只考虑材料的丰富

---

① 郭友青. 浅谈幼儿园区域活动中材料投放的层次性 [J]. 新教育时代电子杂志（学生版），2016（20）：18.

性，中班和大班的幼儿就难以满足发展的需求。考虑到层次性的需求，对于小班幼儿，可以投放乒乓球、石头、木棒、纸船、铁罐等材料让幼儿感知物体在水中的浮沉现象；对于中班幼儿，除了感知不同材质的浮沉特性，还可以投放实心的金属球和空心的金属球、装入体积不同的水的塑料瓶等材料，让幼儿观察浮沉状态；而对于大班幼儿，可以提供一些绳子、小筐、胶带、磁石等，引导幼儿想办法让浮着的物体沉下去，让下沉的物体浮上来，促进幼儿思维的不断发展和深度学习。

（三）材料的结构性

低结构材料对幼儿的操作体验与创造力的发展具有重要意义。但是，针对一线幼儿园教师关于区域活动的问卷调查数据显示，在区域材料的投放上，一半教师认为应投放低结构材料，三成教师认为投放材料应以高结构材料为主，由此可见，教师还未充分认识到低结构材料对幼儿自主探索与深度学习的重要价值。

实践发现，目前有部分幼儿园教师在区域中投放的材料主要是幼儿园统一采办的现成科学玩具或任务作业式材料，这类材料结构性较高，缺少开放性、创造性，玩法较单一，幼儿容易产生枯燥无聊、厌烦、畏难等情绪，难以真正地投入学习。如幼儿园采办的科学区材料，统一为材料套装，提供一张图纸和操作的物品，上边详细列出了所需物品的数量以及操作步骤。幼儿在操作材料时容易一步步地跟着纸上的步骤来做。这种相对固定和类似情境下的学习过程，缺少在不同情境下形成、抽象、迁移、转换的学习场景，缺少提升创造性解决问题的能力的机会。

二、空间因素

区域空间的合理组织与安排直接影响幼儿在区域活动中的学习质

量，根据幼儿发展性需求科学地对区域进行分隔、安排和灵活运用，能对幼儿的学习起到暗示与调节的作用。在幼儿园区域活动空间的环境设置中，由于教师对这一问题缺乏足够的认识与科学规划，往往容易导致区域活动空间设置的随意性，降低区域活动空间的利用率和质量，不利于幼儿深度学习的发生与能力的发展。

（一）区域活动的空间分隔

区域活动的空间分隔要因活动所需而定，有些教师在进行活动空间分割时，未充分考虑幼儿的实际参与情况，如参与人数、活动范围等，对活动空间进行平均划分或者习惯性划分，导致有些空间因为参与人数多或者活动范围需求大，显得拥挤、活动局促，幼儿在开展活动时不能放开手脚，影响其活动的自由度，甚至丧失活动兴趣。而一些参与人数少、相对静态的活动空间，既造成了一定的空间浪费，又可能让幼儿感觉人气不旺，不好玩，降低进入活动区的意愿，也容易让正在活动中的幼儿打退堂鼓。

区域活动的空间分隔混乱无序，会造成不同活动空间的相互干扰。区域活动空间的环境有动有静，不同活动区的区域目标不同，活动强度和声音强度也不同，既有相对吵闹的满足幼儿运动和社会交往需求的区域，也有相对安静的满足幼儿独自探究的操作活动、阅读活动区域。在幼儿园实际的空间设置中，经常看到有些空间设置容易造成不同区域之间的相互干扰。如，将比较吵闹的、会对其他区域产生干扰的表演区、运动区安置在需要专注于操作和探索的益智区、科学区或者需要安静的阅读区附近，当两边同时活动时，吵闹区域的活动会直接干扰安静区域中幼儿的探索、阅读，影响其专注力的持续。

区域活动的空间分隔被交通影响也会造成活动被闯入者干扰。当幼儿从一个活动空间进入下一个活动空间时，会自然地走直线过去，空间分隔时如果没有设置不同区域之间的分隔物，在幼儿进入或者借道时，他们通过的道路上的区域活动就容易被干扰。如一名幼儿通过建构区去美术区，由于没有任何桌椅等类似的分隔物，他直接从正在建构区活动的材料中间穿过，可能会踢到材料，也可能会打断建构区幼儿正在进行的探索活动。

（二）区域活动的空间设置的灵活性与计划性

虽然各个区域应该具有相对独立、完整的空间以利于幼儿在区域中的深度学习，但是，完全封闭的空间环境对于幼儿的发展也是一种局限。如，表演区的幼儿对表演时的服装、道具等会有不同的需求，如果美术区的幼儿能与他们一起探讨、交流，提供协助，这两个活动区的边界是可以打破的。但在实践中，教师难以有这种开放的引导幼儿进行深度学习的意识，不会灵活地、有计划性地将能融合学习的活动空间进行合理安排，以促成不同空间中活动的交融，因此，区域活动的空间设置中的灵活性和计划性就显得尤为重要。

（三）区域活动的空间环境应是能促进深度学习的问题性游戏情境

解决复杂问题是深度学习的重要目的，区域活动环境要围绕问题进行创设，将需要幼儿解决的问题隐含在待完成的活动任务中，支持幼儿在完成任务的过程中实现结果和知识经验的转换，完成知识的建构与迁移。

在实际的区域活动环境创设中，如果区域活动的环境创设只是追求美观和逼真，仅停留在表面的观赏层面，那很可能是缺乏问题情境的环境。这种空间环境难以激发幼儿探索与创造的欲望，更不会激发幼儿在探索中发现问题、解决问题，不利于幼儿进行深度学习。

即使空间环境创设了游戏情境，但游戏情境如果缺乏连贯性与持续性，也会导致深度学习无以为继。

要在区域活动中实现经验的迁移，需要创设有相似任务条件或元素的游戏情境，这将有利于幼儿将已有经验迁移运用到新游戏情境中。

在实际的区域活动的空间环境创设中，教师在更新区域活动游戏情境时，往往缺乏连贯性与持续性，使幼儿的已有经验难以在新的情境中得到运用或提升。

如，在娃娃家，教师以娃娃衣服为主题创设游戏情境，如果只是在墙上粘贴可爱的娃娃和精美的衣服图片，幼儿在进区后欣赏一下就会失去探索的兴趣。如果教师再花点心思，可以从"衣"这个主题延伸到"食住行"主题，创造一个个子主题，让游戏更加丰满，贴近幼儿的生活，更能营造出丰富的游戏情境，且通过一个个子主题将幼儿引向生活的深处，从认知到动手实践，不断引导幼儿将已有经验运用在游戏中，持续地加深、丰富经验，并获得新经验，使相关经验形成一个连贯的整体。

三、人际因素

《指南》颁布后，全国各地区出台的学前教育政策文件都明确指出，幼儿园应科学安排活动，改变以集体教学为主的模式，推进幼儿园游戏活动的开展。区域活动的出现弥补了集体教学的缺陷，符合以幼儿为本的教育理念，强调幼儿的主体性。区域活动要尊重幼儿的主体性，就要创设能够促进幼儿个体发展的适宜空间。在区域活动中，教师是引导者，幼儿是学习者，因此，空间环境的创设主要取决于教师和幼儿，和谐、有效互动的师幼关系和同伴关系构成了影响区域活动的人际因素，是支持幼儿深度学习的重要环境因素。

（一）师幼互动质量

郭华认为，深度学习应是在教师引领下，学生能够围绕具有挑战性的学习主题，在身心充分积极参与中，体验成功、获得发展的有意义的学习过程。① 深度学习不是浅层学习和机械学习，更不是死记硬背，它具有学习的主动性与建构性、知识的整合性与迁移性、思维的高阶性与深层性、问题的真实性与挑战性等特点。深度学习不是能够自然发生的，它需要促发条件，其先决条件就是教师的引导。幼儿身心与智力处于高速发展中，在学习中具有主动性、体验性和整体性等特点，已具备了深度学习的能力。作为教师，应结合幼儿学习的特殊性引导幼儿实现深度学习。但在实际的区域活动中，教师未能将幼儿真正带入深度学习的领域。

师幼互动是教育过程中非常重要的一环，直接影响幼儿的学习和成长。但是，在现实的活动场景中，师幼互动常常存在一些问题，如教师对幼儿的关注不足、教师与幼儿的互动方式单一、教师对幼儿的评价不公等。这些问题都会影响师幼互动的质量，甚至会对幼儿的心理造成伤害。如，教师对幼儿的评价让幼儿感到自己不受重视，会使幼儿失去学习的兴趣和动力。

师幼互动中存在的这些问题会影响深度学习的效果，要提高师幼互动的质量，促进幼儿的学习与发展，需要先明确造成师幼互动质量低下的原因，以便有的放矢地提高师幼互动的质量。

1. 教师对幼儿深度学习缺乏较深刻的理解

教师对幼儿深度学习的理解不充分、不深刻，是教师群体中普遍存在的问题。有些教师没有真正认识和思考幼儿的深度学习，导致他们难以关注幼儿在区域活动过程中表现出来的批判性思维、问题解决能力等深度学习特质；有些教师对幼儿深度学习的理解是建立在自己的感性经验上的，掺杂着自己对于幼儿学习的主观判断；还有一些教师虽然对幼儿的深度学习有一定的了解，但是往往只是抓住了深度学习的某一个特征，无法全面地认识幼儿的深度学习，甚至存在一定的误区。

---

① 郭华. 深度学习及其意义 [J]. 课程·教材·教法，2016（11）：25-32.

教师对深度学习的浅层理解也导致他们无法深入关注幼儿的学习过程，难以发现幼儿在探究、学习过程中表现出来的问题和需要，抓不住促进幼儿深度学习的契机，难以从各个方面对幼儿的深度学习给予正确指导与支持。幼儿的批判性思维、知识的灵活迁移能力、问题解决能力等难以在没有教师的有效支持下获得发展，因而在区域活动中的学习也难以持续深入。

2. 教师对区域活动中幼儿深度学习的重视度与支持度不足

区域活动是促进幼儿深度学习及身心全面和谐发展的重要途径。在区域活动中，有宽松的活动气氛、灵活多样的活动形式、丰富的活动材料，幼儿在活动中能够自我学习、自我探索、自我发现、自我完善，可以习得和迁移各种经验，促进深度学习能力的发展。

然而，有些教师对区域活动中蕴含的深度学习的契机没有足够的认识与重视，在开展区域活动时，没有很好抓住各种推动幼儿深度学习的机会。

有些教师对区域活动中蕴含的深度学习的教育价值的认同与理解不充分，导致区域活动中幼儿的深度学习被忽视。在活动过程中，教师往往只是保障幼儿的基本安全，很少真正深入观察幼儿，也就难以以引导者的角色，在行为上采取积极的措施去支持幼儿在区域活动中的深度学习。

有些教师虽然对深度学习有一定的了解，但支持度不足。如，在幼儿人数多、场地有限的情况下，教师会放弃对幼儿深度学习的支持，不去创设多种类型的活动区，不改变活动区材料单一的问题，仅把区域活动当作幼儿的自由活动，不加指导，放任自流，忽视了其作为幼儿深度学习重要途径的价值。

3. 教师未能有效组织与指导支持幼儿深度学习的区域活动

要引发幼儿的深度学习，教师不能只作为知识的传递者，应成为知识建构的引导者。① 作为一名好的引导者，教师应以幼儿的已有经验为起点，充分考虑幼儿的年龄特点，在区域活动中，支持幼儿发现问题、解决问题、迁移经验，引导幼儿自主学习，促进幼儿在深度学习中得到能力的发展与提升。

在实际区域活动中，幼儿在区域活动中的表现较多地停留在记忆、理解的浅层学习状态，或者在深度学习的边缘地带徘徊，这在一定程度上是由于教师对区域活动的深度学习缺乏系统的认知与研究，以致在组织与指导幼儿区域活动的过程中缺乏临门一脚，难以将浅层学习引向深度学习，主要表现在以下几个方面。

（1）对探究过程的组织缺乏连续性

连续流畅的探究过程是幼儿进行深度学习的重要保障。在实际的区域活动过程中，如果教师没有对幼儿进行连续有效的指导，幼儿的探究过程就容易中断，探究环节之间难以有效衔接，幼儿的思考也难以对其持续探究行为提供支持。如果幼儿的探究行为难以持续地进行，那么进入深度学习的关键时机也将被忽略，幼儿后续的学习效果也会受到影响。教师对幼儿探究过程的指导比较随机，无法提供连续有效的指导，幼儿的探究过程容易因为缺乏指导而中断。即使教师在巡视的过程中对幼儿进行了短暂的指导，也难以保证幼儿在后续探究过程中不遇到困难，持续深入的探究与学习还是难以实现。

（2）对幼儿探究行为的关注不够深入

只有深入地了解幼儿，明确幼儿的探究行为所表达的兴趣、需要以及发展水平等，教师才能有效地为幼儿的深入持续探究提供进一步的支持。然而，在现实中教师对幼儿探究行为的关注不够深入，因此难以深入分析幼儿的探究行为，难以为幼儿的探究提供有效支持。一方面，教师在区域活动中进行巡回指导时倾向于关注幼儿的行为是否

① 高树平，张少利 . 论知识获得过程中教师的角色定位［J］. 新课程研究（上旬），2018（3）：3.

符合事先设定的操作规范。教师对于幼儿探究行为的关注主要在于幼儿有无按照"步骤"去操作，而没有关注幼儿在探究过程中的思维过程、方法的使用、探究解决问题的能力等，难以发现幼儿真正的需求与问题。另一方面，教师在幼儿进行区域活动时较多地关注其是否发生矛盾冲突。观察发现，教师在大多数情况下只有在幼儿发生矛盾冲突时才会对幼儿的区域活动进行干预和指导，在其他情况下往往只是作为旁观者的角色存在，较少关注幼儿实际的探究过程，因而难以发现幼儿的兴趣及问题所在，难以促进幼儿的区域活动向深层次发展。

（3）欠缺对区域活动的延伸指导

区域活动的推进是一个循环往复、螺旋上升的过程，但许多教师缺乏对区域活动的延伸指导，指导内容呈现出碎片化、浅层化的特点，系统逻辑性较低，幼儿难以从教师的指导中获得有关区域活动探究流程的完整认知，难以进行持续深入的探究学习。①

一方面，教师多在探究的过程中对材料的使用、探究的步骤有固定模式，使幼儿难以独自回顾和总结探究经验。以固定模式展开的区域活动，探究的过程和步骤较为固定，幼儿只能跟随教师的探究思路，模仿教师的探究行为，很少提出自己独特的想法和意见，在这样的情况下，教师几乎不会对幼儿在区域活动中的探究行为进行延伸指导。如，幼儿在科学区进行"会动的彩虹"实验时，教师将实验的每一个步骤都清晰展示并直接指导幼儿进行实验，从猜想到验证的步骤都由教师主导，幼儿难以有发散思考的空间。

另一方面，教师难以及时地对幼儿积极的探究欲望进行支持与回应，使幼儿难以进行深度的思考与探究，深度学习受到阻碍。观察发现，有的幼儿已经逐渐学会创造性地融合区域活动探究经验与生活经

---

① 李莉. 有效开展幼儿园区域活动的思与行 [J]. 早期教育（幼教·教育教学），2021（6）：52-53.

验，并通过同伴协作的方式来进行探究，这说明幼儿的深度学习在逐渐发生。但由于缺乏教师的及时支持与反馈，幼儿当前的深度学习状态难以进一步发展和延伸。

4. 活动评价流于形式且缺乏针对性

分享、评价环节有利于幼儿交流看法及分享游戏经验，更加深入地认识和理解自己的探究行为，并在教师的梳理下，提升对探究活动所获得的各种零散经验的整体感知。[①] 但在调查中发现，教师往往会忽视分享评价环节的价值意义，使区域活动后的分享评价环节流于形式，难以为幼儿的持续深入学习提供支持。

（1）以教师评价为主，较多关注探究结果

评价环节应重点交流幼儿在探究过程中遇到的问题、使用的解决方法、幼儿的思维等，以促进幼儿对新经验的梳理。但在实践中，很多教师却常常习惯于展示幼儿活动成果的照片或者活动成果，较多地关注幼儿探究过程的结果，忽视对其探究过程的回顾与总结。如，在美工区中，教师只是用手机拍摄了多名幼儿的作品进行展示，邀请幼儿和大家说一说作品是什么，好不好看，然后说："今天他们真棒，都做出了不错的作品，我们一起来给他们鼓鼓掌！其他小朋友们下次也可以试一试哟！"在这次分享环节中，教师只关注了结果，未能将幼儿的制作过程、遇到的问题以及解决方法结合起来进行评价。

（2）以形式分享为主，较少关注分享内容

在少数情况下，教师也会让幼儿与同伴分享自己的探究过程，但是在幼儿分享时，教师对幼儿分享的内容关注较少，只是注重幼儿来分享这一形式。因此，教师便难以发现幼儿对知识、技能的掌握情况以及遇到的困难等，无法对幼儿的持续探究提供支持。此外，幼儿在分享时，其他幼儿可能在忙于用绘画等形式表征自己的活动，这样不

---

① 李庆霞. 幼儿园自主性游戏分享环节研究 [D]. 南京：南京师范大学，2016.

仅其他幼儿难以获得相关经验，分享的幼儿也难以拓展思考的角度，实际的效果低下。如果教师不加以引导，分享环节将流于形式，难以发挥其实际效用。

5. 教师自我学习与研究意识淡薄

如果教师只是能够正确看待幼儿的深度学习，思想上认同幼儿深度学习的价值意义，但不能主动地进行自我学习与研究，以此为幼儿深度学习提供更好的支持，这样对待幼儿在区域活动中的深度学习也是不可取的。对于深度学习的学习与研究意识淡薄，难以推动教师积极主动地学习关于幼儿深度学习的知识，了解幼儿深度学习的内涵、价值、特征，探索区域活动中幼儿深度学习的支持策略等，使得幼儿因缺乏优秀的引导者导致区域活动无法深入，也就阻碍了幼儿深度学习的发展。

（二）同伴互动质量

区域活动中幼儿与同伴互动进行合作探究是解决问题的有效途径，幼儿的深度学习更需要幼儿之间的合作探究。《指南》也提到支持幼儿与同伴合作探究与分享交流，强调合作、探究的学习方式。在区域活动的过程中，通过探讨协商、制订计划、分享交流等同伴合作，能帮助幼儿更加全面、深入地认识事物，从而使活动走向深度学习。

幼儿在区域活动中，常常表现出合作和探究与深度学习呈正相关趋势。[1] 但在实践中，幼儿在区域活动中的合作探究能力较弱，难以有效支持其进行深度学习。表现为部分幼儿只能够围绕感兴趣的问题一起合作探究，但不能成功解决问题；部分幼儿在合作中遇到冲突后，会放弃合作；部分幼儿几乎是各玩各的，少有合作。

---

① 屠锦红，李如密．"做中学"教学法之百年演进述评［J］. 课程·教材·教法，2014（4）：98.

案例1

　　在建构区活动中，小凡和小博正独自用纸砖、圆纸筒、万通板等材料搭建城堡。小凡发现柜子里的纸砖材料只剩最后一块，于是着急地拿在手上，小博看见了，也伸手来拿，出现了争抢行为。小凡说："这个是我的，你不能用！"小博说："我也要，我也要！"两个人争论不休，拼砌的游戏无法进行。旁边的小雅看到了，提醒道："你们石头剪刀布吧！"两个人同意了。

　　搭建好了之后，小凡发现自己的城堡比较矮，想继续搭建，小博发现自己的城堡少了围栏，也想要增加材料继续搭建。可是圆纸筒材料已经用得差不多了，两人又开始抢圆纸筒，谁也不愿意退步，也不愿意一起合作，也没有一起商量。

　　教师了解之后，提议道："我好想看看一个超级大的城堡是怎么样的？你们能帮帮忙吗？"小博低头想了想，说："我们的合起来就可以是一个大城堡了！"最终在教师的协助下，两个小朋友商量一起合作，搭建了一个超级大城堡，也解决了争抢材料的问题。

　　在案例1中，两名幼儿遇到材料不够的问题时，没有尝试去交流和沟通解决，而是执意想得到材料。在同伴和教师的帮助下，他们围绕感兴趣的搭建进行沟通、合作，体验同伴合作的乐趣，支持了下一步的探究。

　　在区域活动中，幼儿合作探究意识不强，同伴互动行为不多，从而导致无法深入探究。观察发现，具体表现为以下几点。

　　1. 自我意识强，干扰了合作探究

　　幼儿自我意识强，在与同伴合作过程中，会出现争抢材料、按自己的主观意愿进行游戏等行为，当这种行为无法得到正确引导或者自我调适时，同伴关系会破裂，导致游戏无法正常合作进行。

2. 合作方式单一，影响了问题解决

合作虽然有助于问题的解决，但有时候，一起合作的幼儿也会遇到合作解决不了的问题。当问题得不到解决时，很多幼儿不善于改变合作方式，如邀请其他幼儿进行合作、请教师指导等。有的幼儿会选择放弃合作，转而开始其他游戏，有的幼儿会放弃同伴独自变换游戏，而不是像案例中那样，在教师和其他幼儿的建议下将游戏进行到底。

第二节　区域活动中影响幼儿深度学习的幼儿因素

幼儿是区域活动中深度学习的主体，影响着深度学习能否发生与发展。幼儿的主体价值发挥，取决于幼儿在区域活动过程中能否自主、主动、能动、自由及有目的地活动。幼儿正处于深度学习能力发展的启蒙阶段，各项深度学习能力处于积极发展的过程中。由于幼儿存在个体差异性，幼儿在区域活动中表现出的探究意识程度、知识经验的迁移运用能力、高阶思维的发展水平等参差不齐，这些都是影响幼儿在区域活动中深度学习效果的重要因素，这些影响因素大致与幼儿已有经验和幼儿的内部动机相关。

一、幼儿已有经验

杜威认为，经验是有机体与环境相互作用的过程和结果。经验并不是主体的主观臆想，也不被客体直接呈现，而是在主体与客体交互作用中显山露水。儿童的经验获得过程正是儿童成长与发展的方式。《指南》指出，幼儿的学习以直接经验为基础，通过直接感知、实际操作和亲身体验获取。

幼儿在已有经验基础上，通过与周围情境积极互动而扩展已有经验，或让已有经验与其他经验建立联结而形成新的经验，这个过程，其实就是幼儿对已有经验的迁移和运用，以及思维发展的过程。深度学习正是幼儿经验不断螺旋上升的推进，新的经验建立在已有经验的基础上，因此，幼儿的已有经验是影响区域活动深度学习的幼儿因素，幼儿的已有经验越多，幼儿可迁移和应用的经验也就越多，将已有经验应用于当前情境解决实际问题的能力也就越强；幼儿的已有经验越匮乏，幼儿可迁移和应用的经验也就越少，解决实际问题的能力也就越弱。

在实际的区域活动中，深度学习受已有经验这一幼儿自身因素的影响主要体现在以下两个方面。

（一）已有经验的迁移与运用能力弱

奥苏伯尔（D. P. AuSubel）认为，知识能否迁移是区分机械学习与有意义学习的标志，迁移是指已获得的知识技能对掌握新知识技能产生积极作用的过程，应用是指运用所获得的知识技能去解决相似问题的过程[1]。深度学习强调知识的迁移运用。在深度学习中，学习者在一定的学习情境下，能实现一种学习对另一种学习的影响，一种知识对另一种知识的影响，一种技能对另一种技能的影响。在此过程中，学习者深入理解学习情境，把握关键要素，遇到新情境时能够运用已有知识解决问题，迁移已有知识，实现举一反三。[2]

《指南》也强调，儿童的学习发展是一个整体，幼儿园要重视领域之间、目标之间的相互联系和整合。由此可见，深度学习与《指南》的精神高度契合，不是孤立已有认知中的旧知识，而是促进知识建构，学习者在获取有用信息的同时，将信息转化为知识，并把新知识与已

---

① 蔡迎旗，王翌. 促进幼儿深度学习的教师支持策略研究——以角色游戏为例 [J]. 河北师范大学学报（教育科学版），2022，24（3）：115-122.

② 蒋婷婷. 区域活动中幼儿深度学习的教师支持研究 [D]. 桂林：广西师范大学，2021.

有知识经验联系起来，在已有知识结构的基础上建构新知识，促进幼儿进行更深层次的探究。

从某种程度上说，迁移是问题解决的核心①，已有经验的适当迁移能促进幼儿的深度学习。但在实践调查中发现，大部分幼儿不能准确地将自己的已有经验迁移到当前的区域活动情境中，有很多幼儿需要教师的帮助才能实现经验的迁移。

区域活动中幼儿的迁移与运用能力弱主要表现在以下几点。

1. 已有经验不能灵活迁移与运用

案例2

在益智区，小雨正在玩公仔纸的游戏，只见小雨将公仔纸正面朝上放置在桌面上，然后小手直直地进行拍打。

第一次，公仔纸被拍动了，但是没有翻转。小雨说："那我再用点力气！"说完继续用力拍打。

第二次，公仔纸还是静静地待在桌面上，似乎没有翻动。小雨叹了口气说："这次我用两只手，用更大的力气吧！"他更加使劲地第三次拍打，公仔纸依旧没有翻转。接着，教师加入了游戏，窝手进行拍打，公仔纸翻过来了。

在案例2中，小雨认为是自己的力气太小导致公仔纸翻转不过来，因此一直使劲拍打，只是将"力气大才有力量"的经验机械地迁移到拍打公仔纸的情境中，没有意识到用力拍打的时候没有形成气流，并且拍打之后没有快速地抽离手，导致翻起来的公仔纸也被压下去了。

大多数幼儿在区域活动中遇到新情境时不能灵活地迁移旧经验，影响问题的解决。这一方面表现在迁移旧经验时的思维比较固化，只是对单一经验的迁移，而不能将与之相关的其他经验进行迁移运用。

---

① 施良方. 学习论 [M]. 北京：人民教育出版社，2001：448.

另一方面则表现在迁移旧经验时缺乏对旧经验的改造利用。

2. 区域间经验的迁移运用能力弱

不同活动区的经验是可以相互迁移运用的，但幼儿在这方面能力较弱。

> **案例3**
>
> 　　在语言区活动中，小诗正在和小伙伴们创编关于季节的诗歌，在讨论秋天会有什么果实成熟的时候，小诗没有相关经验有点犯难，但也没有利用科学区查找相关资料。在讨论冬天下雪的时候，小诗很喜欢堆雪人的场景，很想搭建一个雪地里的游乐场，但也没到美术区用黏土创作，或者去建构区搭建。创编好诗歌之后，小诗和小伙伴们也没有到角色区进行表演，或者到音乐区进行演奏。

区域活动中的深度学习，不是信息式、接受性的单方面的灌输与植入，也不是简单的模式化学习，它强调在不同情境下的经验建构，通过迁移与转化，在新的不同主题材料与内容区域，能灵活调动知识、经验、能力去发现问题，找到新情境下解决问题的方法。从案例3可以看到，小诗还不能将不同区的经验进行迁移运用，错过了很多深度学习的机会和可能。其实，幼儿有很多可以互相迁移的区域经验，如在科学区发现的光影现象可以迁移到美工区的手工创作中，在语言区了解的地铁知识可以迁移到建构区的搭建中，在建构区获得的搭建技能可以迁移到益智区的拼图和空间思维游戏中，幼儿也可以将区域中积累的经验用到生活中去，将生活中的经验迁移到区域活动中。

（二）基于已有经验发展的高阶思维还处于较低水平

深度学习处于高级的认知水平，与高水平思维密切相关。高阶思维是实现深度学习的关键，发展高阶思维能力有利于实现和促进深度学习，同时高阶思维又是深度学习的核心特征。① 在深度学习中，幼儿基于已有经验，通过新旧经验的联系、建构、迁移、运用等丰富新经验，激发学习的主动性，调动经验解决问题，从而提升高阶认知能力。

高阶思维包含创新能力、问题求解能力和批判性思维能力。② 在观察中发现，由于幼儿已有经验少，基于已有经验发展的高阶思维还处于较低水平。

1. 创新能力弱

部分幼儿在区域活动中只是简单地模仿和机械地操作材料，缺乏创新。

案例4

在美术区，小禾正沿着剪纸图的线条进行折叠和裁剪，完成之后开心地展示给同伴和教师，还兴奋地介绍剪纸作品："瞧，我的作品跟这个图片上的一模一样。"随后，小禾发现有一张空白的卡纸，上面没有任何线条和图案，小禾一脸茫然地看着，不知道怎么进行设计和裁剪。当看到旁边的小朋友通过两次折叠折出三角形时，小禾也模仿着进行折叠和裁剪。

---

2. 问题求解能力弱

让幼儿学会解决各种复杂的问题是深度学习的重要目的之一，在问题解决方面，部分幼儿灵活应对的能力较弱。

---

① 段金菊. 技术支撑下的团队深度学习设计研究 [J]. 中国远程教育，2011（1）：44-48.

② 沈莹莹. 区域活动中中班幼儿深度学习现状研究——以盐城市×幼儿园为例 [D]. 扬州：扬州大学，2020.

案例5

　　在建构区，小超正在用小积塑管搭建地铁车站和隧道，但插上接口后一直松开。小超第一时间没有自己尝试，而是跑来请求教师的帮助，教师启发道："如果总是松开，是没有压紧还是有点坏掉了呢？"小超低头思考了一会儿，摇摇头，并没有去尝试操作。

3. 批判性思维能力弱

　　在批判性思维能力方面，有部分幼儿接受他人的观点比较容易，而要提出自己的想法却有一定的难度。独立思考的能力，恰恰是从浅层学习跨入深度学习的一道门槛。

案例6

　　在科学区，小可和小嘉一起探索水的溶解性，小可将一勺盐放到一杯清水中，搅拌后盐不见了，然后再加一勺盐的时候，发现还有盐留在清水中。小嘉说："我放的盐在水中溶解了，肯定是你还没有搅拌！"小可点点头，又继续搅拌起来，没有进一步提出自己的想法。

　　在案例6中，小可没有对小嘉的说法提出质疑，一味认可小嘉的观点，选择了继续搅拌，没有发现是液体饱和的影响。可见如果幼儿对事物的批判性认识尚浅，还不善质疑，不经过思考就全盘接受他人的想法与建议，就会阻碍幼儿的学习向深度探索。

　　实际活动中也经常出现幼儿提出建议的能力不足或者提出想法跑题的情形较多。

> **案例7**
>
> 　　建构区活动结束了，小彤因为找不到圆筒的弯头积木（材料很少，经常发生争抢使用的情况），没有完成滑滑梯城堡的搭建。在分享环节，教师问："小彤有没有遇到什么困难呀？"小彤回答："我没有找到积木材料，所以没有搭建成功。"

　　在案例7中，小彤只能发现搭建不成功的原因是缺少弯头积木，却没有通过思考分析解决问题的不同方法，如用其他材料替代、增加材料、换一种搭建方式等，由此阻碍了深度学习的发生。

　　对于幼儿而言，高阶思维能力还处于发展阶段，且发展水平较低。在此阶段，幼儿的问题求解能力、批判性思维能力、创新能力等虽然具备深度学习的基础，但由于发展水平低，其深度学习的效果会呈现年龄和心智不同差异性特征。高质量的深度学习能让幼儿的学习更专注、更主动、更投入，调动幼儿的全身心参与，激活大脑深层性联系，帮助幼儿在新情境中进行经验迁移，促进幼儿的高阶思维水平不断发展。区域中的深度学习不是独立的组织方式，而是幼儿在区域活动中不断发现问题与解决问题的过程中思考、认知和行动所表现出来的思维发展变化，对各种前置经验的输出与超越，两者是在相互依存中不断转换与提升的。

（三）幼儿对经验的自我反思和评价能力不足

　　美国学者波斯纳（Richard Allen Posner）认为，没有反思的经验是狭隘的经验，至多也只能成为肤浅的知识，评价与反思是深度学习的必备环节。自我反思和评价是学习者个体意识发展的重要表现，通过对经历的活动进行回顾和再认识，积极思考，提出自己的看法和经验。深度学习注重在理解所学知识的基础上进行反思学习，在此过程中对事物有一种批判或怀疑的态度，能深入探究和思考，从而加深对深层知识和复杂概念的理解。虽然幼儿元认知水平较低，但有研究表明，幼儿已具备初步的计划、监控、调整等元认知能力，在游戏过程中，能通过自我评价与反思，对所学知识、学习过程和学习方式等经验进行简单的监控与及时调整。

从幼儿发展角度看，自我反思与评价应存在于学习的各个阶段和各个环节中。只有幼儿本身对所学知识和学习过程能主动地做出有价值的质疑、批判与评价，才能真正推动深度学习的进程。

幼儿在区域活动中，常常会遇到各种挑战，当自身的经验不足以解决问题时，幼儿如能对自己的思考方式与行为方法进行反思，不断提出新的见解，尝试新的方法，无疑就是一个深度学习的过程。

积极的自我反思与评价是推动深度学习的有效途径，虽然幼儿在区域活动中会表现出能对活动成败进行一定的反思，但观察其表现，其反思与评价能力只是处于较为初级的阶段，具体表现为以下几个方面。

1. 缺乏自我反思与评价的意识与能力

案例8

　　在音乐区，小悦、小晗和小歆正在讨论用乐器演奏喜欢的儿歌，还选择了铃鼓、碰铃、沙锤三种乐器。但是在演奏的时候，他们一直没有跟上音乐节奏。教师引导提问："你们知道这首儿歌有几段吗？每一段可以用什么乐器来演奏呢？""怎么演奏乐器才合适呢？"但是幼儿还是纠结于寻找新的乐器来替代，没有找到解决节奏不对的问题的方法。

在案例8中，幼儿遇到问题没有主动反思和解决，在教师的提醒下还是不能很快得到启发和改变，不能清楚地表述遇到了什么困难、解决方案是什么等，自我反思和评价能力不足。

自我反思和评价能力不足还体现在讲述成功与失败的原因和经验方面。如，在建构区活动中，小宇搭建的房子总是比较稳固和立体。在分享经验的时候，小宇只能介绍作品的外形特征，并不能讲述运用了互锁、围合等搭建技巧。又如，在科学区活动中，小宇与同伴比赛转陀螺，但是小雨的陀螺每次都先停下来。小宇愁眉苦脸地求助教师，教师启发道："你有没有发现你们转陀螺的方法有什么不一样呀？"小宇茫然地摇摇头。教师继续启发道："那你发现你们操作的地方有什么不一样吗？"小宇思考了一会，还是摇摇头。其实，陀螺停下跟转陀螺的力度、桌面的粗糙程度有关，但是小宇不善于从失败的经验中找到原因，也影响了问题的解决和深度学习的开展。

2. 对经验的自我反思与评价较为片面

幼儿对活动经验的自我反思与评价较为片面与他们的自我反思与评价的意识与能力欠缺有关，在反思与评价过程中，幼儿经常会"一叶障目"，只关注一个方面或者不相关的某一点，而"不见森林"。随着幼儿年龄的增长，他们的自我反思与评价的意识与能力提升，这种片面性也会得到很大改善。同时，幼儿也是一个"好面子"的群体，在自我反思与评价的过程中，他们往往会重视自己的成功，而羞于正视自己的失败，这也是导致其反思与评价片面的因素。

二、幼儿内部动机

动机是发动、维持个体的活动，并使活动朝向一定目标的动力机制。内部动机是指受内部动力驱使而去活动的一种动机，由个体的内在需要引起。幼儿内部动机是满足幼儿自身学习需要的动机，在幼儿阶段，幼儿深度学习的内部动机多是由幼儿的兴趣、好奇心、探索意愿等驱动，这些内部动机能充分调动幼儿参与深度学习活动的积极性。

幼儿内部动机能驱动幼儿的主动探究意识。从本质而言，深度学习是一种主动的、探究式的、理解性的学习方式。杜威曾说："儿童有着探究和调查的本能，好问、好奇、好探究是儿童与生俱来的特点。"探究是幼儿认识世界的基本方式之一。幼儿从自身已有经验出发，自发地、主动地对外界事物做出一系列尝试、摸索、探究，进行知识经验的建构，有效地对知识经验进行迁移应用，实现认知能力、解决问题能力、创造性思维、批判性思维等高阶思维的发展。

心理学家艾里克森提出，促进幼儿的自主性发展是早期教育的基本任务。区域活动作为幼儿重要的自主活动形式，能够激发幼儿学习的内部动机，使幼儿在内部动机的驱动下主动探究，通过深度学习完成知识经验的全面建构。

在区域活动中，幼儿是否具备强烈的主动探究意识，会影响深度学习的深度。但对幼儿在区域活动中的主动探究程度进行观察后发现，幼儿主动探究意识的强弱存在较大差异，部分幼儿能够主动选择游戏的区域、材料和玩伴等，部分幼儿主动性比较弱，表现出无所事事、浅尝辄止的行为。

案例9

区域活动开始了，小禾说："我还想去科学区玩光影游戏，在家我和爸爸一起玩过！"说完，小禾就来到科学区开始操作光影的游戏材料，然后拿起笔记录自己的发现，探究影子和光的关系，一直到 30 分钟之后区域游戏结束。

小宇绕着几个区域走了一圈，然后发现数学区添加了七巧板材料，便进入了数学区，根据图示开始模仿拼砌操作，大概 20 分钟后离开去其他地方。

> 小卓则拿着自己的记录卡，不时地东张西望，在各区走来走去。教师问："你打算去哪里玩呀？"小卓沉默了一会儿，说："我不知道！"教师追问："你喜欢玩什么游戏材料呀？"小卓摇摇头。教师继续追问："你喜欢看图书吗？"小卓低头想了一会儿，点点头，进入语言区，来回地翻看书架上书的封面，还是没有决定看哪本书，又开始东张西望，直到游戏结束。

以上案例是幼儿在区域活动中自主探究意识强弱的典型表现，小禾第一时间就能够根据自己的兴趣进入喜欢的科学区探究光影材料，有自主计划性。小宇也比较主动，被区域的材料吸引，但只是进行了较为简单的机械拼砌，没有更加主动地探索材料的不同玩法。小卓则缺乏主动探究材料的欲望，即使在教师的引导下入区，但对区域材料不感兴趣，缺乏积极主动的探究意识，未能形成深度学习。

幼儿在区域活动中主动探究意识偏薄弱是内部动机缺乏的表现。通过对幼儿的表现与学习效果进行深入调查与分析，幼儿内部动机缺乏最明显的表现是缺乏学习兴趣。内部动机是自主探究的动力，而兴趣则是内部动机产生的重要因素之一。兴趣推动幼儿去观察生活、观察世界、发现问题、解决问题，从而获得有意义的成长经验。在区域活动中，幼儿的兴趣多来自直接兴趣，直接兴趣会强化幼儿自主探究意识，激发幼儿自主探究欲望，引发幼儿产生主动入区开展活动的意愿。但幼儿容易受各种因素影响，使探究活动带有一定的随意性，持续时间比较短，如果兴趣降低，幼儿自主探究的意识也会逐渐消失，使深度学习受阻。

幼儿内部动机不强还会导致幼儿在区域活动中依赖性强，缺乏主动性，习惯跟着教师走，跟着同伴走。虽然幼儿会在教师的引导下入区活动，按照教师的要求完成任务，在过程中遇到困难好问，好寻求帮助，但自主探究的意识不强，不爱"打破常规"。这种依赖性的学习方式只是为了完成任务而消极、被动地接收信息，与深度学习的方向背道而驰。

为支持幼儿在区域活动中的深度学习，教师应从满足与调动幼儿的兴趣，增强幼儿的内部动机，创设有利于幼儿主动探究的学习场景，提供有效的指导，激发幼儿主动探究的意识与愿望，不断增强幼儿的学习主动性，支持幼儿主动探究。

三、学习专注力

在区域活动中，专注力是幼儿听觉、视觉、触觉等感官集中于活动上的时间与目的达成度，且专注力是深度学习的最基本的学习能力，是观察、理解、记忆、推理等思维能力的基础。

深度学习的产生和积极的学习品质密切相关。专注力作为一种积极的学习品质，与幼儿智力发展水平和认知发展水平成正比。在区域活动中，幼儿投入越多专注力，对事物的观察就会越细致，不仅达到的认知水平会更高，而且还有利于幼儿自我约束，遇到困难能勇敢地克服，最终，区域活动深度学习的效果也会越好。

幼儿在区域活动中的专注力强表现为能坚持较长的时间探究感兴趣的材料或玩法，专注力弱的幼儿则表现为难以专注于活动本身与探究，甚至出现三心二意的情况。在区域活动中，幼儿专注力不足可能出于以下这些原因。

（一）年龄小，专注力发展水平较低

专注力受幼儿发展阶段的影响，不同年龄段幼儿专注力有一定差异性，且专注力随着幼儿年龄的增长会随之增强。小班幼儿普遍为无意注意，专注力能够维持 3—5 分钟；中班幼儿专注力可持续 10 分钟左右，处于有意注意发展的初始阶段；大班幼儿专注力可持续 15 分钟以上。① 相应地，中班、大班幼儿的思考、抗干扰、语言伴随等能力也会有所提高，深度学习的效果也就越好。

案例10

    在混龄区域活动中，小班的小钧观察了一会儿北京冬奥会吉祥物冰墩墩的图片，在教师的指导下，他用黏土搓圆球，搓了两个圆球之后拼接在一起，3 分钟后去玩其他区域游戏。大班的小霖则和好朋友一起讨论自己见过的大熊猫，用搓、压、按等方法制作出活灵活现的冰墩墩，小霖还用小工具制作了眼睛、鼻子、嘴巴等，坚持了 20 分钟。

    在案例 10 中，我们可以发现小班幼儿专注力维持的时间比较短，且需要成人的指导。大班幼儿能够自己独立完成一个作品，不易受外界打扰，更加具备深度学习的能力。

（二）专注力水平与幼儿气质类型相关

    幼儿气质是幼儿对不同行为的表现形式，是相对稳定且不易改变的天生素质。气质类型不同，学习的专注度也不同，进而影响学习的过程和效果，以及深度学习的发生。有研究认为黏液质幼儿的专注力水平高于胆汁质幼儿，抑郁质幼儿的专注力则表现比较差。② 活跃型幼儿专注力水平较低，敏捷型幼儿专注力较高，抗干扰能力强。③

① 魏曙光. 学前心理学 [M]. 天津：南开大学出版社，2013：40-41，204-207.
② Prokasky A, Rudasill K, Molfese V J, et al. Identifying child temperament types using cluster analysis in three samples [J]. Journal of Research in Personality，2017（67）：190-201.
③ 何含姣. 不同气质类型幼儿专注力表现的特点研究 [D]. 西安：陕西师范大学，2018.

案例11

在角色区，几个大班幼儿准备扮演爸爸妈妈带小宝宝去逛超市的场景。小铭主动提出扮演妈妈，小庭说要当爸爸。不过还没等小铭戴上角色卡片，小庭就跑到超市那里拿了一个玩具枪进行拼砌。随后，还用枪和其他幼儿玩起了打仗的游戏。在小铭的提醒下，小庭想起了要带小宝宝去超市，不过逛了一会儿超市又离开去玩其他材料了。

案例12

在角色区，小恬准备表演《西游记》中的故事。小恬先观察了西游记的角色图片，随后主动邀请同伴加入，并为同伴分配角色。在表演的时候，小恬根据故事内容提醒同伴说台词，并帮助扮演不同角色的同伴排练。遇到角色衣服不够的时候，小恬还用一些美术材料进行制作，让扮演游戏能够顺利开展。

从案例11中可以发现，小庭是活跃型幼儿，他专注游戏的时间不长，出现了一些随意性的行为，且容易出现一些与区域活动无关的打闹行为。案例12中的小恬是敏捷型幼儿，她全程专注于自己提出的故事扮演活动，对于游戏的内容非常清楚，并积极推进扮演活动的开展。当遇到同伴台词出错、衣服不够的情况时，能够主动想办法解决。

（三）专注力水平受幼儿活动参与水平影响

幼儿参与活动的状态会影响幼儿专注力的发展。区域活动、同伴游戏、亲子游戏甚至是一些社区活动都有助于发展幼儿的专注力。有研究发现，活动参与水平高的幼儿专注力水平高于参与活动不足的幼儿。①

案例13

> 游戏开始了，教师问："你们想去哪个区域玩呀？"小嘉抢着回答："我喜欢玩公仔纸，我想去益智区。"随后，小嘉便进入了益智区，来到材料区准备挑出自己最喜欢的一类公仔纸。3分钟后，小嘉拿起了葫芦娃公仔纸，但是她没有马上坐下来玩，而是东张西望，走来走去。2分钟后，小嘉坐下来拍打葫芦娃公仔纸。5分钟后，小嘉放下手中的公仔纸，走向了数学区，拿起了数字卡片进行操作。又过了5分钟，小嘉回到了益智区，拿了另外一款西游记公仔纸，开始反向拍打。2分钟后，小嘉拿了一支笔，在记录卡上记录赢了的公仔纸。此后的10分钟里，小嘉比较频繁地更换公仔纸，也有中途离开去上厕所、喝水或者拿纸巾擦桌子，眼睛不时地关注其他同伴玩的游戏，也一直在变换拍打公仔纸的方式，直到游戏结束。

在案例13中，小嘉是一个活动参与水平不高的幼儿，除了上幼儿园极少参加其他活动。游戏开始时，尽管小嘉选择了喜欢的区域，但是在游戏过程中未能把专注力完全集中在探究公仔纸的玩法、材料等方面，未能完全投入游戏中，也就不能进入深度学习的状态。

---

① Nelson, R. F. The Impact of Ready Environments on Achievement in Kindergarten［J］. Journal of Research in Childhood Education, 2005, 19（3）：215-221.

案例14

　　前几天小昊、小峻在建构区活动中用纸箱搭建了一个地铁安检机，但是在游戏的时候发现纸箱总是立不起来，行李没有办法输送到另一边，纸箱总是往一边倒。今天，在进区之前，两个人讨论了起来，小昊提出要先做一张设计图。

　　小昊："我看过我爸爸以前用硬纸板来支撑，那我们把硬纸板塞在里面，也支撑一下吧。"

　　小峻："但是会不会卡住行李呢？也可以试一试把硬纸板卡在两边。"

　　接着，他们按照设计图到美术区找来一些硬纸板材料，然后比画了一下纸箱的高度，进行裁剪。第一次，两个人尝试把硬纸板卡在纸箱的侧面，发现安检机还是不能稳稳地站立。于是他们尝试将硬纸板卡在纸箱的下方，但是长度不合适，他们再次裁剪，可惜还是没有成功。两个人再次讨论后，在下方和侧面都增加支撑，反复尝试后最终成功地用硬纸板、棍子加固了安检机。

　　在案例14中，小昊和小峻都是活动参与水平较高的幼儿。在区域活动中，面对上一次游戏的失败，他们开始尝试新的计划。两名幼儿先是对遇到的问题进行了讨论，然后根据计划寻找材料，进行初次尝试，然后调整方法，反复尝试直到成功。在整个游戏过程中，他们能够非常专注于游戏本身，这种专注促使幼儿调动已有经验，提高了思考、探究的能力，获得了深度学习的效果。

　　在游戏情境中，幼儿往往需要解决学习过程中的问题。活动参与水平高的幼儿积累的经验比较丰富，更容易为完成学习任务与目标制定计划与对策，在游戏过程中不断碰撞，朝着既定的计划和目标深入学习，并融入自己的思考，将学习内容不断拓宽、加深。

影响幼儿区域活动深度学习的因素除了上述环境因素和幼儿因素以外，还有一些其他因素，如家园合作因素和学校因素。

深度学习的理念大多只在教师群体中传播，还没有延伸到家庭教育中，导致家长对幼儿的学习特点、深度学习的发生没有充分的认知，也使家长未能有意识地从家庭教育的角度鼓励幼儿深度学习，或支持幼儿深度学习。家庭也是幼儿深度学习的重要场所，当区域活动中出现探究问题，在有限的区域活动时间内未完成的探究任务，实际上可以延伸到家庭环境中，而且家长的一对一指导可以弥补教师一对多指导的不足，让幼儿获得更加个性化的支持。因此，我们应重视对家长进行深度学习的宣传与指导，发挥家园共育的作用。

从幼儿园层面而言，区域活动的教研活动形式化导致教研有效性不强，区域活动开展时间难以保证等，这些都会对幼儿区域活动中的深度学习产生重要的影响。

第三章

科学区活动中
幼儿深度学习的教育支持

《指南》明确提出幼儿科学学习的核心是激发探究兴趣，体验探究过程，发展初步的探究能力。成人要善于发现和保护幼儿的好奇心，充分利用自然和实际生活机会，引导幼儿通过观察、比较、操作、实验等方法，学习发现问题、分析问题和解决问题。它还强调幼儿的思维特点是以具体形象思维为主，应注重引导幼儿通过直接感知、亲身体验和实际操作进行科学学习。

根据《指南》提出的要求，幼儿园提供自主选择的机会，创设自由探索、富有游戏性的科学区域非常重要。在科学区中，需要选择贴近幼儿生活和幼儿感兴趣的探究内容，创设安全的操作环境，创设有准备的物质环境，给予支持性的心理环境，引导幼儿探究环境、了解和认识周围世界及事物之间的相互关系，探究自己、探究外界，为深度学习提供支持。

第一节　科学区幼儿深度学习的关键经验

科学区中幼儿深度学习的关键经验是结合幼儿的生活实际和生活经验，激发幼儿对科学的求知欲，逐步形成探究问题的思维方式和解决问题的能力，从中获得学习科学最关键的经验。《指南》指出，幼儿科学教育要激发幼儿爱科学、学科学的兴趣、情感和探究科学的欲望；让幼儿在科学探究中积累科学知识，学习科学方法，培养科学精神，成为可持续发展的具备良好科学素养的新一代人。

一、科学区幼儿深度学习关键经验的主要内容

本章节结合《指南》以及有关科学领域关键经验的已有研究，在关注科学区幼儿自主性、差异性学习特点的基础上，将科学区幼儿深度学习的关键经验分为以下四个维度。

（一）情感与态度

对周围的事物和现象有好奇心和求知欲，积极主动参与探究，乐于与同伴共同探究，能用适当的方式相互交流，喜爱动植物，关爱生命，亲近大自然，爱护周围环境。

（二）探究与操作

认识常见的动植物，了解它们的外形特征、习性和生长变化、生存条件以及与人类的关系；熟悉常见材料的特性和用途，在特定条件下材料发生的变化，与人类生活的关系；感知天气的变化与自身的关系，了解四季的特征和常见的天气现象，以及与生物和人类生活的关系；认识常见的物理现象；运用工具设计、制作玩具。

（三）观察与记录

用多种感官或动作去感知或探索事物的特征，善于观察事物的运动与变化，能用简单的分类、比较、推理等方法探索事物，习得观察的基本方法，运用简单工具进行信息的收集与记录。

（四）表达与交流

能用语言描述、概括发现的事物，在交流中尝试整理、概括自己的探究成果，体验发现与探究的乐趣。

二、科学区各年龄阶段幼儿深度学习的关键经验

同一科学教育内容，对于不同年龄段的幼儿，关键经验的确立应是不同的，是具有渐进性和层次性的。

（一）3—4 岁关键经验

1. 情感与态度

有好奇心，喜欢问各种问题，乐意摆弄各种物品。对观察到的事物和现象积极思考，根据引导尝试对观察结果提出问题。

2. 探究与操作

尝试用动作探究并关注动作产生的结果，感知和发现常见物体和材料的软硬、光滑和粗糙等特性；感知和体验天气对自己生活和活动的影响；观察日常生活中常见人造物品的特征与用途，感知其给生活带来的方便。

3. 观察与记录

发现事物的明显特征和外部特征，学习运用多种感官感知事物的特征，观察现象的发生和事物的变化，发现其明显的特征。通过观察和触摸，使用简单工具收集信息，尝试根据自己的目的选择和使用不同的材料和工具。

4. 表达与交流

在教师的指导下，能用完整的语言表达观察和探索的结果，如描述物体外部特征，用描述性词汇讨论和分享观察经验，提取已有经验进行描述和比较并表达其观察经验，运用语言大胆讲述自己探索的结果。

（二）4—5 岁关键经验

1. 情感与态度

有好奇心和探究的积极性，喜欢接触新事物，经常问一些与新事物有关的问题。根据观察结果提出问题并大胆猜测答案，对事物和现象进行比较和概括，认识事物的异同，根据已有的资料进行推断并得出结论。

2. 探究与操作

常常动手动脑探索物体和材料，并乐在其中。感知和发现常见材料的溶解、传热等性质或用途；感知和发现简单物理现象，如物体形态或位置变化等；初步感知常用科技产品与自己生活的关系，知道科技产品有利也有弊。

3. 观察与记录

有顺序地观察事物的特征，比较各个观察对象的异同，在实验过程中发现物体的性质和用途及物体之间的联系，并用绘画、表格、简单的符号等工具收集更多细节性信息；能安全地使用简单工具，学习制作简单物品。

4. 表达与交流

能够初步得出自己的结论，如客观描述所发生的事实或事物特征，概括性地描述一类事物的特征，对现象进行直观、简单的解释，运用完整语言讲述并交流自己在观察中的看法或感受，敢于与同伴交流，在交流中提升经验。

（三）5—6岁关键经验

1. 情感与态度

对自己感兴趣的问题刨根问底，经常动手动脑寻找问题的答案，因探索中有所发现感到兴奋和满足；根据观察到的现象结合已有经验进行合理推理，根据过去经验或逻辑推断对现象进行解释和预测，用一定的方法验证自己的猜测。

2. 探究与操作

喜欢大胆猜测，并能通过实验操作活动进行验证。能发现常见物体的结构与功能之间的关系；探索并发现常见的物理现象产生的条件或影响因素，如影子、沉浮等。

3. 观察与记录

学习观察事物的运动和变化，对事物进行长期系统的观察，探寻观察对象的变化规律，在观察中逐渐发现事物和现象间的内在联系，能用数字、图画、图表、符号等多种工具收集信息，在成人帮助下制定简单的调查计划并执行。

4. 表达与交流

能描述探究过程和结果，如描述事物前后的变化，用叙述性语言传达信息、提出问题和提供解释，对事物和现象进行更多的概括，用准确、有效的语言表达和交流自己的做法、想法和发现，倾听、理解和评价他人的观点；愿意和他人合作与交流，享受合作与交流的乐趣。

第二节　科学区促进幼儿深度学习的环境创设与材料投放

小班的科学区可以贴近幼儿的生活，具有游戏性；中大班的科学区则可以突出操作性、趣味性和游戏性，为幼儿提供充足的活动材料和充裕的空间进行科学探索，满足幼儿的好奇心和求知欲。

一、环境布置

深度学习中的学习者，是以一种主动学习、主动建构的方式进行学习。这种学习是由于学习者对某一事物产生了兴趣，萌生了深入了解、学习的想法。虽然学习者的学习动机是内在的，但对于幼儿而言，激发这种内在学习动机的却往往是外界的环境因素。科学区是教室内为幼儿进行科学知识与能力习得而设置的专门空间，是幼儿进行自主认知、实验探究且具有游戏性质的活动空间。科学区的环境布置要基于各年龄段幼儿的关键经验，要符合幼儿的身心发展特点和认知能力、理解能力、思维能力，使幼儿带着强烈的好奇心自由地进入区域，在主动探究的欲望驱使下构建相应的科学经验。

（一）空间规划

科学区的位置要与教室格局协调一致，与教学区合理配置，兼顾学与玩。对于科学区的位置选择，要考虑幼儿在科学区的活动特点。由于科学探究过程一般需要较长时间，幼儿需要在一个安静、独立的空间里进行思考和材料操作，为了免受其他区域的干扰，科学区要尽量与安静的区域为邻，最好靠近窗户，自然通风。科学区是一个活动内容非常丰富的区域，会涉及很多类型的资源，如电资源、光资源、水资源等，所以科学区设置还需要临近电源、光源和水源。[①]

科学区的空间规划要注意区域活动柜的合理摆放。活动柜的选择要关注幼儿的年龄特点，小班幼儿年龄小，注意力易分散，科学区活动柜可选择高低错落的柜子，通过柜子的围合给幼儿提供一个较为安静、独立的环境。中大班幼儿自制力、专注力等有明显提高，喜欢与同伴、教师共同探究，可以选择大小一致的活动柜，进行开放式的摆放，方便操作材料有序摆放，选择起来也一目了然。

科学区的空间规划要适当处理空间大小的问题。空间大小要满足幼儿探究过程中小组活动、集体活动和个别活动的需要，能够满足活动内容的需求。科学区的活动空间大小，不仅是考虑幼儿的安全问题，更是为了让幼儿在科学区的活动中逐渐感受科学活动的魅力。

科学区的空间规划要注重情境的互动。科学区环境创设要注重整体环境的多元化，通过不断调整情景内容和建设不同的互动模式，吸引幼儿的兴趣与探究欲望。[②] 可以针对不同的科学领域、科学内容创设多元化、开放式的情景，如天文、地理等，分别满足幼儿对不同领域的探索需求。此外，根据科学探究的目标需求，还可以建立与其他区

---

① 徐志娟. 基于核心经验，优化幼儿园科学区活动的策略研究［J］. 好家长，2018，（45）：20-21.

② 徐文. 幼儿园科学区活动材料的现状研究——以福州市 J 幼儿园为例［D］. 福州：福建师范大学，2015.

域的互动联系。

（二）空间装饰

墙面环境是幼儿科学区空间装饰的重点，具有明显科学色彩的墙饰能对幼儿产生潜移默化的影响。充满科学探究氛围的环境能开阔幼儿的眼界，活跃幼儿的思维，通过墙面设置活动主题，创设丰富、生动的环境内容，能有效吸引幼儿的注意力，激发幼儿的探究欲。

墙面环境的创设可以从幼儿角度出发，呈现科学探究的主题、目的、过程和结果。

以主题做墙饰。根据科学区活动主题选择相应的主题墙饰，如生命科学中的某一个植物主题，可以选择相对应的仿真植物、植物的不同生长阶段图片、种子挂瓶、植物标本等作为墙饰，调动幼儿探究的兴趣。主题墙饰在区域活动更换时也要及时更换。

以问题做墙饰。好奇、好问是科学探索的开端，发现问题是比解决问题更可贵的能力，在科学区，"蚂蚁是怎么搬家的""为什么我们种的小番茄长不大"，幼儿将心中的疑惑记录在问题卡上作为墙饰。以问题做墙饰，是对幼儿关注生活中的事物和现象的一种鼓励，同时，这些问题来源于幼儿真实的生活，也是科学区探索的最佳题材。

以操作材料做墙饰。墙面可以变身科学游戏空间，以操作材料作墙饰，有利于激发幼儿的操作欲望，这种动态式的环境创设能使幼儿在与环境的互动中拓展认知、体验快乐。如科学拼图墙饰、流动的河流墙饰。

以活动成果做墙饰。引导幼儿将他们在区域活动中的探究成果梳理、整理后作为墙饰，不仅使墙面成为成果交流展示的平台，还能使幼儿拓展知识，巩固认知。

幼儿好奇心强，求知欲旺盛，很容易被有趣或有挑战性的事物所吸引，因此，科学墙饰的更换频率要适宜。

二、材料投放

皮亚杰说"儿童的智慧源于操作"。在对材料的操作、摆弄过程中，幼儿观察到科学现象中的某种关系，了解事物的特性，并构建关键经验。① 科学区的材料要具有丰富性、趣味性、操作性，要符合幼儿的喜好。材料投放是科学区环境创设的主体工程，材料种类的多少、质量的高低、材料与材料之间的结构关系都会直接影响科学区的活动效果，影响幼儿的探究兴趣。

（一）科学区材料投放的原则与策略

首先，要有目的地投放。材料的投放要依据科学教育的教学目标有目的、有针对性地投放，将教学目标隐性地体现在材料中。②

其次，科学材料投放难度要适中，要结合不同年龄段幼儿的学习能力和学习需要。材料投放难度要能激发幼儿的探索积极性，给幼儿科学学习的成就感和愉悦感。同时，材料的投放还要考虑同一年龄段幼儿的共性与个性，注重幼儿能力的强弱差异，满足绝大多数幼儿的学习兴趣。③

最后，材料的投放要在分析操作主题的基础上循序渐进，体系化，分层次呈现。④ 另外，材料的投放还要层层递进，有助于幼儿形成连续性的探究活动，让幼儿在一段时间内对某个现象或事物进行持续、深入的探究，拓展探究活动的广度和深度。

---

① 高霞．中班科学区角活动材料投放策略的行动研究——以松江区 R 幼儿园为例 [D]．上海：上海师范大学，2018.

② 李敏．幼儿园科学区的环境材料支持探究 [J]．基础教育研究，2020（18）：92-93，96.

③ 王茜．幼儿园科学区环境创设的有效性与材料投放的适宜性 [J]．教育界（基础教育），2019（5）：138-139.

④ 孔丽．浅谈幼儿园科学区环境创设与材料投放策略 [A]．广东教育学会．广东教育学会 2021 年度学术讨论会暨第十七届广东省中小学校长论坛论文选 [C]．广东教育学会：广东教育学会，2021：444-447.

（二）科学区材料投放的类型与种类

科学区活动内容非常丰富，大致可以分为以下三类。

1. 观察和种植植物

（1）种植可以在室内或阳台上生长的各种花卉或绿叶植物，如绿萝、云竹等，让幼儿观察、比较植物的外形特征，了解其生长过程，参与照料植物。

（2）选择幼儿比较熟悉的种子在适合的季节播种，如玉米、花生、黄豆等。每人一个盒子或碗，种上几粒种子，让幼儿观察种子的发芽过程，等苗长到 10 厘米左右的时候就可以移植到户外种植园地。

（3）泡养植物。用水泡养大蒜、葱头、白菜心、萝卜头、土豆块、红薯块、黄豆、绿豆等，观察其发芽与生长，或者用水泡养富贵竹、柳条等；也可以用营养液泡养植物，让幼儿简单了解营养液的作用；还可以进行土养植物与水泡养植物的对比实验与观察。

（4）植物的观察与实验。无论是在室内还是室外生长的植物，都会成为幼儿关注的对象，教师可以有目的地组织幼儿进行观察记录，或者进行一系列的植物实验活动，如种子发芽条件的对比实验、植物茎输送水的实验、植物生长需要阳光的对比实验等。

2. 观察和饲养动物

饲养小鸟、蚕、菜青虫、蚂蚁、蝌蚪、乌龟、金鱼等小动物，请幼儿参与管理，给小动物清扫窝笼、喂食等，并观察小动物的外形特征、生活习性以及生长发育全过程。

3. 操作各种材料，进行探究性实验

幼儿有好奇心，喜欢摆弄物体，有强烈的探究欲望，所以针对各种物体和现象的实验操作活动是他们最喜欢的活动。幼儿园科学区的实验操作活动涉及水和沙、空气和风、声音、电和磁、光和影、平衡和力等内容，如纸的吸水性的对比实验操作、颜色变化的实验操作、摩擦力与运动速度的对比实验、小灯泡亮了的实验操作等。

教师为幼儿提供的科学区物品大致可以分为四类：幼儿频繁使用的操作性材料；用于进行科学实验的器皿；用于陈列和观察的各类科学工具、人体结构和动物模型；用于记录操作结果的各类文具。

（三）科学区材料投放的举例

材料的安全性是选择时首先要考虑的，如瓶子、纸盒等废旧材料在使用前要做好清洗消毒工作；要注意科学材料是否完整，不能有毛刺，要杜绝遗漏和破损。在幼儿活动期间，教师要反复确认玩具的质量，详细说明材料的使用规则，提醒幼儿注意安全。

多选用经济、实用的低结构材料，如纸箱、木板、包装盒、瓶罐、贝壳、黏土、碎布、塑料软管等。有些材料可以平时在班级门口设置一个百宝箱进行收集。

基本材料的配置要规范合理。科学工具类材料要齐全，如放大镜、量杯、测量尺、天秤、滴管、手电筒、小水桶、小铲子等。广度探究材料要适当，如探索物体运动的、具有声光和电磁热等物理现象的材料。深度探究材料要结合探究活动的主题完整投入。

第三节　科学区促进幼儿深度学习的教师观察与指导策略

由于幼儿年龄小，受限于思维认知、生活经验和学习能力等，科学素养的形成更多地依赖于教师的引导。因此，在科学区活动中，需要教师关注活动全程，及时观察分析有效信息，采取有针对性的指导措施，帮助幼儿解决活动中的问题，促进幼儿唤醒经验，改造经验，提升经验，内化、迁移经验，获取相应的关键经验，形成必备的科学素养。

一、科学区活动前

（一）观察幼儿的探索欲望，共同制定探究主题

幼儿在科学区的活动相对自由、自主，一般不强调固定程序，但幼儿从问题生发，持续探究、问题解决，公开展示，反思回顾、活动拓展，还是会有一个相对比较稳定的流程。从幼儿的年龄和认知出发，在区域活动前，教师要观察幼儿对科学是否有探索欲望，对哪一类科学探究有欲望，生成探究的问题。这种观察应是日常生活中的观察。

比如，一次刚吃完午饭，教师发现幼儿对大米是怎么长出来的十分感兴趣，于是组织他们展开了讨论，最终确立了"种子成长记"这个科学区域活动主题，进行播种的探究。

3—6岁幼儿年龄小，认知能力有限，教师在创设活动主题时，要结合本班幼儿的年龄特点和能接受的知识范围，选择幼儿感兴趣、有价值、通俗易懂的活动内容，由浅及深地引导幼儿进行探索和学习。

（二）观察幼儿的认知特点与能力，指导幼儿进行必要的活动准备

幼儿对于科学领域的认知有限，对一些生活中常见的与科学有关的现象有一定的熟悉度，探究能力缺乏，无法自主制定探究内容。根据这一特点，教师要指导幼儿在探究前做好必要的活动准备。如探究天气的变化这一科学主题时，在活动前的日常生活中，可以指导幼儿做一些相关记录，如下雨前，会出现哪些自然现象，阴天时天空是什么样子的等，将相关信息记录下来进行整理。教师应充分了解幼儿的已有经验并以此为出发点，帮助他们扩展已有经验，引导他们将已有经验更灵活地应用于更多的情境中，鼓励幼儿尝试探究或者制定探究的计划，展开深度学习和探究。

二、科学区活动中

区域活动的观察与指导主要存在于区域活动中，要结合探究过程进行有针对性的指导。

（一）合理调整观察视角明确观察重点

教师在幼儿科学区活动中要找准观察视角，保障观察的科学性、全面性和有效性，避免观察和实际有偏差。教师要对科学活动空间的大小、环境安全、材料放置与获取等进行观察，要对材料的种类、数量、比例、摆放和引导性、适宜性等进行观察，确保材料能够支持幼儿的科学活动。

对幼儿活动情况进行观察是教师最重要的观察任务。教师要提前做好观察量表，一边观察一边记录，以科学的方式对幼儿科学区的活动情况进行动态评价，为后续的指导决策和活动优化提供依据。教师在进行观察时，可以采取环顾扫描、定点扫描、重点追踪和实况录像等灵活多样的观察方式，以保障观察的有效性。

如，教师在科学区观察幼儿进行虹吸实验，观察要点包括幼儿已有的科学知识和经验、材料的选择与使用情况、学习品质与能力倾向、幼儿在活动中的兴趣点等，主动地找到支持、帮助、指导幼儿学习与发展的依据，找到属于幼儿的魔法时刻。

（二）观察幼儿科学活动的操作规范，唤醒经验原型

在科学活动中，虽然不会提供有安全风险的材料，但也应该培养幼儿遵守操作规范，安全实验、安全探究的意识。

活动开始之初，教师可运用视频或者直观的图片，引导幼儿探索材料的玩法和使用步骤，细致地观察幼儿是否规范进行操作以及产生的现象等，以便在展示环节更好地反馈。幼儿科学概念的建构，既建

立在他们的自发概念基础上，又超越他们的自发概念。因此，教师在观察中可基于真实的情境提出真实的问题，激发幼儿产生真实的情绪情感体验，从而实现当前情境与已有经验的联结。

（三）观察幼儿科学活动中的困难，适度介入指导

教师要保护幼儿对科学的兴趣，就要提升他们的成就感以增强他们的信心。教师要全程观察幼儿的科学活动过程，观察幼儿是否遇到了困难，分析幼儿为何难以克服，然后进行适度的介入，启发幼儿解决困难的思路与方法，进而保障科学区活动的顺利开展。

《纲要》指出，要鼓励和启发幼儿主动探索和解决问题，体验探索发现的乐趣。鼓励和启发可以通过适当的介入实现，当教师在观察中发现，幼儿在科学活动过程中有问题不敢问的时候，要多采用引导探究的方式调动幼儿的自主性和积极性，一方面，要认同幼儿是具有独立探究能力的自主性个体，另一方面，不要急于直接给幼儿答案，要启发幼儿的思维，鼓励幼儿多试一试，多动手，多动脑，培养幼儿独立思考、独立解决问题的科学精神。

判断教师的介入是否有效，首先看教师是否尊重了幼儿的游戏意愿，其次看介入是否支持、推进了幼儿科学活动的开展，最后看是否帮助幼儿获得了新的经验，提升了科学探究的能力和水平。

三、科学区活动后

科学区活动后，教师一要观察幼儿的整理情况，引导幼儿认识到自己是活动区的主人。二要观察幼儿的成果呈现情况，通过与幼儿回忆分享，使幼儿对自己的实践行为有清楚的意识；通过分享，将自己的活动经验分享给同伴，也共享同伴的活动经验。三要观察幼儿是否对科学区的活动有兴趣，通过分析幼儿在此次活动中的个体差异，制定下一次的活动目标。

第四节　科学区幼儿深度学习的教育支持案例

小班科学区活动"蔬果变变变"

一、关键经验分析

1. 对科学探究感兴趣，能积极参与关于蔬果的探究，爱吃蔬果。

2. 对蔬果的特征有初步的认知，了解蔬果的特点与可加工性。

3. 在活动中发展科学思维、动手实践等能力，会运用一定的观察方法观察蔬果，能使用不同的表现形式创作蔬果作品，能选择工具加工蔬果。

二、幼儿发展分析

通过对本班幼儿在科学区活动中的学习现状进行观察总结，发现存在以下三个方面的问题。

1. 本班幼儿生活经验不足，已有的相关经验较为零散，没有系统性，对动手操作的活动感兴趣，但操作能力却有待提高。

2. 科学区材料投放的种类、丰富程度不够，可操作性不强，缺乏生活中常见的材料，材料层次性不足。

3. 区域活动探究较为独立和分散，未能形成有层次性的探究活动，区域之间较割裂，不利于幼儿完整经验的获得。

三、区域活动过程

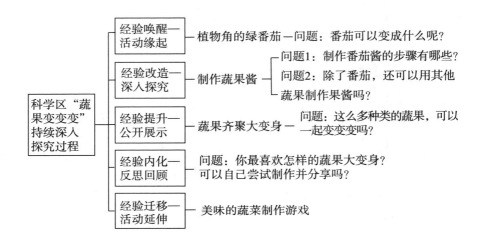

（一）经验唤醒—活动缘起：植物角的绿番茄

问题：番茄可以变成什么呢？

幼儿探究实景

早春时，幼儿在植物角里播种了小种子。突然有一天，昊轩发现植物角里长出了一个小小的绿番茄，其他幼儿纷纷围观，大家兴奋极了，兴趣盎然地寻找植物角里还有没有其他生长出来的蔬菜和水果。一下子，幼儿讨论的话题都围绕着蔬菜和水果进行。

家贤："我想知道番茄可以变成什么？"

贝贝："番茄可以变成番茄酱，可是怎么变成番茄酱的呢？"

幼儿纷纷表示对这个问题也很感兴趣，沿着他们的思路和兴趣，围绕蔬果加工后的变化，教师开始着手支持他们的探究。

教师的思考与支持

蔬菜和水果是幼儿每天都能吃到的食物，但是由于小班幼儿年龄

植物角发现新长出的小番茄，引出了番茄变化的讨论

小，生活经验较少，不管在幼儿园还是在家里，都很少有机会了解蔬菜和水果的加工变化过程。观察植物角的活动引发了幼儿对"蔬果能变成什么""怎样变化"等问题的兴趣。教师以幼儿提出的"番茄怎样变成番茄酱？"这一问题作为探究的切入点，开展了绘本阅读活动《番茄的旅行》，进一步拓宽幼儿对"番茄变成番茄酱"的认识，同时，通过和幼儿的讨论，在科学区投放了番茄、砧板、儿童厨具等材料，支持幼儿深入探究。

（二）经验改造—深入探究：制作蔬果酱

问题1：制作番茄酱的步骤有哪些？

通过绘本阅读活动的经验拓展，幼儿纷纷疑惑，我们真的可以把番茄变成番茄酱吗？所有幼儿都想在科学区试一试。

幼儿探究实景

经过之前对所需番茄酱制作材料的讨论，教师为幼儿准备了大量实物番茄、儿童刀具和砧板。由幼儿对番茄加工的经验较少，对番茄酱的制作过程还需要指导。教师在网络上找到番茄酱的制作步骤与幼儿分享。经过商量后，幼儿认为自己能完成切番茄的工作，教师负责指导把番茄熬成番茄酱。

　　幼儿分成三组，分别负责洗番茄、洗刀具和砧板、准备分装的碗、切番茄、装番茄，分工明确后，幼儿各司其职，忙得不亦乐乎。

　　切番茄的工作时间最长，每名幼儿都想切一下。由于制作番茄酱所需的番茄量比较大，幼儿在切番茄时没有力气把所有的番茄切完。依佟负责切番茄，但是当他切到一半时，小手已经较难发力继续把番茄切好，在一旁观看的心心说："我来帮你切吧！"依佟如释重负地把切番茄的工作交给心心。其他组幼儿也有类似的情况，有一组幼儿在切了一个番茄后，商量了轮流切的方法，每人切几下。

　　韵妍在切番茄的时候，同组的雅琳议论道："韵妍的番茄切得太大块了，要把番茄切成小块番茄丁。"韵妍不敢再切下去了，让给旁边的雅琳尝试将番茄切丁。雅琳认真地右手拿起刀具，左手摁住番茄，切了几下后，发现切出来的番茄跟韵妍切出来的番茄块一样大。雅琳尝试把番茄再切小一点，但又担心刀会切到自己的手，不敢再摁住番茄块，番茄依然没有切成番茄丁。

　　教师观察到韵妍和雅琳切番茄的情况，进行了示范。在旁观察的贝贝看了教师的示范后，尝试了一下，就把番茄块切成番茄丁，并耐心地把番茄切完。

洗手

切丁 1   切丁 2

切丁 3   切丁 4

教师的思考与支持

绘本《番茄的旅行》描述了番茄从种子到开花结果直至加工变成番茄酱的过程，充分调动了幼儿的探究欲望。在幼儿合作制作番茄酱的过程中，由于小班幼儿手部小肌肉发展水平和手眼协调能力有限，动手操作能力不强，还需要教师的帮助和指引，教师都给予了及时的回应与指导，确保幼儿关于制作过程、动手操作的零散经验能够形成有序完成的体系，促进探究的完成。

教师基于幼儿的发展需要，通过引导与分享，为幼儿深入探究提供支持，具体措施如下。

（1）及时指导，发展幼儿的动手操作能力，确保探究的持续性深入

在"番茄变变变"的过程中，幼儿存在经验不足及操作上的困难，于是教师提供了番茄酱制作步骤视频与幼儿分享。在幼儿合作制作番茄酱的过程中，教师发现幼儿切番茄丁时有进退两难的情况，进行了及时指导，示范安全、有效的切番茄丁的方法，及拿刀和摁住番茄的动作，指导幼儿摁住番茄哪个部分可以将番茄块切成番茄丁，大大提升了幼儿的已有经验，锻炼了动手操作能力。

在教师指导下尝试切番茄丁

（2）展示与分享，以交流评价促进经验提升

考虑到安全问题，教师把幼儿切好的番茄带回家放进锅里熬制，并把熬制的过程拍成视频和照片，第二天回园后与幼儿分享熬制的过程，并展示熬制好的番茄酱。教师开展分享交流会，让幼儿共同交流制作过程的步骤、需注意的问题、存在的困难、解决的办法等，并谈一谈番茄的变化过程，进一步提升幼儿的语言表达能力，积累新经验，激发幼儿的挑战欲望，促进了幼儿的深度探究。

（3）蔬果材料投放，继续拓展幼儿科学探究的空间

教师放置儿童刀具、砧板和各种新鲜的蔬果，给幼儿创造切蔬果的机会和条件，发现蔬果里的秘密，促进幼儿自发探究"蔬果变变变"的秘密。

观察番茄酱，进行交流分享会

投放更多的蔬果

观察蔬果

问题2：除了番茄，还可以用其他蔬果制作果酱吗？

幼儿探究实景

看到番茄变成番茄酱后，幼儿的兴趣被激发了起来。

贝贝："番茄煮一煮变成番茄酱了，能不能加入别的东西进行变化呢？"

子颖："我最喜欢吃的水果是香蕉，能不能变一变呢？"

幼儿七嘴八舌地议论着香蕉怎么变化。

琳琳："我早上喜欢喝牛奶，在香蕉里加牛奶可以吗？"

幼儿纷纷表示感兴趣，但是不能清楚回答怎么变化的问题，这与幼儿关于蔬果加工的经验不足有关系。

最后睿睿说："我想到一个主意，我们可以做香蕉牛奶！"

教师组织大家讨论如何制作香蕉牛奶，最终经过讨论，确定需要的材料是：香蕉、牛奶、榨汁机。教师在科学区投放了相关材料，整个操作过程紧张有序，当香蕉牛奶被倒出来时，幼儿纷纷露出不可思议的表情，闻到牛奶里带着香香的香蕉味，他们开心地鼓掌庆祝。

幼儿剥香蕉

教师演示榨汁机的用法

教师的思考与支持

随着"蔬果变变变"活动的持续深入，幼儿关于蔬果和其他材料组合变化的经验也丰富起来，幼儿的探究兴趣不再满足于将番茄煮一煮变成番茄酱，有幼儿提出新的探究问题："水果可以加入别的东西一起变变变吗？"围绕新的探究问题，幼儿的经验向新的水平迈进，同时，在新的表达、谈论、交流的过程中，幼儿的经验得以进一步丰富与提升。

在探究中，幼儿纷纷表达了自己的新发现，交流自己的好方法，每个人都在探究中建构了新的经验，也学会了简单的迁移。

（1）教师有效介入，为幼儿进行下一步探究提供支持

睿睿说要做香蕉牛奶，教师马上观察到幼儿对于如何制作的经验较为零散，想着要拓宽幼儿的思路，让学习与探究进行下去，于是组织幼儿讨论，引导他们思考需要什么材料、有哪些注意事项、制作步骤是什么等，最终经过讨论，促使探究的顺利进行。

（2）投放阅读区绘本，引导幼儿在阅读中自主生成"蔬果变变变"的经验

如何延续幼儿的兴趣和探索热情，更好地支持幼儿的深度学习呢？教师在班级的书架上，有意识地投放了有关蔬果的图书，并且这些图书与科学区探究的内容息息相关，可以让幼儿在沉浸式的阅读中进一步拓宽经验与探究思路。

（三）经验提升—公开展示：蔬果齐聚大变身

问题：这么多种类的蔬果，可以一起变变变吗？

幼儿共同探究实景

班上的蔬果比较多，形形问："能不能把所有的水果都变变变，变成一种好吃的食物呢？"幼儿纷纷议论，一时还想不出很多水果混合的搭配。由于幼儿经验有限，教师建议他们晚上回家和爸爸妈妈一起讨论，想一想，怎样可以将很多水果混合在一起，变出美味的食物。

经过家园共同讨论，大家得出的一致答案是制作水果沙拉，这样就可以给很多种水果大变身了。珞勤说："我吃过水果沙拉，里面有好多水果！"在爸爸妈妈的帮助下，幼儿还知道水果沙拉的制作关键是要用到沙拉酱。教师马上在科学区投放了更多种类的新鲜水果和沙拉酱。

经过前期制作番茄酱和香蕉牛奶，幼儿已经积累了一定的经验，这次很有序地选择水果，进行分工，洗水果、切水果、装水果，在教师的指导下，他们还学会了新技能，挤沙拉酱和搅拌，就这样，简单美味又营养的水果沙拉就完成了。幼儿闻了闻水果沙拉，感叹道："好香啊！好想吃！"贝贝说："原来水果可以这样变变变，太神奇了！"

幼儿分工制作水果沙拉

教师的思考与支持

经过一系列持续深入的探究活动，从一种水果的变身到两种材料的混合变身，幼儿关于蔬果的特征、味道、简单制作过程的经验已经丰富起来，但是要使幼儿的经验变得更加完整，对经验的提取和运用更加灵活，还需提供进一步的支持。因此，教师为幼儿探究活动的持续深入提供了多方面的支持，阅读区的绘本投放可以支持幼儿经验的获取，家园共育的探究可以使幼儿获取生活中的相关经验，而教师在科学区投放新鲜蔬果为幼儿进行混合蔬果大变身的探究提供了重要的支持。通过幼儿间的思维碰撞、交流表达以及在科学区的动手操作，他们的相关经验得以进一步提升和丰富。

（四）经验内化—反思回顾

问题：你最喜欢怎样的蔬果大变身？可以自己尝试制作并分享吗？

幼儿制作与分享实景

幼儿在科学区玩了几次蔬果变身的区域活动后，依然兴趣盎然，教师为幼儿提供了分享经验的机会，让他们利用周末时间，与爸爸妈妈一起进行蔬果变变变，做好记录，拍下照片，并入园开展分享会。

分享会上，在教师的帮助下，幼儿分享自己进行蔬果大变身的照片，分享会如火如荼地进行着。

诗雨："我也把香蕉变成了香蕉牛奶，还可以加糖，甜甜的！"

韦霖："我做了苹果片，要把苹果切片，放进烤箱烤成苹果片。"

嘉嘉："把橙子切块放进榨汁机榨汁，真的太好玩了，好开心啊。"

浩浩："帮妈妈剥玉米粒和豌豆粒，炒蔬菜丁。"

……

教师："你们的蔬果大变身都好棒哟，都很有趣。原来还可以进行这么多的搭配，使用各种各样的工具，经过变身后的蔬果会更加美味，你们爱吃吗？也可以试一试其他小朋友变变变的方法！"

这一提议引发了幼儿的热烈响应，他们又热火朝天地商量讨论、计划起来。

家庭亲子自制蔬果变变变

教师的思考与支持

经过持续深入的蔬果变身探究后，幼儿积累了一定的经验，教师有意识地促进幼儿内化这些经验。通过家园合作，幼儿可以探究更多种类的蔬果和组合方式。有了家庭中的探究经历后，教师让幼儿回忆并巩固从开始到结束所获得的各种经验，使经验更加完整与系统，最终内化为自己的经验。

（五）经验迁移—活动延伸

美味的蔬菜制作游戏

在蔬果变身的探究中，幼儿更多地关注水果，大多数幼儿表示喜欢吃水果，在凡凡和浩浩分享了荷兰豆炒肉和蔬菜丁后，幼儿在教师的引导下纷纷表达自己对蔬菜制作的兴趣。

根据幼儿的关注点和兴趣点，班上开展了"美味蔬菜变变变"自主游戏活动。在教室墙上，教师制作了一个平底锅，大家都围着平底锅议论起来，依佟直接把土地里的萝卜拔出来，放进平底锅里"煮"萝卜，其他幼儿纷纷效仿他的做法，大家一下子"煮"起了蔬菜。很快，大家发现主题墙上的蔬菜不够"煮"，晚上回家后，幼儿与家长画出自己喜欢的蔬菜带回幼儿园，经过教师过塑定性，贴上魔术贴后，幼儿把自己的蔬菜分类放在土地上，在每天的过渡环节和自主游戏时间，幼儿都会来"煮"自己喜欢的蔬菜，在游戏和讨论中探究不同的组合形式。

主题墙上的平底锅

幼儿画的蔬菜

教师的思考与支持

在活动中，幼儿通过接触各种不同的完整蔬果，感知它们的外形和气味特征。幼儿提出关于加工蔬果的探究问题，在教师引导和准备相应的材料后，他们通过动手操作和认真观察，发现和找到了解决问题的方法。部分幼儿更偏爱水果，教师就通过主题墙展示、自主游戏探索等方式，让幼儿通过有趣的活动了解到，对蔬菜进行简单的加工就能让它们变得更好吃。这样，幼儿潜移默化地养成了爱吃蔬菜的习惯，并加深了对蔬果的认识。

四、"蔬果变变变"区域活动评价

（一）深度学习现状

随着科学区活动的深入开展，幼儿形成了浓厚的探究兴趣，各项活动不再是分散、独立的，而是形成了持续、延伸、完整的探究路径。以幼儿提出的问题为导向，支持幼儿进行深入探究，为幼儿各项活动的深入探究及教师的活动组织提供了重要的依据。

（二）幼儿发展

蔬菜和水果是幼儿生活中最常见的食物，但是小班幼儿较少能深入探究完整、真实的蔬果，这不利于幼儿丰富相关经验。在科学区的深度学习探究活动中，幼儿提出问题，教师适时回应与支持，提供适合的材料，然后幼儿动手操作切水果，发现不同蔬果的特征和秘密，再把蔬果通过加工变成美味可口的食物。这一完整的探究路径使幼儿能够解决问题，对不同蔬果的表征有了清晰的认识，并在操作中表达自己的发现及对蔬果的认知。通过活动的开展，幼儿在前期已有经验的基础上，经过动手操作，能够提升自身的生活经验，并在深度探究中促进完整经验的习得。

（三）教师角色

活动中教师鼓励幼儿积极提问与动手探究，在科学区的持续观察中，教师扮演了引导者、支持者和合作者的角色，始终关注幼儿的兴趣，及时捕捉问题的关键信息，适宜引导，促进幼儿问题的解决，并且以问题为探究关键，支持幼儿完成有层次、持续的深度探究活动，推动幼儿的学习与探究。

教师有意识地搭建家园共育的桥梁，促进幼儿经验的迁移与内化，为幼儿的探究提供条件和资源。同时，在幼儿的交流与分享过程中，教师既不过多干涉，也不完全放手，确保了适度的引导和支持，较好地促进了幼儿经验的内化。

（案例提供：广州市荔湾区协和幼儿园　张雪凡）

中班种植区活动"自制营养土"

一、种植区基本情况

　　幼儿园种植区是幼儿最初认识大自然的窗口,许多植物都可以在这里生长并得以展现。每天,幼儿都可以通过种植区对自然生长的植物有所了解。这一方面能够拓展幼儿的认知范围,为他们提供丰富的认知经验;另一方面也给予幼儿自行管理和观察植物生长过程的机会。种植区为幼儿提供了亲近自然的机会,与其他区域相比,种植区的教育元素更能直接有效地成为科学教育活动的重要切入点。在教师的引导下,幼儿参与和种植相关的探究活动,通过发现问题、讨论问题、解决问题来获取知识和经验,体验活动的乐趣。幼儿与大自然亲密接触、分工合作,感受人与自然的和谐共处,从而培养幼儿热爱大自然、热爱生活的情感,以及尊重生命、保护环境的意识。

二、"自制营养土"活动过程

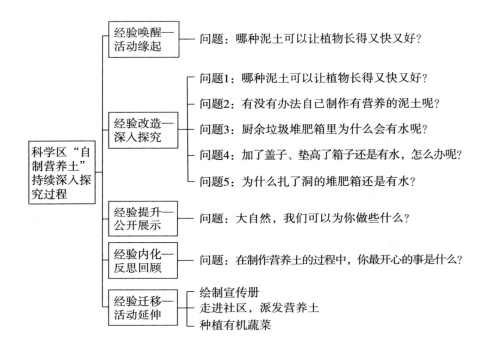

（一）经验唤醒—活动缘起

问题：哪种泥土可以让植物长得又快又好？

幼儿探究实景

春天，幼儿正在种植区里进行着耕种游戏。梓玥突然停下了手中的工作问道："这里的泥土有红色、灰色和黑色，这么多种泥土，哪种泥土能让植物长得又快又好？"

讨论环节

小侠："用黑泥吧，菜地里的蔬菜长得这么好。黑泥肯定能让植物快快长大。"

谦谦："用红泥吧，那棵又高又大的柿子树就是种在红泥里的。红泥肯定能让植物快快长大。"

小芷："用沙子吧，我吃过一种红薯就是在沙地里种出来的，可好吃了。沙子肯定能让植物快快长大。"

敏晴："用营养土吧，我爷爷就是用软软的营养土种花，种出来的花可漂亮了。营养土肯定能让植物快快长大。"

教师的思考与支持

在种植区的活动中，幼儿通过实地探索、操作验证、亲身体验等方式知道植物生长需要泥土，感受泥土与动植物以及人们生活的密切关系。基于已有经验与在种植区里的实地观察，他们对泥土的种类，以及哪种泥土能让植物长得又快又好产生了探究兴趣，这是幼儿在实际探究中遇到的真实问题。同时与种植区里正在开展的种植活动建立了联系，有经验的支持能更顺利地推进探究的进程。而在幼儿探究的过程中，必然会进行各种动手操作、实验对比、讨论分析，也会遇到更多与种植和泥土相关的问题，具有一定的挑战性。这不仅能够拓展幼儿的知识面，还能培养幼儿热爱自然、保护环境的意识，蕴含着丰富的探究价值。于是教师决定追随幼儿的兴趣点，支持幼儿充分唤醒已有经验解释和探究现有问题。

（二）经验改造—深入探究

问题 1：哪种泥土可以让植物长得又快又好？

幼儿探究实景： 四种泥土的种植实验

幼儿通过讨论决定分别用黑泥、红泥、沙子、营养土种植同一种植物，通过持续的观察、对比，判断哪种泥土最有利于植物的生长。为了让种植实验更加科学和严谨，经过教师和幼儿的讨论和协商，确定了实验方案：分别用等量的黑泥、红泥、沙子、营养土种植植株大小相似的薄荷，每天的浇水量和晒太阳时长等同，并且每天定时进行观察记录。为此，教师为幼儿准备了实验所需的材料，包括大小相同的花盆四个、植株大小相似的薄荷草四棵、铲子、浇水器、黑泥、红泥、沙子、营养土若干，记号笔和观察记录表。由此，实验开启了！

在四种泥土里种植

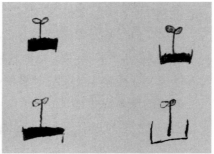

幼儿记录 1

经过一段时间的种植对比实验后，幼儿发现在泥土量、浇水量、日照时长、薄荷植株大小均相同的情况下，种在沙子里的薄荷变黄枯萎了；种在红泥里的薄荷出现部分黄叶，且植株瘦小；种在黑泥里的薄荷全是绿叶，且有继续生长趋势；种在营养土里的薄荷全是绿叶，且长得最高最粗。

幼儿记录 2

教师的思考与支持

为了探究哪种泥土更能促进植物生长，在教师的引导下，幼儿决定通过实验进行研究和探讨。他们持续控制变量并观察记录每一种植物的生长情况。通过观察和探究，幼儿发现使用不同的泥土，植物的生长情况有所不同。这次种植实验不仅让幼儿体验到实验探究的乐趣，还让他们学习了实验的基本方法和步骤，积累了设计实验、控制变量、观察记录等经验，初步提升了他们的实验技能和观察能力。

问题2：有没有办法自己制作有营养的泥土呢？

幼儿讨论实景：制作营养土的方法

根据种植的情况，幼儿纷纷发表了自己的看法。

敏晴："看来营养土最适合薄荷的生长。"

梓玥："可是营养土要用钱买。"

谦谦："有没有办法自己制作有营养的泥土呢？"

针对谦谦提出的问题，教师初步判断其具有深入探究的价值。于是，教师充分利用家长资源和社区资源，鼓励幼儿与家长通过多种渠道收集资料后，再集中分享讨论。

在分享讨论中，幼儿提出了自制营养土的方法——厨余垃圾堆肥！

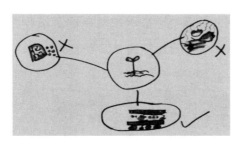

幼儿记录

教师的思考与支持

新的探究问题再一次引发了幼儿的求知欲望，幼儿通过收集资料、讨论协商扩展了关于制作营养土的经验，并通过比较分析决定采用厨余垃圾堆肥的方法自制营养土。幼儿将从资料中学到的知识运用于实际问题的解决中，使原有经验得以进一步改造。

教师则有意识地观察、倾听，精准地了解幼儿的兴趣点和学习需要，及时判断问题的价值，启发幼儿主动分析问题、解决问题。同时，教师充分尊重幼儿的意愿，充分利用家长和社区资源，实现家园共育的共同支持和推进，形成良好的家园合力。

问题 3：厨余垃圾堆肥箱里为什么会有水呢？

幼儿探究实景：厨余垃圾堆肥箱里的水

考虑到幼儿缺乏厨余垃圾堆肥的关键性经验，教师通过微课视频"什么是厨余垃圾堆肥？"引导幼儿系统了解厨余垃圾堆肥的方法和步骤，为接下来幼儿在自然探索区中的实验操作奠定经验基础。

小楷："原来厨余垃圾堆肥就像铺三明治一样，将厨余垃圾和泥土一层一层堆在一起，哈哈，我学会了！"

梓玥："我家里有几个大的泡沫箱，堆肥可以用上。"

楠楠："平时我们吃剩的果皮可以用来堆肥。"

幼儿商量好方案后，便分组收集工具和材料，开始进行堆肥操作，泥土、厨余、泥土、厨余……依次间隔平铺。操作完成后，幼儿合力把堆肥箱放在自然探索区的遮阳棚下，方便每天观察。

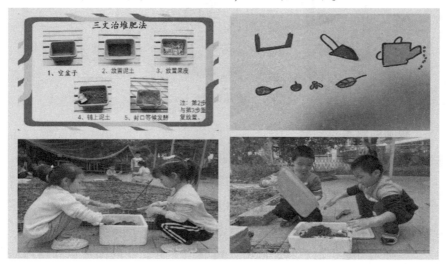

学习堆肥

可是几天后，他们发现……

茗扬："堆肥箱里有许多水！"

嘉嘉："水从哪里来的呢？"

泓屹："昨晚下了很大的雨，堆肥箱肯定是被雨淋湿了。"

秦汉："堆肥时不能太湿。"

教师："怎么解决这个问题呢？"

幼儿结合已有经验，经过互相讨论分析后，基本确定了解决的办法。

茗扬："给堆肥箱盖上盖子吧，不要让它被雨淋湿了。"

栎栎："把堆肥箱从户外搬到工具房里。"

嘉嘉："用石头或竹片把堆肥箱垫高，这样水就不容易进入箱子了。"

一轮讨论后，幼儿根据自己的猜想和计划收集所需材料进行操作，尝试解决问题。教师投放在种植区里的石头和竹片恰好派上用场，幼儿便用石头和竹片垫高箱子以防进水。

探究防止堆肥箱进水的方法

教师的思考与支持

教师为幼儿提供经验支持，通过微课视频引导幼儿系统了解厨余垃圾堆肥的方法和步骤。在进行了厨余垃圾堆肥的实验后，教师鼓励幼儿进行持续的观察记录，以此激发幼儿持续观察的热情，及时发现问题进行调整。在持续探究的过程中，幼儿发现了新的问题，"厨余垃圾堆肥为什么一直有水？"于是他们开始尝试通过动手操作、经验迁移、同伴交流讨论等多种方式解决问题，通过不断的比较尝试确定最佳的解决办法，自然而然，他们的观察、分析和判断能力也得到了发展，关于制作厨余垃圾堆肥的直接经验得到了丰富和深化。

问题4：加了盖子、垫高了箱子还是有水，怎么办呢？

幼儿探究实景：厨余垃圾堆肥的容器——花盆

所有堆肥箱已经按照幼儿商定的方案盖上了盖子，并移到室内垫高放置。可是，幼儿却发现在盖子与堆肥箱的缝隙间有许多水珠。经过一番观察后，幼儿尝试围绕出现的问题进行思考和分析。

嘉嘉："这几天都没有下过雨。"

梓玥："堆肥箱已经搬到室内了，也盖上了盖子，下雨也不会淋湿了呀！"

茗扬："地面也是干的，我们也把箱子垫高了，外面的水不会跑到堆肥箱里。"

泓屹："我记得用来堆肥的烂菜叶和果皮是湿的。"

一番讨论后，幼儿一致认为是因为用来堆肥的厨余垃圾本身带着水分，现在依然留存在堆肥箱里。

教师："堆肥时如果太湿的话会影响发酵的，怎么办呢？"

嘉嘉："把湿的厨余垃圾翻出来，晒干后再放回去。"

梓玥立刻制止："厨余垃圾和泥土已经一层一层铺好了，再把厨余垃圾翻出来会影响发酵的。"

观察堆肥箱

此时，教师意识到幼儿的已有经验不足以支撑他们继续进行自主探究。于是，教师有指向性地进行启发，引导幼儿结合生活实际，联想种植使用的花盆。为了能及时排水，花盆的底部都会有出水口。幼儿将这一经验迁移运用到实验探索中。他们决定请花工叔叔帮忙，在向花工叔叔说明缘由并出示了自己的手绘解决方案后，花工叔叔用利器在每一个堆肥箱底部扎了一些洞。这样既解决了堆肥箱除水的问题，也不用翻乱已经铺好的厨余垃圾。确实，在幼儿探究和思考的过程中，教师要引导幼儿学会利用身边的环境和材料解决问题。

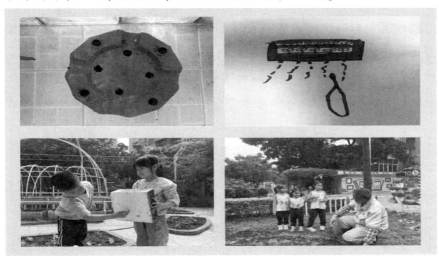

堆肥箱打孔

教师的思考与支持

幼儿在两次尝试失败后，依然对问题探究和实验操作保持着高涨的热情。他们细心观察和分析，利用多种渠道获取新经验，并结合新经验进行问题分析，主动寻求相关人士的帮助，沟通协商能力和问题解决能力日渐提升。他们在亲身体验、实际操作的过程中发展了原有经验。

教师在充分尊重幼儿意愿的前提下，始终如一地为幼儿提供材料、情感、经验等支持。随着幼儿探究进程的不断深入，教师的支持也会随之调整和拓展。

问题 5：为什么扎了洞的堆肥箱还是有水？

幼儿探究实景：定期搅拌厨余垃圾堆肥箱

所有堆肥箱已经按照解决方案在箱底扎了洞以便除水。幼儿迫不及待地打开堆肥箱进行验证，结果却让他们很失望。盖子和堆肥箱的周围依然附着水珠。

从幼儿在堆肥过程中遇到的这个问题可以看出，幼儿对"厨余垃圾堆肥"的认识还不够深入。于是，教师决定重新帮助幼儿进行关键经验的构建，与幼儿围绕"堆肥箱有水"的问题进一步收集资料，尝试寻求答案，并通过结构性教学活动引导幼儿进一步了解厨余垃圾堆肥的操作方法和注意事项。随后，幼儿又展开了新一轮的探讨。

秦汉："原来厨余垃圾在堆肥发酵时会产生水分。"

教师："我们已经在堆肥箱底部扎了洞，排出了一些水分，但是还有一些水分排不出去，怎么解决呢？"

子瑶："在堆肥的过程中要定期搅拌，帮助水分排出。"

教师："是的，定期搅拌材料也可以帮助水分排出。搅拌后一定要覆盖一层泥土，保持堆肥箱里的湿度适宜。"

轩轩："还要晒太阳，让堆肥箱保持暖暖的。"

大家通过交流收集了意见和信息后，调整和总结了厨余垃圾堆肥的操作方法，最终，营养土制作完成啦！

搅拌堆肥材料

教师的思考与支持

幼儿对堆肥过程中出现的问题展开了递进式探究，逐渐学会了运用思维导图来整理和表达自己的想法。图像化的表现方式帮助幼儿明确了问题解决的方向和步骤，逐渐形成了"发现问题、分析问题、解决问题"的思维模式，不断实现已有经验与新经验的重组和改造。教师以尊重幼儿的意见和意愿为前提，基于对幼儿经验水平的掌握，结合活动过程中遇到的问题提供适时的支持和帮助。在解决"堆肥箱有水"的问题时，教师以符合幼儿认知特点的方式引导幼儿寻求解决方法。营养土制作成功后，教师有意识地引导幼儿将新建构的知识经验与生态环境建立联系，利用多种方式引导幼儿感受人与泥土、自然的密切关系，激发幼儿保护环境的情感。

（三）经验提升—公开展示

问题：大自然，我们可以为你做些什么？

幼儿公开展示实景

自制营养土成功后，教师有意识地引导幼儿将新建构的知识经验与生态环境建立联系，进一步激发幼儿保护环境的积极态度和热情。幼儿兴奋地拿着制作好的营养土去种自己心爱的植物，并兴高采烈地向他人展示植物的良好生长态势。他们亲身体验了这种变废为宝的环保种植方法，不仅让植物的茁壮生长，也体验到丰收的喜悦，还让他们深入了解了环保种植和低碳生活的方式。与此同时，教师也紧随幼儿的探究步伐，引导他们进一步认识水土流失的危害并学习如何预防，了解防止土地受到污染的方法和措施。通过这些活动，幼儿深刻地感受到人们的生存和生活离不开随处可见的泥土，从而更加热爱和珍惜这片土地。

自制营养土种植　　　　　　　　保护环境展板

教师的思考与支持

教师为幼儿提供公开交流的平台和机会，以此方式向园内各班幼儿、家庭及社区进行保护环境的宣传，使幼儿获得自信和成就感。同时也帮助幼儿对整个游戏过程中获得的经验进行全面总结和整合，实现活动的教育价值。幼儿在交流的过程中碰撞思维，学习和借鉴他人的做法，分享遇到的问题和解决的方法，对"自制营养土"的探究体验更加全面多样。

（四）经验内化—反思回顾

问题：在制作营养土的过程中，你最开心的事是什么？

幼儿讨论实景片段

教师："在制作营养土的过程中，你遇到最开心的事情是什么呢？"

子瑶："当然是成功制作出营养土啦！"

轩轩："我觉得最开心的是学会了厨余垃圾堆肥的方法。"

栩源："当我们遇到问题的时候，一起想办法解决问题就是一件很开心的事情。"

梓玥："我为自己不怕失败和困难感到开心！"

乐乐："我们像科学家一样动手、动脑做实验，太开心了！"

敏晴："做实验的时候能够得到爸爸妈妈、小伙伴、老师和其他叔叔阿姨的帮助，我觉得很开心。"

小芷："和小伙伴们一边做实验一边做记录是一件很开心的事情。"

茗扬："如果能够把做的记录分享给更多的人，让他们也学会厨余垃圾堆肥的方法，那一定会更开心！"

于是，教师遵循幼儿的意愿，协助幼儿归纳、整理制作营养土的计划、过程记录和发现，既帮助幼儿对活动进行总结、回顾和反思，也利于将幼儿的新经验向他人进行推广。

教师的思考与支持

在分享与讨论的情境下，幼儿的反思是自主且自然的。他们在持续探究的过程中始终保持思考，反思活动贯穿活动的始终。当每一次遇到问题，或在活动开展过程中，幼儿的讨论和交流都是自发的。同时，教师也会为幼儿安排总结、回顾和反思环节，让他们对活动中获得的经验、存在的问题和困惑进行复盘，对发现问题、解决问题的过程中自己的所见所闻进行总结。通过与同伴、教师和家长交流自己的想法，分享自己的活动记录或观察记录，内化和提升活动过程中幼儿获得的各种经验。

（五）经验迁移—活动延伸

活动延伸实景

1. 绘制宣传册

营养土制作成功后，幼儿对关爱自然、保护环境、珍惜资源、热爱生活有了更深刻的体会，更有了大胆表达、表现的欲望。他们自然而然地将在种植区探究所得经验迁移到其他区域中。如在美工区，他们利用小石头、树枝、花瓣、叶子、小果子、小木块等自然物进行拼搭创作；在语言区，他们与同伴商量合作，以简单的符号和图画绘制宣传小册子，设计宣传标语。

2. 走进社区，派发营养土

之后，走进家庭和社区派发自制的营养土和宣传小册子向他人宣传营养土的自制方法及用途。

3. 种植有机蔬菜

在科学区，幼儿坚持每天对班级产生的厨余垃圾进行称量和记录，积极探究厨余垃圾减量和再利用的更多方法；在生活区，用自制营养土种植的有机蔬菜成熟后，幼儿将其采摘，再进行烹调和品尝，体验劳动的乐趣，享受自己创造的低碳绿色生活。

自然物拼搭

介绍如何制作营养土

教师的思考与支持

幼儿经验的迁移伴随活动开展的全过程。如，在活动刚开始，幼儿从自身生活经验出发，思考四种泥土中哪种更适合植物的生长；之后幼儿通过查找资料，和家长、同伴讨论制作营养土的方法，并将其迁移到探究之中。经过一系列的探究游戏，幼儿的经验得以巩固和发展，并逐渐迈向更高层次的表达和创造。最后，幼儿将在种植区习得的经验迁移至美工区、语言区、科学区、生活区等。可见，幼儿对探究活动中获得的相关经验已经非常熟悉，这为幼儿今后在日常生活中灵活提取、迁移应用经验奠定了基础。

三、"自制营养土"活动评价

（一）幼儿发展

种植区里的日常种植活动对于幼儿来说是一段宝贵的学习历程，而"自制营养土"则是种植区活动背景下体现深度学习的核心系列活动。从发现问题、分析问题到提出解决问题的方案，最终解决问题，幼儿经历和体验了有意义的探究与学习过程，积累、提升和迁移经验的能力得到了提高。在整个活动过程中，幼儿始终保持着浓厚的学习兴趣，积极主动地投入直接感知、实际操作和亲身体验中，表现出对探究的坚持、专注等良好的学习品质。他们能够与同伴商量合作，通过分享交流、思维地图、绘画记录等方式进行持续性地反思与评价，自主性和主动性随之得到了发展，良好的环保素养也逐渐养成，从而实现深度学习的目的。

（二）教师支持

教师通过多种方法促进幼儿积极学习体验的形成，包括有意识地通过多种方式激发幼儿的探究兴趣与热情；结合自然探索区的自然环境和人文环境，因地制宜地创设促进幼儿探究发现的游戏场景；提供适宜的探究工具和材料，并随着幼儿探究进程的不断发展，适时调整提供的工具和材料；营造激励、自主的探究氛围等。教师更在幼儿整个探究过程中，不断对幼儿的问题和感兴趣的内容进行价值判断，对幼儿的已有经验和核心经验进行分析，充分展示了教师的教育智慧和对活动的预判能力。此外，教师有意识地引导幼儿体验人与自然的密切关系，巧妙地将幼儿的种植区活动探究与生态意识的培养建立联系，深挖种植区活动的内核，使幼儿的探究更具教育价值。

（三）家长合作

本活动的开展涉及社会调查、资料收集、实地探究、生活经验的迁移与运用，家长作为引导者和支持者参与其中，为种植区的课程建构提供了重要的资源和支撑。家庭与幼儿园协同共育的功能，体现了教育的连续性和一致性，共同为幼儿的发展创造良好的条件。

（案例提供：广州市第一幼儿园　白锦红）

中班科学区活动案例 "萝卜保卫战"

一、"萝卜保卫战"活动过程

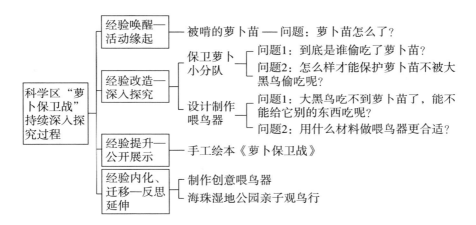

（一）经验唤醒—活动缘起：被啃的萝卜苗

问题：萝卜苗怎么了？

幼儿探究实景

秋天来了，幼儿到课室前面的种植区准备种萝卜。他们又是松土又是播种，忙得不亦乐乎。萝卜种子终于种好了，他们都好期待它快快发芽，长成大萝卜！

松土

浇水

很快萝卜苗长出来了，幼儿更加悉心地照顾它们。每天都坚持轮流给萝卜苗浇水、除草、用绘画的形式记录萝卜苗每天的生长变化。可是有一天早上，恩宸去菜地浇水时惊讶地发现菜地里的萝卜苗好像被啃咬过似的，叶子残缺不全。这个消息在班上马上炸开了锅，大家在心疼自己种的萝卜苗之余，都对这个奇怪的现象十分好奇，到底是谁干的呢？幼儿纷纷表示一定要找到"凶手"。

思瑶："会不会是小朋友摘的呢？"

祁睿："摘的话叶子不可能像波浪线一样呀？"

"我觉得像是老鼠咬的。""我觉得是毛毛虫咬的。""可是根本没有发现有毛毛虫呀！"……大家七嘴八舌地讨论了起来。

残缺的萝卜苗

观察萝卜苗1

幼儿对这一现象非常感兴趣，决定组建"保卫萝卜小分队"，并由此引发了一系列的探究活动。

教师的思考与支持

幼儿对自己悉心呵护的萝卜苗关心入微，也非常感兴趣。萝卜苗好像被啃咬过似的，叶子残缺不全的现象引起了幼儿本能的好奇，这与他们以往的认知产生了冲突，于是幼儿充分调动已有经验去解释这一现象。这一奇妙的现象唤醒了幼儿的已有经验。

（二）经验改造—深入探究

1. 保卫萝卜小分队

问题1：到底是谁偷吃了萝卜苗？

幼儿探究实景

到底是谁偷吃了萝卜苗成了幼儿反复讨论和非常好奇的问题。教师抓住这一契机，支持并鼓励幼儿进行积极探索并找寻答案。幼儿自发组成了"保卫萝卜小分队"，还利用周末时间跟家人一起翻看资料，进一步了解关于萝卜生长的知识。

观察萝卜苗2　　　　　　　　　观察萝卜苗3

幼儿每天持续观察萝卜苗的变化，不过一连几天都没有任何发现。直到周四的早上，刚吃完早餐就到种植区浇水的晨晨突然激动地喊道："你们快来看呀，是大黑鸟吃了我们的萝卜苗！"

大家惊讶地向晨晨看去，晨晨接着说道："我刚出来就看到菜地里有一只大黑鸟在啄萝卜苗，我想走近看清楚，结果我一靠近它就飞走了。"

"哪儿来的大鸟呀？"孩子们感到很困惑。

"我看到它飞到幼儿园的大榕树上了。"晨晨说。"对面的大榕树上的确住了很多小鸟，我都见过呢。"乐乐说。

经过孩子们的交流和激烈讨论，他们终于锁定了嫌疑对象——大黑鸟。

教师的思考与支持

幼儿在种植活动中，常常会遇到一些突发问题。这些突发问题，在很大程度上增加了幼儿独自解决问题的机会，使活动更具有挑战性，幼儿更乐在其中，同时也推动了种植活动的深入进行。在保卫萝卜的活动中，我们不难发现幼儿具有善于观察、乐于尝试、愿意与同伴合作探究等良好的学习品质。幼儿在发现问题后，能主动寻找解决问题的方法，并能持之以恒地观察，这是非常可贵的品质。幼儿为了保护萝卜苗，利用课余时间翻阅资料，了解和学习萝卜苗生长的知识，持续观察和探究萝卜苗的生长情况，在这个过程中幼儿关于萝卜苗的原有经验得以初步改造。在教学中，教师不仅要把环境还给幼儿，还可以让幼儿一起参与其中。在种植区的活动中，我们发现一名幼儿的好奇会变成一群幼儿的好奇，一名幼儿对某个问题的关注，会变成一群幼儿对这个问题的关注。教师关注幼儿的兴趣点，支持幼儿的好奇心，幼儿就会很有意识地去发现、探究、解决和表达问题。在探究的过程中，教师不要急于给幼儿答案，要给幼儿足够的时间和空间，让他们自己去经历，相信幼儿是有能力发现和解决问题的。

问题 2：怎么样才能保护萝卜苗不被大黑鸟偷吃呢？

幼儿探究实景

"怎么样才能保护萝卜苗不被大黑鸟偷吃呢？"祁睿提出了疑问。孩子们议论纷纷，但一时都拿不定主意。于是教师建议孩子们晚上回家再仔细想想或者求助家长智囊团，也可以上网搜索一下相关资料，明天大家再一起商量对策。

结果第二天一早，孩子们带来很多东西，有小红旗、帽子、吸管、花盆等。"我们在小菜园里放一个稻草人吧，稻草人可以赶鸟。"嘉嘉说。"我们可以放些小花盆在萝卜苗的附近，这样大黑鸟可能就不会吃萝卜苗了。""我们还可以插个牌子，上面写着不能偷吃。"通过一晚上的思考，孩子们都想到了不少办法。

不尝试一下，怎么知道大家想的方法有没有效呢？说干就干，孩子们个个干劲十足，马上就开始做起了驱鸟阵。有的摆放花瓶，有的插红旗，有的制作稻草人，忙得不亦乐乎。嘉嘉和子墨想制作一个稻草人来驱鸟，因为他们曾经在稻田里见过稻草人。可是他们在家里没有找到稻草，于是就将家里他们认为可以用来制作的材料带到幼儿园。帽子做成稻草人的脑袋，橡胶手套做成稻草人的手，水管做成了稻草人的身体……在他俩的努力下，一个可爱的稻草人就做好了。

做稻草人

教师突然发现摆在萝卜苗旁边的花瓶多了一双"眼睛"，于是好奇地问晨晨："花瓶上的眼睛有什么作用吗？"晨晨说："眼睛可以帮我们盯着大黑鸟，要是它来了，看到有眼睛盯着它，就不敢再偷吃了。"

摆放花瓶

摆好驱鸟阵后，接下来就要看看能不能起作用了。孩子们每天到幼儿园的第一件事就是看看萝卜苗，并且还用绘画的形式把萝卜苗的生长过程记录了下来。

持续观察萝卜苗

经过连续几天的观察，孩子们惊喜地发现他们的驱鸟阵真的起了效果，萝卜苗没有被新咬掉的痕迹。孩子们开心地向教师分享了这一发现。

小菜园的萝卜在孩子们的精心照料下，迎来了大丰收！

萝卜长大了　　　　　　　　　　　　**萝卜丰收了**

教师的思考与支持

在幼儿制作驱鸟阵的过程中，教师尽可能地引导幼儿结合日常生活和各领域活动中获得的相关经验，如幼儿根据已有经验知道稻草人有驱鸟的作用，但由于受现实材料的限制，没能找到稻草，于是幼儿想到了新的办法，创造性地使用了身边的材料进行制作，如橡胶手套、帽子、竹竿等，将已有经验和新经验进行重组，使已有经验更有效地帮助幼儿在活动中进行探究和学习，最终解决问题。幼儿通过搜索资料、商量对策、探索尝试，在已有经验的基础上习得新经验，并将这些新经验运用于实际生活中，实现经验的不断改造。

在开展活动前，了解幼儿在日常活动中获得的已有经验，对后续活动的开展大有裨益，也使教师的教学更有抓手和方向。本次活动从解决幼儿遇到的实际问题出发，促进幼儿的观察与思考，引发幼儿间的讨论，因此在活动中，幼儿的参与度及自主性都非常高，这为他们进一步的深入学习打下了坚实的基础。

2. 设计制作喂鸟器

问题 1：大黑鸟吃不到萝卜苗了，能不能给它别的东西吃呢？

幼儿探究实景：为大黑鸟提供食物

有一天，孩子们看到一只大黑鸟站在菜地的护栏上张望，于是有孩子关切地问道："大黑鸟吃不到萝卜苗了，能不能给它别的东西吃呢？"教师发现这是一个很好的教育契机，可以让孩子从小树立正确的生态观。在保护好孩子们辛辛苦苦种植的萝卜苗的同时，怎么能给鸟类朋友提供帮助呢？接下来我们准备进一步探讨这个话题，并尝试制作喂鸟器。

教师的思考与支持

一开始，幼儿就围绕用什么材料来做喂鸟器、做好的喂鸟器放在什么地方等问题进行了分析讨论。讨论后他们说干就干，有的找来牛奶盒，有的找来娃娃家的小碗装上食物……，就这样十几个喂鸟器出现在幼儿园的每个角落里，有的挂在树上，有的放在草地上，有的悬挂在围栏上。周一早晨，几名幼儿一到园就迫不及待地去看喂鸟器，有的发现喂鸟器的纸盒烂掉了，有的发现喂鸟器被风吹走了，还有的发现喂鸟器里都是水，鸟食也泡烂了，原因是星期六和星期天都下了雨。这些问题引发了幼儿的进一步思考。

幼儿在持续的体验和探究后，发现大黑鸟可能需要食物，于是他们开始尝试为大黑鸟提供食物。植物区的活动产生了更多的可能性，更重要的是，幼儿在这一过程中除了收获乐趣外，还初步树立了正确的生态观。选择投喂大黑鸟的材料、投喂的地点都需要幼儿通过不断地比较、尝试之后确定最佳的方案，幼儿通过亲身体验和实际操作发展了已有经验。

问题 2：用什么材料做喂鸟器更合适？

幼儿探究实景

面对出现的问题，教师及时介入引导：用什么材料做喂鸟器比较合适？幼儿进行了认真的讨论，决定设计一个可以让大黑鸟顺利吃到食物且下雨天也不会被雨淋坏的喂鸟器，还要方便大家及时增添食物。那这样的喂鸟器可以怎么做呢？选用什么材料更好呢？孩子们决定回家先和爸爸妈妈一起商量讨论，然后把设计图画出来。经过为期一周的亲子制作与测试优化后，孩子们终于制作出了自己满意的喂鸟器。

教师的思考与支持

幼儿对盛装食物的不同容器的比较和尝试发现，不同容器可能存在不同的问题，于是亲自制作一个喂鸟器的想法应运而生。这个喂鸟器不仅可以帮助大黑鸟顺利吃到食物，还需要方便增添食物，不怕被雨淋到。幼儿和父母一起商量讨论，设计喂鸟器的设计图，然后再根据设计图制作喂鸟器，深入了解和掌握制作喂鸟器的材料、制作步骤、方法。在成人的支持和引导下，幼儿按照自己的兴趣不断探究，丰富了已有经验。

（三）经验提升—公开展示：手工绘本《萝卜保卫战》

幼儿公开展示实景

孩子们把自己亲身经历的这个保护萝卜的故事用绘画的方式记录下来。孩子们的画作在班级长廊里展示，部分作品在家长们的帮助下，还制作成一本本童趣十足的手工绘本《萝卜保卫战》，并在幼儿园举办的阅读节中进行展示。

幼儿画保护萝卜的过程

手工绘本《萝卜保卫战》

亲子制作的绘本《萝卜保卫战》

教师的思考与支持

通过制作手工绘本《萝卜保卫战》，幼儿得以在创作表达的同时，回顾整个活动的发展历程，并深刻体验其中遇到的问题及其解决方案。这一过程不仅贯穿和整合了他们在探究过程中积累的经验，更使他们对"萝卜保卫战"的理解更加全面，从而推动其经验的进一步提升。

（四）经验内化、迁移—反思延伸

1. 制作创意喂鸟器

讨论分享实景

教师组织了喂鸟器展览会，请每个孩子介绍自己的作品。在欣赏和分享中大家发现：有的喂鸟器为了让更多小鸟同时吃到食物，还设计了双层凹槽；有的喂鸟器为了吸引小鸟还装饰了漂亮的伞面和伞罩，这样的喂鸟器既实用又美观。

"制作创意喂鸟器"活动还在园内进行了公开交流展示，受到大家的一致好评。

制作创意喂鸟器

教师的思考与支持

在分享与讨论的情境下，幼儿的反思是自发的、自然的。幼儿在持续探究的过程中反思活动贯穿始终，教师不断帮助幼儿围绕自己的游戏经验、游戏过程中存在的问题和困惑、自己的所见所闻进行思考和总结。如，教师和幼儿一起商量设计"驱鸟阵"的对策、幼儿一起讨论如何制作喂鸟器等。教师为幼儿分享和讨论自己的喂鸟器作品提供了平台和场所，使幼儿在这一过程中获得了成功感和满足感，同时也方便幼儿围绕自己和他人的作品进行分享和交流，同伴间智慧的碰撞和接纳，有效地引发了幼儿对自身经验的反思、修正和补充，从而将同伴的巧妙创意内化为自身的经验，以便在今后的探究实践中运用。在所有活动结束后，教师组织幼儿进行总结性反思和讨论，全面帮助幼儿回忆、巩固、提升活动中获得的各种经验。

2. 海珠湿地公园亲子观鸟行

活动延伸实景

孩子们在爸爸妈妈的陪伴下，结队来到海珠湿地公园，参加"亲子观鸟行"活动，一起领略一场寻鸟之旅。一家人手拉手徒步穿越湿地公园，观察、寻找，发现更多关于鸟的秘密。

亲子观鸟行

教师的思考与支持

经过一系列的探究活动，幼儿的经验得以巩固和发展，并向更高层次的表达和创造迈进。幼儿经验的迁移伴随着活动开展的全过程。如，在活动刚开始时，幼儿从自身生活经验出发，为萝卜的生长提供支持；随着活动的发展，萝卜苗被咬的突发情况与幼儿的已有认知经验相冲突，幼儿将生活中的已有经验迁移到这一现象中推测原因。在查找资料、了解萝卜生长的知识后，幼儿将从书本和网络中获得的间接经验迁移到种植区，对萝卜进行更加悉心的照顾。最后，幼儿将在种植区获得的经验迁移至美工区，将与"萝卜保卫战"相关的直接经验表征为一本手工绘本，实现经验的递进和迁移。幼儿在这一活动中获得的经验也会应用和迁移到今后的日常生活中。

二、"萝卜保卫战"活动反思

这是一个聚焦幼儿的兴趣和问题而衍生的探究活动。教师在活动中能尊重幼儿的想法，支持幼儿的操作和探究，创设"向幼儿发出邀请"的物质环境以及"做幼儿专业玩伴"的心理环境，及时帮助幼儿梳理和提升核心经验，鼓励幼儿运用获得的新经验尝试解决当下活动中遇到的问题，并适时抛出发散性问题进行有效推进，激发幼儿深入持续地探究。活动中，幼儿通过提出问题、规划设计、调整方案、寻求帮助等方法，逐个解决遇到的问题，综合能力得到进一步的发展和提升。如在遇到挑战和困难时，他们和同伴商量、查阅资料、询问成人，想各种办法解决问题并尝试操作探究，提升了解决问题和动手操作的能力。在选择适宜材料进行制作的过程中，他们与同伴分工合作、观察对比、测试优化，增进了合作意识以及遇到问题不轻易放弃的优良学习品质，各领域关键经验得到了综合提升。

三、"萝卜保卫战"活动评价

在"萝卜保卫战"活动中，教师主要采用多元化的活动评价理念，评价贯穿活动的全过程，具有持续性和发展性。教师、幼儿以及家长都是活动评价的主体。评价主体间双向选择、沟通、协调，充分体现以人为本、尊重个体差异的理念，促进了每名幼儿在原有水平上的发展。

（一）教师发展

教师是活动最终和直接的实施者，是该活动最重要的评价力量。教师的评价贯穿整个活动设计和实施过程中。教师在活动实施过程中真实地观察、记录幼儿的语言表述、情绪状态和行为反应，探究其背后的原因，分析幼儿的发展水平，并为其下一步发展提供有效的支持。如果幼儿运用了新的策略，教师及时给予肯定、记录，并帮助幼儿继续发散思维。此外，教师还组织幼儿进行讨论，回顾或比较自己使用过的问题解决策略，讨论哪些策略更有效，幼儿可以用语言表达自己了解了什么内容，在这个过程中有哪些情绪体验，遇到了什么困难，怎样找到解决的办法，以进一步提高幼儿的问题解决能力，进而帮助幼儿建立起多角度思考问题、多种办法解决问题的习惯。教师的评价通常会以学习故事的形式呈现出来。

（二）幼儿成长

在"萝卜保卫战"活动中，教师注重引导幼儿自由交往、自主探究，在这个过程中帮助幼儿实现知识的自我建构。活动最终指向幼儿的全面发展。幼儿既可以评价自身的发展，也可以评价同伴的发展。教师会在一个活动完成后，引导幼儿进行自我评价和同伴互评。教师请幼儿自我评价是否完成了自己设定的目标，引导幼儿谈谈自己有什么新发现、遇到了什么新问题等，并鼓励幼儿寻找问题解决的方法。

幼儿还可以通过作品的形式完成这个评价过程，如将自己制作"驱鸟阵"的场景画下来，或者将自己参与"保卫"萝卜的过程做成亲子手工绘本等。教师还会引导幼儿关注自己的同伴在活动中有哪些表现，提出了哪些新的发现和方法，也可以引导幼儿欣赏同伴的绘画或海报作品。这些都是有效的自评和互评方法。

（三）家长反馈

在活动评价中，家长也是很重要的评价主体。家长要关注活动的内容、设计和实施，配合教师开展一些相应的家庭亲子活动和园外实践活动，并在这个过程中关注幼儿的学习和发展，可以采用文字、图片记录或制作海报的方式，通过微信朋友圈、班级 QQ 群共享空间、班级家园分享栏等向教师反馈，同时也在家长之间进行交流和分享。

（四）活动调整

教师在活动的一开始，根据教育目标和幼儿兴趣预设了活动的总目标，但在活动的开展过程中，教师根据幼儿的兴趣、经验和需要，以及在与环境交互作用中自主产生的活动，对活动目标进行了适宜的动态调整，以引导幼儿更生动、活泼、主动地参与活动。因此，在整个活动的开展过程中，活动目标是预设与生成相互渗透、有机结合的。

（案例提供：广州市第二幼儿园　钟倩瑜）

大班科学游戏案例 "小船打造记"

一、科学区基本情况

通过对本班幼儿在科学区活动中的学习现状进行观察总结，发现存在以下三个方面的问题。

（一）幼儿情况

幼儿能主动选择在科学区进行探究活动，对活动材料有兴趣，在活动中能自主动手操作材料，情绪愉悦，积极性和参与度较强。但是，一段时间后，幼儿的操作积极性随着对操作材料的熟悉度提高而逐渐下降。大部分幼儿在遇到困难时能尝试克服困难，即使在活动中遇到操作失败或材料不够等情况也能尝试想其他办法创新材料去操作。但是，也有个别幼儿在遇到问题时较少进行尝试，比较缺乏主动克服困难、解决问题的意识，参与活动的坚持性较差，容易出现半途而废的情况或者只是简单地模仿其他幼儿的想法和做法。

（二）材料投放

科学区材料主要分为成品玩具类（如万花筒、陀螺等）、科学操作类（如各类科学小实验的材料包）、观察阅读类（如《第一次发现》的操作阅读书）、自制创造类（如教师自制的陀螺）四种。其中科学操作类材料较多，自制创造类材料最少。总体来说，材料投放的数量能满足幼儿的需要，有一定的丰富性，以低结构材料为主。

（三）环境创设

考虑到区域之间的联动和材料使用的最大化，教师把科学区与美工区相邻，让幼儿能充分使用两个区的材料，更好地进行探索。但是，幼儿在科学区操作时比较投入，容易兴奋，导致两个区容易互相干扰，出现美工区幼儿投诉影响创作的情况。

二、"小船打造记"活动过程

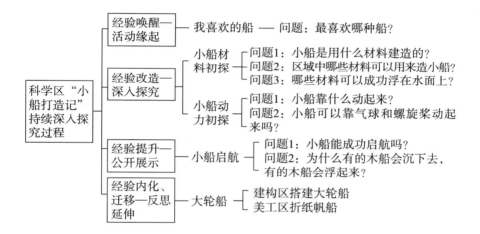

（一）经验唤醒—活动缘起：我喜欢的船

问题：最喜欢哪种船？

幼儿探究实景

在阅读绘本《小熊的小船》时，孩子们都被小熊与小船之间的友情所感动，希望自己都能拥有一艘小船。船的种类很多，孩子们纷纷讨论起自己喜欢的船。

梓晋："我喜欢轮船，珠江夜游的船就很舒服。"

悦昕："我爸妈带我坐过游轮去日本，船很大，可以在船上玩几天。"

琪琪："我在桂林坐过竹筏，就是竹子做的，很危险。我要穿着救生衣，妈妈还紧紧地抱着我才行。"

孩子们对自己认识的船进行讨论，趁着他们关注的热度，教师在阅读区投放了交通工具科普绘本《轮船》、有趣的情景百科绘本《船》等相关书籍，开展了"我最喜欢的船"投票活动，通过投票的方式引导幼儿观察、了解各类船，最终发现航空母舰和帆船最受孩子们欢迎。

幼儿根据图片进行绘画

幼儿对"我最喜欢的船"进行投票

教师的思考与支持

绘本故事中小熊与小船的友情激发了幼儿的兴趣，每名幼儿都想拥有一艘属于自己的小船。教师抓住幼儿的兴趣点，通过讨论发现他们已具备一定关于船的知识和经验，能基本描述看见的船的外貌特征。于是，教师在阅读区投放与船相关的绘本和科普书籍，供幼儿查阅，拓展幼儿对船的认知。同时，教师组织幼儿对船进行投票，得知幼儿最喜欢的船是航空母舰和帆船，为之后的探究方向奠定了基础。

（二）经验改造—深入探究

1. 小船材料初探

问题1：小船是用什么材料建造的？

幼儿探究实景

孩子们都想制作一艘自己的船，但是关于用什么材料来造船却犯了难。

皓皓："荔湾湖公园的那些船都木头做的，我们也去找木头吧。"

琪琪："我在桂林坐过竹筏，但是广州哪里有竹子呢？"

霖霖跑到美工区拿起一个空的塑料瓶："塑料瓶能浮在水面上，可以用来造船吗？"

问题2：区域中哪些材料可以用来造小船？

幼儿探究实景

霖霖的话吸引了孩子们的目光，他们纷纷在美工区寻找合适的材料，有的找出了手工折纸，有的找到了光盘，有的找出了扑克牌，有的找到了小贝壳，还有的找出了泡沫盒。受到美工区材料的启发，孩子们还把建构区的积木也找来。看着桌面上各种各样的物品，孩子们决定拿盆水来试验一下。

问题3：哪些材料可以成功浮在水面上？

幼儿探究实景

通过小实验，孩子们对使用木头、泡沫和塑料瓶来造船充满信心，纷纷拿起画笔和纸设计自己心目中的小船，对于小船的打造充满了期盼。

幼儿进行沉浮实验

幼儿把实验的结果记录下来

幼儿设计自己心目中的小船

教师的思考与支持

幼儿对于造船的材料有一定的认知，知道哪些物品能浮在水面、哪些物品会沉在水底，并用表格记录下来。实验记录表的高效使用能够帮助幼儿对活动过程进行批判性思考，清晰地发现探究事物的变化和探究结果，使幼儿将已有知识经验与得到的实验结果进行比较，进一步提高幼儿的批判思考能力与问题解决能力。活动后，教师为幼儿提供与同伴分享的机会，帮助幼儿回顾探究活动的过程，促进幼儿不断调整与建构自己的经验，有利于下一次活动中联系与迁移在本次活动中积累的知识经验。

通过对班上物品的试验，幼儿简单地找出了能作为船体的材料，对于船上的其他结构，以及船体重量对沉浮的影响，幼儿尚未有进一步的思考。为了让幼儿的探究更加深入，而不是停留在表面，教师基于幼儿的发展，创设了"我的小船"班级环境，收集各式小船搭建陈列架，为幼儿的深入探究提供支持。

小船陈列架

幼儿在玩小船模型

2. 小船动力初探

问题1：小船靠什么动起来？

幼儿探究实景

孩子们选择了适合的材料，准备绘画设计图，但是问题来了，小船怎么才能动起来呢？需要哪些动力才能推动小船启航呢？

皓皓："我可以用嘴吹，吹动小船走。"

霖霖反驳："小船可以吹走，那大船怎么吹得走？"

悦昕："我看绘本《轮船》里面说船是有发动机和螺旋桨的。"

梓晋点头附和道："我爸爸告诉我古代的帆船就是靠风航行的，公园里的脚踏船就是靠螺旋桨推动的。"

围绕"船是怎么动起来的"孩子们纷纷提出了自己的看法，他们还到语言区翻阅相关绘本和科普书进行参考。教师把孩子们的关注点凝练为"小船的动力"，并发出家园合作任务单，邀请家长与孩子们利用周末的时间到图书馆或博物馆，或在网络上收集船的相关信息，共同制作分享小书。

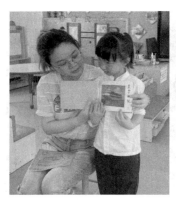

幼儿在分享自己的发现　　　　　　　　幼儿在语言区查阅书籍

通过共同查阅资料，幼儿发现古代的船主要靠风力、水力和人力航行，现代的船动力来源很多，如人力、畜力、风力、蒸汽机、蒸汽轮机、内燃机、电力、喷气发动机、燃气轮机、核动力等。

教师的思考与支持

幼儿的主动学习需要教师的引导以及教师对教育内容和幼儿学习过程与方式的精心设计。教师把握"动力"这一关键点，在家园合力下，引导幼儿集中精力收集、感受、体验、探索船的动力，丰富相关的知识，逐渐在心中形成生动、鲜活的船的形态。

信息收集和筛选能力不能忽视。教师通过发布任务单的游戏方式，激发幼儿的探究欲望，引导幼儿与家长共同制作分享书，无形中引导幼儿对收集的有关小船的信息进行深度加工，全面了解船的内在联系，逐渐把握船的本质，以简驭繁、由博返约，让幼儿的头脑更加清晰，也增进了亲子关系。

举办分享会，在同伴互相聆听的过程中，幼儿发现自己方法的优势与不足，拓宽幼儿的视野。教师引导幼儿在探究中坚持，培养幼儿的坚持性，促进活动的顺利进行。

问题2：小船可以靠气球和螺旋桨动起来吗？

幼儿探究实景

通过师幼共同讨论，孩子们选择使用风力和人力两种常见的方法作为自己小船的动力来源。教师根据孩子们的需要，发起关于螺旋桨和气球的小实验。

师幼在进行气球的小实验　　　　师幼在进行螺旋桨的小实验

孩子们根据小实验的成效，再次选择适合自己小船的动力，并修改自己的设计图。这次的设计图更加精细、更具有实操性。孩子们开始尝试合作造船。

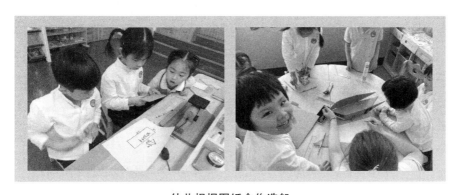

幼儿根据图纸合作造船

教师的思考与支持

教师用幼儿喜欢的方式引导幼儿，不再是教师主导的科学教学活动，而是根据幼儿的需要，挖掘活动过程中幼儿关注的动力问题，提供不同的实验供幼儿探究，引导幼儿进一步思考与发现，以提升幼儿元认知能力以及问题解决能力。

（三）经验提升—公开展示：小船启航

问题1：小船能成功启航吗？

幼儿公开展示实景

为了检验小船是否可以成功启航，孩子们带着自制的小船来到了泳池。在第一轮试验环节，孩子们的注意力都非常集中，专心试航自己的各种小船。然而，小船下水还没多久，梓晋就拿着小木船喊道："老师，我的小木船沉下去了。"

听到这话的悦昕回应道："你那艘船是不是坏了？我的就没沉。"

话音刚落，梓晋便指着她的船叫道："它在沉！它在沉！你看它越来低了。"悦昕一看，果然如此。

| 幼儿在试验自己的小船 | 悦昕发现自己的小木船沉下去了 |

旁边的孩子们被他们的对话吸引过来。

琪琪："我的也沉了，木船是不是浮不起来啊？"

皓皓立刻反驳她："荔湾湖公园的那些船都木头做的，我还在上面坐过呢，肯定是你的木船太差了。"

说着，他便把自己的木船放在水面上，小船颤巍巍地漂浮了一会儿，越漂越晃，最后翻了个身，沉了下去。

大家看到这一幕，都乐了，琪琪说："你的船也那么差啊。"皓皓不死心地再试了两次，然而，无论是他很小心很轻地将船放在水面上，还是用力拍打出水浪，无一例外都失败了。最后他涨红着脸大声说道："我们现在只是小朋友，小朋友做的船当然不能像真的船那样浮起来。"

眼看着孩子们就要放弃，甚至对木船失去探究兴趣，教师赶紧提议道："我们都试一试其他船，看看是否一样。"

幼儿逐一试验小木船

带着希望，孩子们又开始了第二轮试验，他们不再是简单地将船放在水面上，而是学着皓皓的做法，等水面平静后再将船轻轻放下，并且在松手前尽量让船保持直立。

"这艘木船不会沉！"有孩子惊喜地叫了起来。

"这艘也不会。"随着孩子们的试验，成功的声音也一个接着一个地响起。

问题 2：为什么有的木船会沉下去，有的木船会浮起来？

幼儿公开展示实景

皓皓试了试霖霖自制的木船，这个木船很简单，只是用四块长方形的木块粘在一起，皓皓看不上这样的小木船，但它浮在水面上却非常平稳，无论大家怎么拨动水面，这艘木船都浮得好好的，他惊喜地说："我知道了，不往船上加东西，船就可以浮起来了。"

"那为什么不往船上加东西就可以浮起来呢？"教师追问道。

悦昕马上回答："这些浮起来的船都比较轻。船是可以加东西的，但不能加太多。"她举了举手中的船（这艘船要复杂一些，用两块木板围成船身，中间还搭了一个小房子）。

"可是，我的船也不重啊，一定是别的地方出现了问题。"皓皓皱起眉头说。

眼看孩子们的思考又陷入的僵局，教师鼓励道："把皓皓的船和悦昕手上的船一起放到水上看看吧。"

孩子们一起把船放在水面上观察，皓皓的船本来是漂在水面上的，可是后来船慢慢地往前倾斜，最后船尾翘起，翻了个身沉了下去。

教师给了点提示："你们注意到皓皓的船每次都朝哪个方向翻吗？"

梓晋回答得很快："每次都是往前翻的。"

霖霖接着他的话，说："我知道了，因为皓皓的船前面太重，后面太轻，所以很容易翻船。"

孩子们恍然大悟，都认同霖霖的说法。

这时悦昕举着自己的船问："我的船没有翻，是慢慢沉下去了。"

教师肯定了她的观察，继续引导孩子们："你们有没有发现，有些船不是整艘沉到水底，是半浮在水面上的，这是为什么呢？"

孩子们带着问题观察，发现果然如此，他们从水底捞出一艘沉下去的小木船，水哗啦啦地流下，激起好大一朵水花。

"我知道了，"皓皓激动地说，"是水造成的，有的船装不了水，所以翻了船也不会沉下去，悦昕的船有洞洞，水进去了就把它的船给压下去了。"

幼儿探索小船如何不沉

活动之后，师幼围坐在一起分享着活动的精彩瞬间。

皓皓分享他的发现："有的木船会沉下去，有的木船会浮起来。"

梓晋发现皓皓的船前面太重，后面太轻，所以会翻船。

教师解释道："这是重心不稳的原因，就像我们单脚站立一样，如果身体往前或者往后探，就很容易摔倒，只有将重量压在中间，才会保持平衡。"

孩子们七嘴八舌地继续分享着自己的所见所闻。

教师肯定了孩子们的独立思考能力，并为他们梳理总结出船未能成功启航的原因，一是重心不稳造成翻船，二是船做得不严密导致进水而沉船。饭后，教师带领孩子们观察，引导他们思考气球动力和螺旋桨动力有什么不同。

幼儿在尝试气球动力船　　　　　教师在尝试螺旋桨动力船

教师的思考与支持

在小船的启航试验中，幼儿主要进行了三轮试验，第一轮发现需要等待水面平静再轻轻放置小船，第二轮发现重心问题，第三轮发现进水问题。教师能引导幼儿自主探究，给予幼儿充足的探究时间，在幼儿情绪低落或者思路卡壳时介入并鼓励他们继续进行探究。

在活动后的讨论中，教师没有第一时间给予幼儿正确的答案，而是引导幼儿对试验中的情况进行思考，逐步引导幼儿思考问题背后的原因及其解决方法。同时，教师也在进行自我反思，引导幼儿观察思考有关动力的问题，利用课余时间带领幼儿继续试验。可见，幼儿的深度学习并不完全由幼儿生成并自我发展下去，需要教师有一定的准备和策略支持。而当幼儿的生成与教师的预设产生冲突时（幼儿聚焦于木船沉浮与教师预设动力问题的矛盾），教师并没有第一时间扭转幼儿的探究方向，而是在活动后再提出教师的发现，促进幼儿深度思考，为下一次的探究奠定基础。

（四）经验内化、迁移—反思延伸：大轮船

1. 建构区搭建大轮船

活动延伸实景

到了户外建构时间，孩子们毫不犹豫地选择搭建轮船。在这持续几周的"小船打造"活动中幼儿对轮船两头尖中间宽的外形特征早就烂熟于心，他们有的负责搬积木，有的负责摆船的轮廓，有的在船内进行装饰。很快一艘能装下所有孩子的大轮船就搭建好了，孩子们开心地在大轮船里合影留念。

幼儿在建构区搭建轮船

教师的思考与支持

幼儿的创作欲望愈加强烈，将经验迁移至建构区。活动中，幼儿的情绪高涨，在科学区中受水限制的重心问题在建构区完全没有限制，幼儿能更加专注、天马行空地发挥想象力，进行船内部结构的搭建。由于场地宽敞、材料充足，每名幼儿都能通过积木发挥自己的想象力。特别在合作方面，因为幼儿想法统一，合作一拍即合，幼儿互动愉快和谐，朝着共同的目标前行。

2. 美工区折纸帆船

活动延伸实景

船的探究仍在继续，孩子们的探索也勾起了家长们的回忆。霖霖带来一艘纸船，说是昨晚妈妈教她折的。这艘纸船瞬间吸引了大部分女孩的兴趣，大家纷纷请霖霖教折纸船，一群女孩簇拥着霖霖来到了美工区。霖霖俨然一位小老师的样子，带领着小伙伴们拿起各色手工纸对角折、对边折……

教师发现孩子们对折纸船有浓厚的兴趣，找了不同的折纸船步骤图投放在美工区，供他们继续探索，也欢迎孩子们在餐后、放学前等时间进行折纸船活动。同时，教师把孩子们折叠的纸船穿起来，挂在美工区上方作为装饰，孩子们在闲暇时间指着自己的纸船与同伴或教师分享自己折纸船的经历。

霖霖在教小伙伴们折纸船

孩子们拿着自己的纸船与主题墙合影

幼儿根据步骤图继续折纸船

孩子们折的纸船装饰环境

教师的思考与支持

幼儿持续的探究活动吸引了家长们的关注，勾起了家长们的童年回忆。霖霖妈妈的手工纸船不仅是对女儿探究与分享的肯定，而且是以参与者的身份加入班级活动中，这对霖霖的鼓舞是无可限量的，对其他家长的触动也是意义非凡的，让这个探究活动不再局限于师幼间，而是拓宽到家庭，形成一个探究学习、资源共享的共同体。

教师抓住契机投放折纸船步骤图，让幼儿的探究继续延伸。利用幼儿的作品共同构建环境，在无形中肯定了幼儿的行为、激发了幼儿的创作欲望，让幼儿更加积极主动地投入折纸船的创作中，挑战更多有难度的折法。

三、"小船打造记" 活动评价

（一）幼儿的发展

幼儿受年龄特点和自身发展水平的限制，很难长时间专注于科学区活动，容易被外界环境干扰。而在"小船打造记"活动中，幼儿能一直保持强烈的好奇心，这离不开教师和家长的不断支持和引导。但是，幼儿在制作小船的活动中较少与同伴进行分工合作，更倾向于打造自己专属的小船，合作更多产生于建构区和美工区。整体来说，幼儿自身的知识结构、知识面在探究中不断完善，动手与思考能力、沟通与合作能力、迁移与运用能力等逐渐发展，在教师的关注与引导下，幼儿表现出的专注性、坚持性、联系与迁移能力值得肯定。

（二）教师的支持

第一，及时丰富活动材料。教师关注幼儿在探究过程中的实际学习情况，选取的材料贴近幼儿的现实生活，丰富的材料能满足不同幼儿的探究需求。同时，给予幼儿更大的操作空间，促进幼儿在探究过程中联系已有经验，尝试建构新经验并运用于活动中，逐渐实现幼儿的深度学习。

第二，适时搭建鹰架。在活动过程中，教师把握指导时机，活动后引导幼儿进行有效的评价与反思，推动幼儿的深度学习。教师及时、恰当的介入激发了幼儿的新想法，引导幼儿在探究中坚持下去，培养幼儿活动中的坚持性，促进幼儿活动的顺利进行。

第三，引导幼儿记录信息，使用实验记录表、小船设计图等进行表征，培养幼儿记录信息的意识和能力。这些表征行为能帮助幼儿对活动过程进行批判性思考，清晰地观察探究事物的变化和探究结果，帮助幼儿将已有经验与得到的实验结果进行比较，进一步提高幼儿的批判思考能力与问题解决能力。

（三）调整与延伸

教师发起了任务单的活动，调动家长参与幼儿的探究活动，鼓励家长与幼儿一起通过网络、图书馆、博物馆共同收集有关船的知识，帮助幼儿获得直观的视觉体验，增长幼儿关于船的知识，丰富幼儿的相关经验，提高幼儿的认知水平，也为幼儿之后的深入探究打下基础。

通过微信群、QQ 群、美篇等家园交流平台，让家长了解幼儿探究的轨迹，了解深度学习的教育功能与价值，在现实生活中注重培养幼儿主动探究、专注坚持、积极思考等良好的学习品质，有力推动幼儿的深度学习。

鼓励家长与幼儿一起做科学探究小实验，通过真实的活动情境，宽松的活动氛围，让幼儿亲自体验以满足自己的探究欲望，引导幼儿积极探究科学小实验中的奥秘，创造多种形式的玩法，在活动中培养幼儿的问题意识、动手操作和批判思考等能力。

（案例提供：广州市荔湾区协和幼儿园　刘小圆　孙　烜）

第四章

艺术创作区活动中
幼儿深度学习的教育支持

　　艺术创作区活动是指在一定的空间范围内，幼儿以小组或个别的形式，自主选择创作材料、确定创作主题，采用绘画、手工等艺术表达方式展现个体对美的理解与创造。艺术创作区活动对幼儿的全面发展起到不可或缺的重要作用，有助于幼儿用自己喜欢的方式，自愿、自发、自然地进行自我表达。通过艺术活动，幼儿养成了对美的感受力、表现力和创造力。艺术教育对幼儿审美教育、情感教育，促进幼儿个性发展具有不可替代的作用。[1] 教师的支持对促进幼儿的深度学习具有重要的意义，教师支持幼儿学习活动的能力和水平直接影响活动开展的质量。[2] 因此，教师在艺术创作区活动中对幼儿的深度学习提供教育支持，能为幼儿深度学习发展搭建支架，激发幼儿进行持续探究的欲望，不断提高幼儿的艺术水平与艺术能力。

第一节　艺术创作区幼儿
深度学习的关键经验

　　艺术领域的核心经验是指幼儿在年龄阶段中可以获得的最重要、最关键的艺术能力。[3] 教师需要思考并分析幼儿在艺术创作区活动中是否有发展其年龄阶段对应的关键经验；是否有通过与环境和同伴的互动，积极主动地学习新知识、获得新经验，将其纳入已有的知识体系中并迁移到其他情境中去；是否有在活动中获得高阶思维和问题解决能力。《指南》指出，幼儿园阶段的儿童在艺术领域中应达到的发展目标为：感受与欣赏——喜欢自然界与生活中美的事物，喜欢欣赏多种多样的艺术形式和作品；表现与创造——喜欢进行艺术活动并大胆表

　　① 何茜. 幼儿园艺术活动设计的研究 [D]. 重庆：西南大学，2006.
　　② 孙晶晶. 教师支持幼儿深度学习的路径、特征与影响因素的研究——基于沈阳市 S 幼儿园主题活动的个案 [D]. 沈阳：沈阳师范大学，2020.
　　③ 徐韵，林琳，等. 学前儿童艺术学习与发展核心经验 [M]. 南京：南京师范大学出版社，2021.

现，具有初步的艺术表现与创造能力。

根据幼儿的发展需要和年龄特点，结合《指南》的发展目标，艺术创作区幼儿深度学习的关键经验包括感受美、表现美和创造美三个部分的内容，参考刘冬提出的"幼儿深度学习各维度的操作性定义"① 一级维度（学习态度、学习过程、学习效果）与二级指标（态度—主动性、投入性、迁移能力；过程—问题解决、批判性思考；结果–活动结果、反思状态），本章节对艺术创作区幼儿学习与发展的关键经验做进一步阐释，旨在关注幼儿的学习需要，重视其艺术精神的培养。

一、艺术创作区幼儿深度学习关键经验的主要内容

（一）感受美

感受美是指儿童被周围环境和生活中美的事物或艺术作品所吸引，以想象为主要方式、以情感的激发为主要特征的一种艺术能力。②

1. 学习态度

主动观察周围环境和生活中美的事物或艺术作品，用多种感官感知其形式美和内容美，具有对美的敏感性。

2. 学习过程

发展审美想象，包括幻想与联想；产生与审美对象相应的情感体验。

3. 学习效果

萌发对美的欲望和兴趣。

---

① 刘冬 . 提高幼儿园区域活动中幼儿深度学习的行动研究 ［D］. 张家口：河北北方学院，2021.

② 徐韵，林琳，等 . 学前儿童艺术学习与发展核心经验 ［M］. 南京：南京师范大学出版社，2021.

（二）表现美

表现美是指儿童通过歌唱、演奏、绘画、综合艺术表演等活动，表达艺术美感和情感内涵的实践能力。[①]

1. 学习态度

积极探索表现美的各种形式。

2. 学习过程

结合生活经验，对周围环境和生活中美的事物或艺术作品有一定的分析和解读能力，掌握一些基础的、必要的艺术形式语言，学习多种工具和材料的操作。

3. 学习效果

能大胆表现自己的情感与体验。

（三）创造美

创造美是指儿童在头脑中形成审美心理意象，利用艺术的形式语言、艺术的工具和材料将它们重新组合，创作出对其个人来说是新颖独特的艺术作品的过程与能力。

1. 学习态度

持续探索工具和材料的新变化、新组合。

2. 学习过程

运用造型、色彩、空间、材质、肌理等造型要素，以及对称、均衡、对比等形式美的原理。

3. 学习效果

表现自我感受和实际事物的运动变化。

---

① 徐韵，林琳，等 . 学前儿童艺术学习与发展核心经验 ［M］. 南京：南京师范大学出版社，2021.

二、艺术创作区各年龄阶段幼儿深度学习的关键经验

（一）3—4 岁关键经验

1. 喜欢观察区域环境、材料及作品，感受空间创设的美。
2. 乐于观看绘画、泥塑或其他艺术形式的作品。
3. 经常涂涂画画、粘粘贴贴，并乐在其中。
4. 能用简单的线条和色彩大体画出自己想画的人或事物。

（二）4—5 岁关键经验

1. 能关注区域中事物的色彩、线条、形态等方面的特点和变化。
2. 欣赏艺术作品时会产生相应的联想和情绪反应。
3. 喜欢用绘画、捏泥、手工制作等多种方式表现自己的所见所想。
4. 能运用绘画、手工制作等表现自己观察或想象的事物。

（三）5—6 岁关键经验

1. 能分享和介绍自己对美的事物（作品和材料）的感受与发现。
2. 愿意和别人分享、交流自己喜爱的艺术作品和美感体验。
3. 能用多种工具、材料或不同的表现手法表达自己的感受和想象。
4. 美工活动中能与他人互相配合，也能独立表现。
5. 能用自己制作的美术作品布置环境、美化生活。

第二节　艺术创作区促进幼儿深度学习的环境创设与材料投放

一、环境布置原则

创设促进幼儿深度学习的艺术创作区环境，需要注意以下原则。

（一）富有美感

《指南》艺术领域"感受与欣赏"目标一提出，喜欢自然界与生活中美的事物。因此，打造一个富有美感的艺术创作区环境，给幼儿美的感受，能有效激发幼儿创作的欲望和兴趣，为促进幼儿深度学习提供隐性支持。

（二）空间宽敞

幼儿是天生的学习者，他们能主动从周围环境中丰富认知、拓展经验。为促进幼儿深度学习，就需要为幼儿打造一个有准备的环境，其中，空间宽敞就为幼儿在区域活动中发生深度学习提供了保障。艺术创作鼓励幼儿用多元的方式表现美、创造美，宽敞的活动空间就像艺术作品中的留白，能有效引发幼儿的想象和创意。

二、环境布置内容

（一）设置在生趣园旁

艺术创作区设置在生趣园旁，四周绿树成荫、鸟语花香，处处是一派生机勃勃的好光景。幼儿可以在这里欣赏春季的蔬果和花草、翩翩起舞的蝴蝶和蜜蜂、从泥土里钻出来的蚯蚓、慢悠悠的蜗牛和鼻涕虫、趴在叶子上休息的七星瓢虫等。这些源于自然的美，能充分激发幼儿产生艺术创作的欲望和灵感，鼓励他们用自己喜欢的方式去欣赏美、表现美。

（二）整体风格统一、色调协调，富有美感

除了区域里固定的材料以外，教师还可以根据幼儿活动的主题和内容，在区域里增设相应的艺术造型装置或微景观。幼儿在进行主题

为"梦想花园"的艺术创作时，教师就在艺术创作区摆放了一些与花园相关的微景观。

（三）提供便于陈列幼儿作品的展示台、墙面、展示框等以及各类挂扣

（四）根据功能的不同进行空间划分

可划分为绘画区、手工区、欣赏区（展示名家作品、民间工艺、摄影作品、雕塑等）、师幼作品展示区、未完成作品区等。

（五）放置某类材料的地方相对集中、固定，并且各类材料贴上不同的标签，用图片标示，让幼儿一目了然

三、材料投放原则

兴趣是幼儿开展深度学习的前提条件，而投放适宜的材料能有效激发幼儿产生学习兴趣、主动开展探究。要投放能促进幼儿深度学习的材料需要遵循以下原则。

（一）适宜性原则

材料投放的适宜性主要体现在以下两个方面。

1. 具备丰富的欣赏价值

艺术创作区投放的材料要充满艺术美感，不管是自然材料的肌理、纹路，还是美术材料的色彩、触感，甚至是废旧材料的洁净、整齐，都能带给幼儿丰富的感官刺激，激发幼儿创作的主动性和积极性。

其中，艺术创作区中设置的欣赏区和展示区也拥有着独特的功能价值。在欣赏区中，幼儿能欣赏到优秀的名家作品和民间工艺美术作品，拓展对美的认知和体验；在展示区中，幼儿能学习同伴作品的巧思异想，激发创作热情，增强操作技能。

2. 种类及数量符合需要

投放材料的种类及数量并不是越多越好，而是要根据幼儿的年龄特点（心理层面的需要）和发展水平（生理层面的需要）进行判断与选择。材料种类及数量应该随着幼儿的技能水平和游戏推进，不断纵深发展而逐步增多、调整（减少或舍弃某些不适宜的材料），整体上符合幼儿的需要，呈现一种动态的变化。

（二）层次性原则

材料投放的层次性主要体现在以下方面。

1. 低结构材料与高结构材料相结合

投放材料时，应该既有低结构材料，又有高结构材料。一般来说，我们会认为，低结构材料能给幼儿提供更大的创作空间，激发他们的想象力和思维发散性。但是从实践情况看，高结构材料也发挥着重要的功能价值。在游戏初始阶段，高结构材料能直接刺激幼儿的感官体验，帮助他们迅速找到自己的兴趣点；而随着游戏的推进，高结构材料能更好地照顾幼儿的个体差异，能力较强的幼儿可以通过以物代物、材料组合的方法，用低结构材料取代高结构材料，而能力较弱的幼儿能通过直接使用高结构材料，解决一些他们现阶段可能暂时无法解决的问题。这时候，高结构材料就作为一种隐性的支架，成为教师指导和介入的一种补充。

2. 结构与数量呈反比例关系

材料的结构性越低，提供的数量越多；反之，材料的结构性越高，提供的数量越少。游戏前期，教师可以根据班上幼儿的游戏兴趣与需要，按"结构与数量呈反比例关系"的原则，确定投放材料的种类与数量。游戏中后期，教师通过观察幼儿的游戏进程，了解他们的最近发展区，不断降低材料的结构性，用更多的低结构材料逐步取代高结构材料，为幼儿创设一个具有暗示性、挑战性的环境，引导他们不断发现问题、解决问题，达到活动目标。

（三）探索性原则

材料投放的探索性主要体现在以下方面。

1. 有较强的操作性

投放的材料要具备较强的操作性，能激发幼儿动手创作的愿望。材料能引起幼儿积极的思维活动，让幼儿产生持续与材料互动的兴趣。在幼儿游戏的过程中，教师要认真观察、细心倾听，记录幼儿操作材料的过程，判断材料的操作价值，适时进行筛选和调整。

2. 有一定的暗示性

半成品材料和低结构材料对激发幼儿产生探究性行为有一定的暗示性。根据幼儿的游戏需要，投放一些适宜的材料，启发幼儿通过思考、讨论、合作等方式，在现有材料的基础上进行再加工、再创作，既发展了幼儿表现美、创造美的能力，也为提高他们的社会性发展创造了机会。

四、材料投放内容

艺术创作区设有一个储物间和多个露天储物架，为幼儿提供多种美工材料、自然物、废旧材料等，方便幼儿随时拿取，满足幼儿的创作需要。具体材料包括以下几类。

（一）基础材料

1. 绘画区

蜡笔画材料、线描画材料、水墨画材料、水粉画材料、水彩画材料、版画材料、写生画材料等。

2. 手工区

（1）纸艺类：撕纸材料、剪纸材料、折纸材料、团纸材料、揉纸材料等。

（2）泥工类：泥塑材料、轻黏土材料、彩泥材料等。

（3）布艺类：布贴画材料、布艺玩偶材料、服装设计材料等。

（4）编织类：绳材料、网材料、辫子、篮子、相框等。

3. 创意区

（1）创意绘画：棉签画材料、刮蜡画材料、手指画材料、滚画材料、吹画材料、喷画材料、泼画材料、拓印画材料、滴画材料、贴画材料等。

（2）立体塑造

①自然材料：贝壳、海螺、树枝、藤球、木块、鹅卵石、碎石、松果、竹编制品、葫芦、木棍等。

②生活废旧材料：铁盒、纸盒、纸筒、塑料瓶、玻璃瓶、瓶盖、废纸、旧玩具、假花、冰棍棒等。

（二）辅助材料

剪刀、蛋糕刀、直尺、卷尺、各种画笔、双面胶、透明胶、泡沫胶、固体胶、糨糊、胶水、粉笔、创意画的各种辅助工具。

第三节　艺术创作区促进幼儿深度学习的教师观察与指导策略

一、教师的观察策略

（一）观察的重点

1. 幼儿在艺术创作区中的问题

深度学习是指向问题解决的学习，而学习的最终目的是在实际生活中运用具体知识经验解决真实问题。在解决问题的过程中，学习者能够加深对知识的理解，促进思维的发展。教师始终以问题解决为导向，将问题解决作为实现幼儿深度学习的有效途径。

"学起于思，思源于疑"，幼儿到艺术创作区开展活动，发现了他们感兴趣的真实性问题，如：

- 艺术创作区的美工材料到底有多少？
- 材料数量少怎么办？
- 自然材料如何黏合？
- 我的作品怎样才能站得稳？
- 我们建的是游乐园、动物园还是花园？

解决这些问题的过程能够促进深度学习的发生。这些问题从何而来？是教师通过仔细观察、认真倾听、与幼儿感同身受后，经过分析和判断，选择具有一定挑战性和难度的问题而来的。

2. 幼儿在艺术创作区活动中的经验

经验是幼儿开展艺术创作区活动的基础。幼儿感兴趣的活动主题或内容往往是贴近他们生活经验的，是他们熟悉或好奇的事物；幼儿在活动中解决问题的策略也是基于自身经验的支持。

如，幼儿在艺术创作区活动中对自然物表现出浓厚的兴趣，他们拿来了一些干花、贝壳、树枝、松果等材料准备建造花园。但连续的几次活动中，教师发现幼儿的创意受限于经验的不足。这时，教师就要结合活动和日常的观察，进一步了解幼儿的经验水平。如，以提问、讨论的方式引导幼儿表达对自然和生活中美的事物的想法和感受——你喜欢的花园是怎么样的？我们的幼儿园发生了一些变化，你能找出来吗？你最喜欢哪一种植物，为什么？这些自然物美吗？为什么你觉得它美？

（二）观察的原则

1. 做好准备

教师要根据活动内容，提前确定观察目的、观察对象、观察方法等，以做好观察的准备。如，幼儿在艺术创作区开展活动时，首先要了解艺术创作区有什么材料，对材料有一定的认识和了解，才能运用材料去创作。这时，所有幼儿都是教师的观察对象，教师要充分了解不同水平的幼儿对材料的需求，全面了解不同材料存在的不足之处。

2. 提问是关键

以问题解决为导向的幼儿深度学习过程，提问是关键。教师要善于运用多种提问方式，如回忆式提问、分析式提问、反思式提问、发散式提问等，与幼儿一起分析和讨论、猜想和假设、实验和验证，实现幼儿深度学习。如，在观察幼儿开展艺术创作区活动的过程中，教师想了解到底有多少幼儿对艺术创作区的材料产生了探究欲望。于是，教师向幼儿提问："艺术创作区的美工材料到底有多少？能不能通过统计得到答案？"这一提问有效地引发了幼儿的思考。由于幼儿对统计并不陌生，并且掌握了一些基础的统计方法，他们开始用自己已有的统计经验解决"艺术创作区的美工材料到底有多少？"这一真实性问题。在解决这个问题时，教师进一步追问："材料这么多，怎样统计会简单和快捷一些呢？"幼儿想到了由一部分幼儿统计绘画区的材料，一部分统计手工区的材料，一部分统计创意区的材料，大家分工合作。

二、教师的指导策略

（一）环境教育

教师要结合环境布置，为幼儿创造欣赏多种多样的艺术形式和作品的机会，包括绘画作品、雕塑作品、建筑作品、工艺美术或民间艺术作品等。通过随机教育，引导幼儿从色彩、线条、形状、空间、明暗、肌理等方面解读和分析作品的艺术元素，为幼儿搭建感受美的隐性发展支架。

教师也要为幼儿提供丰富多样的美术材料，激发幼儿创作和表达的欲望，并引导幼儿从艺术元素、艺术原理的角度去观察、评价自己或他人的作品，让艺术语言逐渐内化为幼儿语言体系的一部分，帮助他们进一步提升对艺术的逻辑思考和分析解读能力。

（二）渗透经验

由于幼儿认知水平和生活经验有限，缺少涉及问题推进的相关知识，因此，教师要为幼儿渗透相关知识，积累对艺术活动的感性体验和操作经验，推动深度学习的发展进程。如，认识什么是游乐园、什么是动物园、什么是花园。幼儿在看、听、说的过程中不断丰富对感受美、表现美、创造美的感性体验，在画、做的过程中提高动手能力，增强操作经验，进一步掌握材料的特性和工具的用法，他们能在艺术活动中更自如、更容易地获得成功的体验和自信。

（三）情感支持

教师要充分关注幼儿、理解幼儿、倾听幼儿、鼓励幼儿。教师要及时关注幼儿在艺术创作区活动时产生的需要和问题，及时为他们提供帮助。如，幼儿在探究"自然物如何黏合？"这个问题时产生了困惑，教师通过提供双面胶、透明胶、乳胶、胶水、糨糊、泡沫胶、口香糖、热熔胶等多种材料引导幼儿开展实践和比较，从而找到问题的答案。

（四）有效评价

通过有效评价、及时反馈，激发幼儿的学习动机。活动后的经验回顾与分享环节是帮助教师评价幼儿，引导幼儿开展同伴评价和自我评价的有效方法。经验回顾与分享的目的是为后续的深度学习活动打下基础。教师注重激活幼儿已有的知识经验和生活经验，并将相关知识和生活经验进行有效结合，将已有的经验与最初的问题情境进行联系，注重幼儿经验迁移能力的发展。

在以问题解决为导向的幼儿深度学习活动中，以一个个问题作为中介，在解决问题的过程中实现了深度学习这一目标。教师在整个活动过程中，适时地为幼儿提供丰富的支持，通过不同类型的阶梯式提问，最大限度地促进幼儿的思维发展；通过情感维度的支持，帮助幼儿缓解不良的情绪体验，从而营造良好的活动氛围；通过时间和空间上的支持，给幼儿的深度学习活动提供物质保障；通过评价支持，促进幼儿的自我评价能力和元认知能力的发展。这些支持策略在幼儿深度学习的过程中起到了很好的促进作用，实现了幼儿从浅层学习向深度学习的转变。

第四节　艺术创作区幼儿深度学习的教育支持案例

中班艺术创作区活动"梦想花园"

一、艺术创作区基本情况

（一）场地

艺术创作区设置在户外，坐落于植物园旁，区域四周绿树成荫、鸟语花香，一派生机勃勃的景象。艺术创作区提供了一面涂鸦墙、大片水泥空地供幼儿自由创作，根据幼儿的实际需要，添置了一些桌椅和地垫。

艺术创作区场地

（二）材料

区域设有一个储物间和多个露天储物架，为幼儿提供多种美工材料、自然物、废旧材料等，方便幼儿随时拿取，满足幼儿的创作需要。具体材料包括以下几类。

1. 美工材料

画纸、卡纸、颜料、水彩笔、画笔、轻黏土、拉菲草、拓印工具、剪刀、双面胶、固体胶、海绵图形贴、彩色雪糕棒、粉笔、玉米粒等。

2. 自然物

贝壳、海螺、树枝、藤球、木块、假花、鹅卵石、碎石、松果、竹编制品、葫芦、木棍等。

3. 废旧材料

铁盒、纸盒、纸筒、塑料瓶、玻璃瓶、瓶盖、废纸、旧玩具等。

艺术创作区材料

二、"梦想花园"活动过程

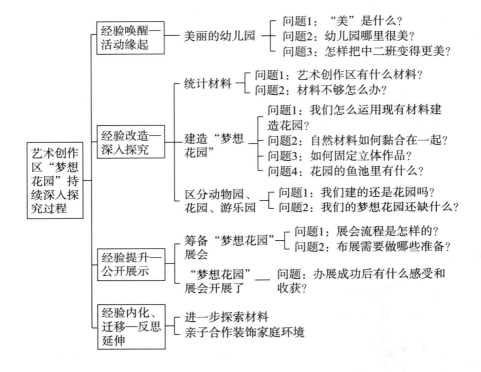

（一）经验唤醒—活动缘起：美丽的幼儿园

问题 1："美"是什么？

幼儿探究实景

　　春天是一个繁花似锦的季节，到处一片生机勃勃。和煦的阳光下小草钻出了泥土，小鸟轻快啼叫，花儿随风摇摆。开学了，中二班的孩子们回到了幼儿园，在幼儿园里散步。

　　臻翰走到幼儿园的一处小景说："这儿真美！"

在园内一处小景处

一群孩子走过电梯间，李老师正在往干枯的树干上插仿真树叶，李老师摆弄着树叶看怎样插更好看。

凡凡对着李老师说："真有美感！"

潼潼自言自语地说："美是什么？"

"美是好看啊，漂亮呀！"奕霖脱口而出。

问题2：幼儿园哪里很美？

幼儿探究实景

孩子们一边散步一边寻找自己觉得美的地方，他们相互讨论着："我喜欢这朵花，它是紫色的。""我喜欢这只小熊，它好可爱呀！"

几个孩子快步跑到黄花风铃木树下大声说："我喜欢这些黄色的花，颜色好好看。"

树下的孩子们

另外几个孩子跑到柚子树下你一言我一语："这彩色的石头有花纹。""看树上的小鸟，好好玩。"

观察园里石头和小鸟

凡凡："老师我喜欢那一面墙，真漂亮！"其他孩子也纷纷表示赞同。

在园内一面墙前

孩子们在园内散步并讨论着"什么是美"，于是教师和孩子们通过一系列的活动了解、梳理什么是美。

了解、梳理什么是美

教师的思考与支持

春季学期开学后，在散步过程中发现了幼儿园中美好的自然事物，并由此引发了对美感的思考和探究兴趣。教师抓住幼儿这一兴趣点和契机，为幼儿梳理和了解美提供了支持，唤醒了幼儿对生活中的美的体验和经验。

问题3：怎样把中二班变得更美？

幼儿探究实景

在探究了美是什么之后，孩子们对美的事物和行为特别敏感。

国清："老师，韬韬讲脏话，行为不美。"

司杰："爸爸打我，他行为不美。"

启祯："我们中二班美吗？"

奕霖："美！"

栩辰："不是很美！有的地方美，有的地方不美！"

嘉嘉："我们可以把它变美呀！"

栩辰："图书区的图书烂了不美。"

嘉嘉："我们可以带一些新书回来！"

教师："你们的想法真好，我们一起来想办法，把中二班不美的地方变美。"

孩子们各有各的想法，纷纷到艺术创作区寻找合适的材料。有的尝试制作手工作品，有的用吊饰、绘画等作品装饰班级，有的还从家里带来植物，亲自种花，用轻黏土装饰花盆。他们把桌椅摆放整齐，把活动区材料收拾好，中二班看上去确实更美了呢！他们还说中二班的小朋友不打架、有礼貌、互相帮助、不让老师生气，笑眯眯的中二班更美。确实，孩子们也在用行动让中二班变得更美。

记录让班级更美的方法

孩子们通过自己的思考、用自己的行动把中二班布置、装饰得更美，他们很有成就感，于是对绘画、手工创作产生了浓厚的兴趣，相应的技能水平也有所提高。孩子们的这些经验，为接下来到艺术创作区创作打下了坚实的基础。孩子们听说要到艺术创作区去创作艺术作品，个个都摩拳擦掌，跃跃欲试。

教师的思考与支持

幼儿在发现自然美的基础上引发了对行为美的思考和探讨，进一步丰富了已有经验。基于此，教师帮助幼儿从身边出发，发现自己班级中的美，引导幼儿将经验转化为行动，鼓励幼儿在艺术创作区以及日常生活中寻找合适的材料，尝试布置和发现班级的美，一步一步拓宽幼儿对美的认识。

（二）经验改造—深入探究

1. 统计材料

问题 1：艺术创作区有什么材料？

幼儿探究实景

第一次来到艺术创作区，孩子们充满了好奇。

好奇的孩子们

晋源："这里有很多石头、木块、瓶盖……"

孩子们发现了材料

轩轩："老师，这里的材料真多呀！"

梓晴："房子里面有很多，房子外面也有很多！"

睿睿："太多太多啦！"

彦宇："到底有多少材料啊？"

嘉嘉："我们去数一数。"

这几个孩子的对话引起了班里大部分孩子的注意，于是大家都开始去数材料。

可心："老师可以给我一张纸吗？"

教师："你现在拿纸做什么？"

可心："我要统计一下这里的材料有多少。"

可心的行动带动了不少孩子拿纸笔去记录材料的数量。他们有的独自边数边记，有的三三两两地合作完成。

孩子们统计材料

教师的思考与支持

支持

1. 当幼儿点数材料时，教师帮助他们写上材料的名称；当一些材料数量比较多，幼儿数不过来时，教师带领幼儿把材料拿到宽敞的地方，引导他们用群数的方法（用小袋子装好，10 个一袋），数一数有多少袋。

2. 幼儿把记录的纸带回班上后，开展统计活动"艺术创作区的材料到底有多少？"，并把材料分成自然物、废旧材料、美工材料三大类。

3. 教师和幼儿用表格的形式，把艺术创作区各种材料的种类、数量一一列出来。

4. 两周后，教师带领幼儿再进行统计，了解材料消耗了多少，需要补充什么材料，补充多少，还可以添加什么创作材料，引导幼儿再次感受统计的作用。

辅助教学活动：群数、统计

思考

幼儿在幼儿园里发现了大自然的美，由此引发了兴趣，在和同伴探讨的过程中，发现了生活中美或不美的行为。在教师的引导下，幼儿对身边的美变得敏感，他们装饰和布置班级，把班级变得更美。幼儿在探讨和体验中，充分调动对美的感知经验，形成对美的认识，并将兴趣点聚焦于班级艺术创作区的布置和装饰上。他们对艺术创作区的材料进行统计和整理，在这一过程中，幼儿结合前期经验，将上学期学习的统计运用于艺术创作区的创造活动中来，实现经验的初步改造。幼儿前期已有统计的经验，如中班上学期幼儿简单统计了梯木区的材料，寒假期间幼儿和爸爸妈妈统计了家里书籍的种类和数量，中班下学期幼儿统计了元宵庙会自己玩了什么项目、用了多少钱、哪些项目玩的人最多、哪些项目玩的人最少；幼儿自发统计了班里床、桌子、椅子等的数量。

幼儿主动统计艺术创作区的材料，这就是经验的迁移和改造。通过这次活动，幼儿能更加熟练地运用统计解决生活中的许多问题，接下来可以尝试让幼儿接触统计图，了解几种简单的统计图的用法。

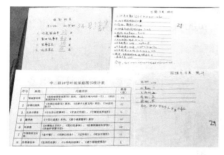

和爸爸妈妈统计家里书籍的种类和数量　　统计元宵庙会玩了什么、价格及玩的人数

问题2：材料不够怎么办？

幼儿探究实景

这天，孩子们来到艺术创作区开始用多种材料在地面上拼摆，进行创作。在回顾环节，孩子们发现，大家不约而同地拼摆花园，而且都喜欢选用某几种材料，导致材料不够用。由于前期有统计的经验，孩子们对艺术创作区的材料种类、数量有一定的了解，知道哪些材料少哪些材料多，于是教师引导孩子们讨论怎样解决。

幼儿在艺术创作区的地面上进行创作

华华："材料不够，可以买。"

教师："买材料需要时间，没买之前能解决吗？"

雨泽："红色塑料棒只有48根，你也用我也用，就不够用了。"

宇轩："葫芦只有6个，大家都建花园，每个花园都用葫芦，葫芦太少了。"

启祯："泡沫板有10块，华华、丽丽都用了，我只有4块不够，我想要6块。"

彦宇："我们一起做一个花园，材料都用在一个花园里。"

然然："我们玩梯木游戏的时候，先做计划，把需要的材料数量写上，大家商量着用。我们建一个花园，大家做计划，材料商量着用。"

教师："好办法，上学期我们玩梯木游戏时，每组小朋友把自己要用的材料、数量和路线都做了详细计划，艺术创作区的游戏也可以先制定计划，我们来试一试。如果我们一起建一个花园，你计划做什么？用什么材料？使用材料的数量是多少？"（幼儿自由组队，开始做计划。）

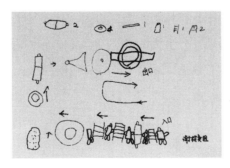

幼儿做的计划

教师的思考与支持

支持

1. "有的材料数量少怎么办？"解决的方法可以很简单，如购买添加。但是，教师及时捕捉教育契机，提出在没有购买材料之前如何解决问题，让幼儿同伴间进行讨论，共同想办法，教师也参与其中。

2. 当幼儿提出好办法时，教师及时肯定并让幼儿把想到的好办法实现。

思考

幼儿统计完材料后，开始进入游戏环节，他们对搭建花园感兴趣，但在尝试的过程中出现了新的探究问题——有的材料数量较少怎么办？教师为幼儿提供了讨论的时间，幼儿讨论后决定要在创作作品之前制定详细的计划，幼儿在艺术创作区活动中的已有经验在此次活动中得以进一步迁移和改造。

1. 中班上学期每次区域活动，本班都会按照"计划—工作—回顾"三个环节进行游戏推进。计划是幼儿把自己的想法、计划要做的事情、需要用到的材料以及材料的数量通过绘画表现出来。通过计划，幼儿可以明确自己要做的事以及需要用到的材料，如果发现自己组用的材料与其他组用的材料有冲突，组与组之间会商量并找教师一起解决。由于已经做好明确、细致的计划，游戏中幼儿的主动性、目的性及合作意愿都很强。回顾环节及时进行反思，梳理发现的新问题，集思广益，探寻问题解决的办法，边玩边思。

2. 在统计材料后，幼儿对材料的种类和数量有了比较清晰的了解，为幼儿做计划提供了数据，避免做计划时凭空想象。有了具体、明确的计划，就能有效实施。

2. 建造"梦想花园"

问题 1：我们怎么运用现有材料建造花园？

幼儿探究实景

孩子们明确了要建一个"梦想花园"的目标后，开始行动起来。他们开始做的计划多是制作平面作品，然然这一组有了新的想法，提出想创作立体的艺术作品，图纸画好后，开始实施。

然然："我想把树枝竖起来，怎样可以让它立在这块木块上呢？"

睿睿："我去拿双面胶。"

三人合作用双面胶把树枝一头粘在木块上，树枝立起来了，可是不一会儿就倒下了。

睿睿："我去拿乳胶。"

结果，乳胶根本不能把树枝粘在木块上。他们又尝试了胶水和固体胶，发现也不合适。

然然："我用黏土试一下。"

于是，然然拿来了黏土，搓了一团粘在木块上，再把树枝插在黏土上，树枝立稳了，他们都非常开心。然然继续搓一团黏土粘在第二块木块上，再拿一根一样长的树枝插在黏土上。为了不让树枝倒下，他们还用手捏实，使黏土与树枝、木块紧紧贴合。

幼儿用黏土粘树枝

粘好的树枝

然然哈哈笑着说："像不像口香糖，我哥哥就喜欢用口香糖粘东西。"

接着，然然再拿一根树枝横在两根立起来的树枝上。他们三人合力，用黏土把横着的树枝与之前两根树枝黏合好，一个门框立起来了，三个人欢呼起来。

然然用黏土捏了一个小碟子，粘在横着的树枝上，再拿来一只装饰品小鸟放在小碟子上，并大声欢呼："鸟窝、鸟窝"。其他小朋友见状，也想做立体的作品，但是发现并不是所有材料都可以用黏土黏合，怎么办呢？

问题2：自然材料如何黏合在一起？

教师的思考与支持

支持

1. 提供幼儿能想到的黏合材料给幼儿尝试。

2. 活动后师幼讨论"还有什么办法可以黏合材料"。讨论后幼儿操作实践，验证方法是否可行，并把作品摆在展示架以观察材料能否长时间黏合。

国清："可以用饭粒黏，我吃饭的时候，饭粒在手上黏黏的。"

韬韬："用口香糖黏。"

嘉嘉："502胶水很危险，外婆手机里说有小朋友用502做手工，胶水弄到眼睛里了要马上送医院。我可以用玉米粒黏。"

睿睿："用蜜糖黏，蜜糖很黏，干了可以粘住东西。"

幼儿尝试不同黏合材料

幼儿尝试用不同办法黏合

黏合作品展示

3. 了解黏合剂：简单了解不同的东西要用不同的黏合剂，很多黏合剂具有危险性，幼儿不能自己随便拿来用。

4. 好几名幼儿家里都有热熔胶枪，提出用热熔胶枪去黏合。因为热熔胶温度高，幼儿没有使用经验，幼儿把作品摆好，教师用热熔胶枪帮助幼儿黏合作品。

思考

随着幼儿探索的持续深入，幼儿在制作花园的过程中产生了新的问题——自然物应该如何黏合？在幼儿的讨论和教师的支持下，幼儿操作对比了不同的黏合材料的使用范围和特性。通过对多种材料进行尝试来解决问题，在这一过程中，幼儿收获了解决问题的新经验，原有经验得到进一步改造。

在生活中，确实有许多东西需要用到黏合剂。幼儿在艺术创作区遇到自然物材料需要黏合的问题，他们没有轻易放弃，而是用多种材料去尝试，最后用黏土成功实现，并由此联想到口香糖。幼儿在活动中表现出来的不怕困难、积极解决问题的品质十分难能可贵。

幼儿深度学习是一种基于问题解决的学习，它需要创造性地解决问题或创造出新颖独特的产品。鸟窝就是幼儿创造出来的独特艺术作品，三名幼儿的合作是如此融洽，他们互相配合，有商有量，很好地体现了自主、合作、探究的学习方式。

幼儿能迁移生活中的已有经验，猜想可以黏合作品的材料，如米饭、蜜糖、口香糖等。作为教师不能抹杀幼儿的想法，要组织幼儿实际操作，验证自己的猜想与假设。幼儿通过实际操作与观察，自己就能找到答案。

问题 3：如何固定立体作品？

幼儿探究实景

然然这组孩子们制作出的立体作品，激发了其他孩子们创作立体作品的愿望。

轩轩按着自己的计划，用木块做了一朵花。他把这朵花插到小瓶子里，可是怎么摆放花和瓶子都会倒下，他皱起了眉头。他换了一个大矿泉水瓶，把花插到瓶子里，可是花和瓶子还是倒下了。轩轩的表情有些沮丧，但是他什么都没说，拿来一个更大的罐子，这次花被整个放进罐子里了，但这不是轩轩想要的效果，他的图纸上画的是一朵花站立起来而不是整朵花放进罐子里。轩轩拿来木块让教师用热熔胶把花粘在木块上，粘好后轩轩兴高采烈地把花放在地上，可是花还是倒了，轩轩变得垂头丧气，蹲在原地发呆。教师走上前，问他发生了什么事，他绘声绘色地跟教师描述了刚刚的经历。其实，教师都看见了。

我教师提醒道："你想想这朵花倒下的原因。"他皱了皱眉头，像是发现了新大陆一样，响亮地回答道："我知道了！因为它们上面大、下面小，上面重、下面轻，所以花就倒了。"说完，他拿来大一点儿有点儿重的木块，让教师用热熔胶粘到花朵的小木块下面，这次轩轩做的花终于立起来了，轩轩开心地跳了起来。

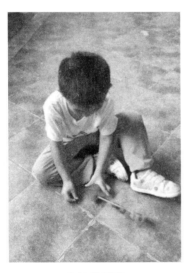
木块做的花

花插在小瓶子里会倒

花插在大瓶子里也会倒　　　　加了大木块的花站稳了

教师的思考与支持

支持

1. 当幼儿不断尝试，快坚持不下去的时候，教师的及时支持很重要。教师不是直接告诉幼儿答案，而是给予鼓励和提点，帮助幼儿坚持探究，找到解决问题的办法。

2. 在回顾环节，教师请轩轩向其他幼儿分享了这个故事，并组织大家讨论"我的作品怎样才能站得稳？"，幼儿纷纷踊跃发言。最终，大家一起总结了以下方法：有底座（支撑），下面大（重）、上面小（轻）。幼儿把经验迁移到生活中，发现这是一种普遍现象，如建筑物要打地基、风扇的底座很大、桌子有四个腿很稳等，他们非常开心地和同伴交流自己的发现。

思考

幼儿在创作的过程中产生了新的问题——立体作品应该如何固定？通过探究和讨论，幼儿发现和掌握了固定立体物品的方法和技巧，获得了艺术创作的新经验。在幼儿探究和创作的过程中，教师作为观察者的角色，没有通过实际操作介入幼儿的游戏，而是在关键节点向幼儿提问，帮助他们梳理经验，透过现象看到本质；并且，在幼儿遇到困难想放弃的时候，及时给予鼓励和陪伴，增强幼儿解决问题的信心。

问题4：花园的鱼池里有什么？

幼儿探究实景

奕霖和宇宸计划建造花园里的鱼池，奕霖按计划拿来一张纸和一块蓝色黏土。宇宸把黏土掰成一小块，贴在纸上，奕霖则把厚厚的轻黏土压扁再摊开。宇宸一看就明白了，两个人一起把原本厚厚的轻黏土延展铺满了整个纸面。

接着，奕霖用准备好的两根树枝，在鱼池边做了一棵树，但是两根树枝怎么粘起来呢？有了前期黏合材料的经验，奕霖驾轻就熟地拿来黏土把两根树枝粘在一起。

教师："鱼池边还有大树真好看，大树上除了树干还有什么呢？"

奕霖："大树上有许多绿色的叶子，我给大树做一些叶子。"

宇宸："真好看啊！我们的鱼池里没有小鱼，做条小鱼，好吗？可是我不会做小鱼。"

奕霖："我跟你一起做！"

两个孩子一边商量一边动手操作，有时还向教师提问："怎么把小鱼的尾巴捏出来？怎么加眼睛更好看？"在他们的努力下，鱼池里一条栩栩如生的小鱼诞生了。

梦想花园里增添了一个鱼池，太漂亮了，吸引了许多孩子来围观。

在回顾环节，梓晴提出："老师，我觉得鱼池里只有一条小鱼，它很孤单。"

教师："有什么办法让这条小鱼不孤单呢？"

孩子们七嘴八舌，最后决定添加小鱼、小青蛙、荷叶、荷花。于是，孩子们把这些都加入计划里，并列出需要的材料种类和数量。然然组、奕霖组做青蛙，悦悦组、丽丽组做荷叶和荷花。下一次的自主游戏这些组的孩子们可以迅速拿取材料按计划进行创作，由于提前做计划，他们还会在创作前丰富自己的创作经验。

加了大树和小鱼的鱼池　　　　　加了小鱼、小青蛙、荷叶、荷花的鱼池

教师的思考与支持

支持

1. 引导幼儿观察大树、小鱼的外形特征，选取合适的创作材料。

2. 把奕霖和宇宸的友好合作过程分享给全班幼儿，引导幼儿感受友谊的快乐、合作的力量。

3. 把梓晴关心孤单的小鱼的故事分享给全班幼儿，引导幼儿学会关心别人、换位思考。

4. 把游戏经验作为迁移的切入点，启发幼儿思考：在日常生活中怎样和别人合作？怎样关心别人？

思考

艺术创作区的自主游戏包括但远远不限于艺术创作，在游戏过程中，幼儿除了不断丰富艺术领域的经验外，还可能遇到人际交往、沟通表达、逻辑思考等方面的问题。理论上说，中班幼儿的游戏形式主要是联合游戏，但通过观察奕霖和宇宸的游戏语言和行为，教师惊喜地发现他们的合作程度已经高于联合游戏。可见，自主游戏是多么有生命力啊！它促进了幼儿之间的人际交往，试想一下，和好朋友一起朝着目标实现计划，是一件多么让人高兴的事情！

因此，作为幼儿的支持者和引导者，教师应该及时把握教育契机，关注幼儿在游戏过程中体现的学习品质，把他们合作、分享、友善的行为作为教育的素材，促进更多幼儿的全面发展。

3. 区分动物园、花园、游乐园

问题 1：我们建的还是花园吗？

幼儿讨论实景

经过一段时间在艺术创作区的创作，孩子们有创意的作品越来越多，如花、树、小动物、跷跷板、滑滑梯、房子、小池塘等，还有抽象的装饰作品。他们把作品都放在课室门口的一块空地上，天天去欣赏自己的作品。

创意作品展　　　　　　　　　　相互欣赏作品

华华："我们的花园里怎么有小动物？"

几个孩子围了过去，你一言我一语。

曦曦："我觉得像动物园。"

韬韬："是游乐园吧！"

几个孩子的讨论把其他孩子吸引了过去，大家各执己见，不少孩子都说不像花园。

讨论作品

教师的思考与支持

支持

1. 引导幼儿了解动物园、花园、游乐园。

2. 组织幼儿思考后续活动计划,投票选择建动物园、花园还是游乐园,大部分幼儿选择继续建花园。

3. 讨论"怎样布置我们的花园",提供各种花园的图片、视频以开拓幼儿的视野,请幼儿向大家介绍自己去过的花园是什么样子的。

4. 辅助教学活动:认识动物园、花园、游乐园。

幼儿通过观看视频了解动物园、花园、游乐园

思考

深度学习是一种积极主动的学习过程,它蕴含着对知识的热情与追求。对于幼儿而言,兴趣是推动他们深入探究的内在动力源泉。在一次幼儿间的对话中,大部分幼儿说对用自己的作品建一个动物园、花园或游乐园感兴趣。教师敏锐地捕捉到幼儿的兴趣点,并及时给予

他们支持和引导。

　　经过对动物园、花园和游乐园等相关主题的进一步了解，大部分幼儿倾向于选择建花园。这一决定并非偶然，它源于教师与幼儿之前共同阅读的一本绘本《花婆婆》。绘本中有一句话给幼儿留下了深刻的印象"怎样才能让世界变得更美？"，答案就是"种很多很多的花"。这句话激发了幼儿内心深处的美好愿望，他们虽然年纪尚小，但怀揣着让世界更加美好的雄心壮志。

　　因此，作为教育工作者，我们应当尊重并培养幼儿的兴趣，引导他们通过深度学习实现自我成长。同时，我们也应该鼓励幼儿们将所学应用于实践，通过实际行动让世界变得更加美好。

　　经过幼儿的民主投票，我们遵循了少数服从多数的原则，只要获得大部分幼儿的同意，少数幼儿通常也会乐于接受这一结果。这个过程，充分展现了幼儿在社会性发展方面的进步，他们展现出了协商和妥协的能力，这些优秀的品质将对他们的终身发展产生积极的影响。

　　问题2：我们的梦想花园还缺什么？

幼儿探究实景

　　嘉嘉："我们的花园叫梦想花园吧，我昨晚做梦都在想着我们的花园。"

　　通过投票，大家一致同意用这个名字。

　　"梦想花园"越来越丰富了，有水井、池塘、房子、动物、小花坛、各种树、路灯、小路、小桥……

　　教师："我们的花园建好了吗？还需要补充些什么？"

　　孩子们纷纷表示："花园就是要花多，现在花不够多，草地也很少。"

　　教师："那你们准备用什么材料来做草地和花呢？"

　　丽颖："我想用绿色的黏土来做草地。"

嘉嘉："还可以用一些绿色的纸。"

雨泽："绿色的玉米粒也可以啊！"

恭曦："我想用好多不同颜色的黏土来做小花，一个花瓣一种颜色。"

梓晴："我想用玉米粒拼一些小花。"

孩子们又开始计划和分工合作了。孩子们用现有的材料去创作，大胆发挥自己的想象力，并把各自的作品小心翼翼地摆放在"梦想花园"里，还不停地商量着怎样摆好看。

黏土做的花

教师的思考与支持

支持

1. 给予幼儿充分表达的机会，幼儿的讨论起到同伴间相互启发的作用，让创作思路变得更完整。

2. 提供多种创作材料，支持幼儿的不同表达。

思考

幼儿在"梦想花园"中像探险家一样不断发现问题、提出问题、寻找答案。他们用手中的材料创作出充满童真和创意的作品，让"梦想花园"变得丰富多彩。从统计材料到制定计划，再到尝试不同黏合剂，幼儿展现出聪明才智和创意。

高涨的创作热情源于对美的热爱和对艺术的追求。只有满足幼儿的兴趣和需求，他们才会全身心地投入创作。提供多样化的材料供幼儿自由选择，是激发幼儿创造力和想象力的关键。在这个教育环境中，幼儿能充分发挥才能和潜力，收获成长和进步的快乐。"梦想花园"不仅是美丽的作品，更是他们成长道路上的珍贵记忆。

（三）经验提升—公开展示

1. 筹备"梦想花园"展会

问题1：展会流程是怎样的？

幼儿探究实景

孩子们的作品越来越丰富，摆放在班级门口的走廊边，吸引了很多其他班级孩子们的注意。看到自己的作品这么受欢迎，孩子们开心极了，丽颖提议要办一个展会。丽颖的想法得到了其他孩子的积极响应，但是怎样办一个展会呢？嘉嘉说她跟爸爸妈妈去美术馆看过画展，觉得很漂亮，但是究竟怎么办她也不知道。教师鼓励孩子们周末回家与家长一起查阅资料，了解展会流程，并组织回园后的分享讨论。

教师的反思和支持

部分幼儿有看展览的经验，但对策划和组织展会缺乏明确的想法，于是教师鼓励亲子合作共同查找资料，并通过交流讨论丰富幼儿的经验。

问题2：布展需要做哪些准备？

幼儿探究实景

了解了展会的基本流程，孩子们面临着另一个问题，需要做哪些准备呢？首先是展会选址问题，有的孩子说放在幼儿园门口，有的说放在班门口，教师组织了讨论，引导孩子们讨论两种方案的好处和不足之处，讨论之后大家一致同意要放在很多孩子都会经过的地方，但是幼儿园门口是户外容易淋到雨，所以两个方案都未能通过。

教师启发幼儿思考"幼儿园里还有哪个地方大家都会经过，但是又不会淋雨呢？"这时恭曦提出"放在一楼楼梯那里，每个小朋友都会经过那里，那里还有很多画"，恭曦的想法得到了其他孩子的认同。其次是怎样向其他孩子介绍，有几个孩子自告奋勇要当解说员，教师请他们尝试介绍，并请其他孩子帮忙提意见，大家都觉得他们的解说精彩极了。

教师的反思和支持

举办展会让幼儿感到十分兴奋，但是其中很多细节却也让他们十分困惑。对于其中的关键问题，教师鼓励幼儿发表意见，并讨论不同方案的优缺点，帮助幼儿学习分析问题，找到更好的解决方法。

2. "梦想花园"展会开展了

幼儿探究实景

孩子们期待已久的展会终于开展了！有的孩子勇敢地去邀请其他班级的孩子来参观，有的孩子热情地介绍着"梦想花园"，吸引了很多班级的孩子驻足，孩子们都特别满足，很有成就感。

"梦想花园"展会全景

"梦想花园"展会局部 1

"梦想花园"展会局部 2

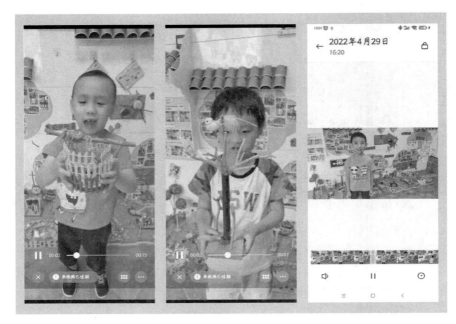

小小解说员们

教师的反思和支持

办展会为幼儿提供了展示和介绍作品的机会。在这一过程中，幼儿一边欣赏作品，一边回顾自己如何制作这些作品，自己在制作这些作品时有什么发现，以及遇到的问题。他们可以和同伴交流自己最喜欢的作品，评价自己和他人的作品，还可以与教师交流自己对作品的想法，并向他人讲解自己的制作方法和过程，这为幼儿巩固活动过程中对美的体验和认识提供了条件。办展过程中，教师帮助幼儿完善和提升经验，使幼儿获得自信心和成就感。

问题：办展成功后有什么感受和收获？

回顾环节实景

教师："我们的'梦想花园'建成了，许多小朋友在展会上大胆地向其他班的老师、小朋友介绍自己的作品和想法，老师真为你们感到骄傲。老师很想知道你们自己有什么感受？你们觉得自己学到了什么，有什么收获？"

嘉嘉："我觉得很成功！"

教师："能说说为什么觉得成功吗？"

嘉嘉："我们想建一个花园，我们就把花园建出来了，这不是成功吗？"

教师："梦想实现了，真了不起！"

欣晨："我们一起建花园的时候很开心！"

教师："是几个好朋友一起完成一个作品很开心，还是大家的作品合在一起建成花园很开心？"

欣晨："都很开心。"

睿睿："我和然然一起建鸟窝的时候很开心。"

教师："这就是合作。合作是个人与个人或群体与群体之间为达到共同的目的，彼此相互配合把事情做好。合作无处不在，合作需要大家相互信任（你相信我，我相信你）。合作就是力量，合作能发挥自己一个人不能达到的力量。合作能完成自己完成不了的事情。通过合作你们收获了成功，觉得很开心。谁能说一说自己通过与小伙伴合作收获成功的开心事情呢？"

然然、睿睿、欣楠合作完成了鸟巢，梓晴、奕霖、然然、丽颖合作完成了鱼池，栩辰、凯琳合作完成了荡秋千的小鸡，桉奕、可心合作完成了花坛，启祯、可心合作完成了跷跷板……，孩子们争先恐后地说个不停。

彦宇："也有不开心的时候。"

教师："什么事情让你觉得不开心？后来解决了吗？"

彦宇："我说要用木块做喷水池，宇宸不同意，还不理我，我很不开心。后来奕霖说同意我用木块做喷水池，还让宇宸和我一起做，我们就一起做了喷水池。"

教师："你现在开不开心呢？"

彦宇："我们现在还是好朋友，现在开心。"

教师："在建'梦想花园'的过程中，你们做到了协商、妥协、少数服从多数，你们有没有觉得更喜欢自己的好朋友呢？你们收获了友谊。"

教师："我们还再一次感受到了统计的用途，统计在生活中的作用可大了。老师还看到你们学会了制订计划并按照计划实施，你们真棒！"

然然："老师，我还想创作作品，我能不能用热熔胶枪呢？"

教师："'梦想花园'的作品都是由老师用热熔胶帮助你们黏合或固定的，只要你们小心操作，是可以尝试自己用热熔胶枪的！"

教师的反思与支持

总结是由感性认识上升到理性认识的必经之路。通过总结，零星、肤浅、表面的感性认识能够上升为全面、系统、本质的理性认识，从而找出事物发展的规律，掌握和运用这些规律。总结也是提高自己能力的过程，是对自己工作失误的正确认识过程。因此，每次活动后引导幼儿进行总结，有利于幼儿积累好的经验，吸取教训，不断提升自我。教师要善于帮助幼儿进行活动总结，通过提问帮助幼儿梳理经验，用幼儿能听懂的语言总结活动的成功与失败，帮助幼儿迁移和运用经验并获得成长。

（四）经验内化、迁移—反思延伸

1. 进一步探索材料

（1）在艺术创作区添加热熔胶枪，帮助幼儿学习使用，并做好安全教育工作，提高安全使用热熔胶枪的意识。

（2）有的幼儿想建动物园、游乐园，在艺术创作区提供材料和空间，满足幼儿的愿望。

2. 亲子合作装饰家庭环境

鼓励家长支持幼儿持续的兴趣，如参观美术展、设计展，了解动物园、游乐园的设施，开展亲子手工制作、亲子建构游戏，收集自然物和废旧材料等，鼓励亲子合作装饰家庭环境。

教师的反思和支持

经过一系列的探究活动，幼儿的经验更加丰富和深化，幼儿经验的迁移伴随活动开展的全过程。通过家园合作，幼儿所积累的经验从园内迁移至园外，如，家长和孩子共同收集大量的自然物，利用节假日用各种方式陪伴孩子欣赏各种艺术作品，孩子亲自参观不同的花园，与孩子一起制作手工作品装饰家庭等。幼儿的经验在迁移和运用中不断提升和深化。

三、"梦想花园"活动评价

幼儿深度学习指的是在教师的引导下，幼儿经过一段较长的时间，针对具有挑战性的课题，全身心地投入，通过与同伴的合作与探究，运用高阶思维，结合已有经验，最终解决实际问题的有意义学习过程。在艺术创作区的创作过程中，幼儿始终保持着浓厚的兴趣，全身心地投入其中，充分展现了对交流、探究及艺术表现的兴趣。他们在"梦想花园"项目中亲手制作的每一棵树、每一朵花、每一片草地、每一个物品，都充满了创意，反映了他们的童真、想象力和创造力。同时，在这个过程中，幼儿间的合作和协商等能力得到了锻炼，这些能力将对他们的一生产生积极影响。

中班幼儿已初步具备合作能力，在游戏中能够建立相对稳定的合作关系。这表明中班幼儿的合作能力正在迅速发展，是进行集体主义教育和培养协作精神的重要时期。因此，同伴合作的形式对于推进幼儿深度学习非常有效。

在与幼儿共同开展"梦想花园"活动的过程中，教师对幼儿深度学习的理解得到了进一步深化，并通过实践尝试推动幼儿的深度学习。然而，由于接触深度学习的理论时间不长，学习还不够深入，因此，教师在引导幼儿进行深度学习方面仍有待提高。未来，教师需要继续深入学习深度学习的理论，总结实践经验，不断改进存在的不足。

在推进幼儿深度学习的过程中，教师在某些方面还存在不足，如，如何与幼儿深入分析思维地图、如何与幼儿一起设计猜想图等。为了推动幼儿走向深度学习，教师需要高质量地与幼儿进行情感互动，关注幼儿的兴趣和需求，调动他们的探究欲望，支持他们用多种方式进行探究，激发他们的创造性，培养他们的合作能力。

由于一些原因，家长无法亲自进入幼儿园了解孩子的学习情况，与教师面对面沟通的机会也受到限制。为了解决这个问题，教师通过线上家长会、微信上传照片和视频等方式向家长介绍孩子的活动情况，让家长了解孩子近阶段的学习内容和教师的教育理念及计划。活动得到了家长的大力支持，他们与孩子一起收集自然物、欣赏艺术作品、走进花园亲身感受、制作手工作品等，为孩子的深度学习提供了有力的支持。

（案例提供：广东省公安厅幼儿院　宣　汶　冯嘉文）

第五章

建构区活动中
幼儿深度学习的教育支持

　　建构游戏是幼儿通过自主操作、探究各种材料，借助自己的经验，发挥想象和创造力，进行物体构造的游戏①，是幼儿在建构区中开展的典型游戏。建构游戏作为大班幼儿喜爱的游戏之一，对幼儿身心发展具有重要的教学价值。和其他区域相比，建构区将思维、操作、创造、想象和艺术融于一体，对于培养幼儿的动手操作能力、空间知觉能力、想象力和创造力等具有重要作用。建构活动可以为幼儿提供深度理解和学习的机会，培养幼儿独立思考、灵活变通和解决问题的能力。

第一节　建构区幼儿深度学习的关键经验

　　冯晓霞教授指出，深度学习是学习者以高级思维的发展和实际问题的解决为目标，以整合的知识为内容，积极主动地、批判性地学习新的知识和思想，并将它们融入原有的知识结构中，且能将已有的知识迁移到新的情境中的一种学习②。她建议通过创设包含问题的游戏情境等方式，为幼儿提供更多自主探究、运用经验、思考和创造的空间，从而引发幼儿的深度学习。因此，梳理和提炼幼儿建构区深度学习的关键经验，有利于在《指南》中的幼儿学习与发展目标要求与游戏实践中幼儿的深度学习引导之间架起一座桥梁，为幼儿提供更丰富的学习经历和机会，促进幼儿的深度学习与综合发展，同时帮助教师明确建构区的教育目标和幼儿发展的真实水平，以便有目标、有重点地组织建构区活动。

---

① 张玉晴. 大班幼儿建构区关键经验的表现性评价［D］. 重庆：西南大学，2018.
② 冯晓霞. 区域游戏中的深度学习［R］. 南京：中国学前教育研究会学术年会，2016.

一、建构区幼儿深度学习关键经验的主要内容

（一）建构技能

1. 平铺

直线平铺、曲线平铺、平面平铺、规划平铺

2. 垒高

平面垒高、单调垒高、间隔垒高、组合垒高

3. 围封

单调围封、组合围封、间隔围封

4. 桥式

连接、转向、穿过

5. 架空

基本架空、变体架空

（二）建构兴趣与交往、合作

建构活动兼具游戏与交往功能，兴趣是活动的源泉，培养幼儿对建构活动的兴趣是幼儿园活动的重要目标。

《指南》指出应珍视游戏和生活的独特价值，合作交往是幼儿社会化的重要方面，也是实现幼儿社会化不可或缺的途径。培养幼儿合作交往能力，不仅是幼儿智力、心理健康发展的重要保证，而且也为他们今后的生存发展奠定了一定的基础。在幼儿园构建区中，幼儿需要不断思考，为了共同目标不断合作，更需要在合作中不断交流、分工、商讨和妥协，达成共识，学会更好地与他人相处和合作。

（三）建构常规

幼儿园建构区活动中的常规教育是指，教师在有目的、有计划地

组织幼儿进行建构活动的过程中，根据幼儿身心发展特点，引导幼儿学习遵守一定的行为规范，形成必要的活动顺序观念、操作规程观念、合作观念、谦让分享观念、材料整理放置观念、爱护物品观念等，培养幼儿的常规意识。

二、建构区各年龄阶段幼儿深度学习的关键经验

（一）3—4岁关键经验

1. 建构技能

观察、摸索、尝试不同的建构材料，知道常见建构材料的名称、性质和用途，初步认识各种形状的积木，具备简单的连接、加宽、堆叠、平铺、围封等技能，搭建简单的物品并表现出其主要特征，尝试使用小型拼插玩具，掌握初步的拼插方法。

2. 建构兴趣与交往、合作

愿意参与建构活动，在成人引导下根据兴趣和需要自主选择和尝试不同的建构材料，喜欢承担建构活动中的小挑战，能够简单分享自己对建构材料的想法。

3. 建构常规

能够遵守建构区的规则，如按照标记进区活动、轮流使用材料、尊重他人作品等，有初步的自律与合作意识，按需取用材料，轻拿轻放、不乱扔、用完之后收拾整理建构材料。

（二）4—5岁关键经验

1. 建构技能

学会基本的建构技能（架空、组合、对称、按规律排序等）；能有目的、有主题地建构；学习使用辅助材料，增强造型的表现性；尝试小型拼插玩具，掌握初步的插法。

2. 建构兴趣与交往、合作

能与同伴共同搭建同一主题的作品，有协商；能用较为简单的语言介绍自己的作品，大胆与同伴交流想法，能理解、欣赏他人的作品。

3. 建构常规

能按照区域人数选区、进区；游戏中不随便串组，认真且坚持地将拼搭作品完成；收玩具方法正确，能按类摆放整齐；小心行走，不破坏别人的建构物。

（三）5—6岁关键经验

1. 建构技能

初步认识各种形状的积木；了解各种拼插玩具的名称；学会简单的堆叠、平铺、垒高、围封等技能；按照自己的计划或想法创造性地搭建有一定难度的作品；主动发现问题，积极寻找办法解决问题。

2. 建构兴趣与交往、合作

喜欢搭建，能独立进行搭建活动；在游戏中能用生动的语言进行交往；有序、连贯、清楚地讲述自己的搭建计划与过程，与同伴分享搭建的乐趣。

3. 建构常规

与同伴共同协商制定建构区活动规则；认真按照计划完成建构任务；爱惜建构材料，不敲打积木、扔积木；在游戏中不争抢、打闹。

明确并能诊断深度学习的关键经验，是评价幼儿深度学习过程并因材施教的基础。深度学习关键经验是幼儿在建构区游戏中通过与环境、材料、人的相互作用获得的对其当下和将来发展都至关重要的经验，这些经验具有基础性、生长性和价值性。教师通过对关键经验的关注、了解和重视，能诊断幼儿当下经验发展的水平并据此确立幼儿的最近发展区，把握教育契机，才能进一步有目的、有针对性地观察和指导幼儿游戏走向深度学习。

第二节 建构区促进幼儿深度学习的环境创设与材料投放

幼儿的深度学习应该在具体的情境中，从问题开始，因此，创设温馨、合理、有益于促进幼儿建构的区域环境尤为重要。

一、环境布置

（一）提供适合幼儿活动的建构空间

《纲要》中指出，幼儿的空间、设施、活动材料和常规要求均应有利于引发、支持幼儿的游戏和各种探究活动，有利于开发、支持幼儿与周围环境之间积极的相互作用。一方面，教师可通过扩大建构活动场地、控制进区人数等，保证幼儿最大的活动空间；另一方面，教师不应拘泥于限定的建构区，可利用走廊、平台、教室内的空地开展幼儿的建构活动。

（二）妙用墙面，创设主题环境

创造力来源于生活，同样，建构游戏的灵感也不会凭空产生，需要现实做依托。因此，在建构区环境创设中，可以把生活中的某一场景融入区域的墙面布置中，增强幼儿对建构区的熟悉感和亲切感，从而在愉悦的氛围中发挥无穷的想象力。

班级的墙面通过教师的巧手变成一堵会说话的墙，也可以变成幼儿游戏、娱乐的桥梁。如，在墙上创设各种生活化的情境，让幼儿边欣赏边创作，丰富幼儿的思维。在建构区中，由于内容贴近幼儿生活，幼儿在区域活动中更加兴致盎然，激情创作，创作的形象生动而富有童趣。

（三）活用地面，建立建构规则

在建构区的地面上可以画上线路图，提示幼儿按照路线进出建构区，让幼儿的进出更加有序。同时在区域内还可以进行区域再划分，分为等待区、大型积木游戏区、小型积木游戏区，并在不同的区域规定人数，满员后就必须在等待区等待，这样可以避免出现建构区拥挤、混乱、争抢游戏材料的现象。为了避免幼儿不必要的等待，在等待区可以摆放椅子、桌子、书架，供幼儿边看书边排队等待，并让幼儿领取带序号的入场手环。建构区内经常出现抢占场地的现象，教师可以事先在地面上划好界线，将区域游戏的空间进行明确划分，保证游戏过程中幼儿各就各位，互不干扰。

随着建构区游戏的持续开展和调整，当建构区的游戏空间不能满足幼儿的游戏需求时，教师可以在地上铺设地垫扩大空间，在游戏结束后，快速缩小空间，恢复原有的空间，从而使建构区变得适合幼儿游戏，在保持幼儿游戏兴趣的同时秩序井然。建构区因游戏空间宽敞而动起来，幼儿因适宜的环境而动起来，建构游戏才能真正玩起来。

（四）借用资源，多区域资源共享

班级内各个区域既独立又开放，幼儿在建构过程中，需要用到其他区域的材料，都可以自由拿取，如美工区的画笔、科学区的放大镜等，开放的环境支持有助于幼儿在建构区中进行更广、更深的探究活动。

（五）研讨观摩有成效

每周一次的业务学习或是年级组的集中研讨，会针对各班游戏的开展情况，进行研讨分析，提出问题，共同分析，为后续观察的重点与支持的跟进提供建议，把握方向，在相互学习中共同提高。

通过建构区环境的创设，幼儿能够在温馨、自主、有支持的区域游戏环境中开展深度学习。

二、材料投放

幼儿园的建构区可以分为室内建构区和户外建构区，其中室内建构区又分为桌面建构区和区域建构区。桌面建构区以积木、雪花片、磁力片等为主；区域建构区以废旧物品、中型建构材料等为主。户外建构区中以大型建构材料为主。区域材料的投放应充分考虑场地和空间的需求。

材料的使用主体是幼儿，因此，园所在统一购买材料时，应基于儿童本位，了解幼儿的游戏需要。首先，在购买材料前，园所应与教师沟通，听取教师的意见或让教师参与采买；其次，负责采买的人员应定期进班与幼儿沟通，了解幼儿真实的需要，了解已有材料的使用情况，及时补充和调整；再次，园所应分层次投放材料，也可使用交换玩具等形式，保持幼儿对材料的新鲜感；最后，园所应重视材料对幼儿发展的重要性，材料属于消耗品，有磨损或毁坏、丢失的情况很正常。因此，园所应每年规划出一笔经费，专门用于材料的购置，并及时补充。

（一）桌面积塑材料

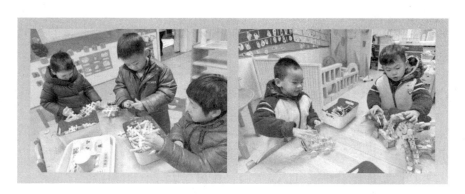

幼儿在玩积塑材料

（二）木质积木

幼儿在玩木质积木

（三）生活中的材料和自然物

除了普通积木、特殊积木、插塑以外，建构区也需要配备一些生活中的材料以及自然材料，如生活中常见的纸箱、纸杯、扑克牌、塑料瓶等；还有自然材料，如树枝、石块等。在幼儿园的日常活动中，教师可以根据活动主题引导幼儿及家长注意收集可用的建构材料，在自然环境中有意识地收集可用的树枝、石块等。

幼儿在玩生活中的材料和自然物

（四）辅助材料

除了积木、积塑等专门的建构材料，建构区还可以增加一些辅助材料，即可以使幼儿的建构活动更加多样和深入的支持性材料，如废旧材料、人物模型、交通工具模型、麻绳、塑料膜、海绵、泡沫、纸板、花草和树木点缀玩具等。在保证材料种类多样性的基础上，根据幼儿的建构需要投放不同的辅助材料，支持幼儿进行可持续性的建构活动。辅助材料的提供可以寻求多方面的资源支持，充分发挥家长、社区以及自然环境在提供材料方面的作用，保证材料的多样性。如，可让幼儿在家中搜集薯片桶、塑料瓶等废旧物品，大自然中的石块也可以作为搭建公园的辅助材料。除了游戏材料，建构区还需要投放保障性材料，如可随意搬动的小方桌、地毯、地垫等。

幼儿在玩辅助材料

第三节　建构区促进幼儿深度学习的 教师观察与指导策略

幼儿在建构游戏中接触与交流最多的便是教师，师幼互动的质量对幼儿深度学习有直接且重大的影响。教师陪伴就是引导幼儿提出问题、维持兴趣深入探究、持续跟进提供策略、调动经验搭建探索。高质量的师幼互动能够在理解幼儿想法与感受的前提下促进他们更加深刻地理解材料中蕴含的空间关系、数理逻辑，同时也帮助幼儿学会与人沟通、表达与交流，体验深度学习带来的成功感与自信感。与此相反，低水平的师幼互动会让幼儿无法解决切实的搭建问题并对学习产生消极的情绪体验，甚至不喜欢建构游戏、学习活动和幼儿园。因此，在建构区活动的不同阶段给予高质量的游戏支持能更好更快地使幼儿实现深度学习。

一、建构区活动前

（一）优化游戏环境，激发幼儿兴趣

教师在开展建构游戏时要优先优化游戏环境，为幼儿营造活跃开放的游戏氛围，激发幼儿的探究兴趣和游戏愿望，进而真正实现在游戏中学习、在学习中游戏的目的。

（二）把握幼儿自主选择的原则

给幼儿自主选择的机会，让幼儿能自主选择材料进行游戏。

二、建构区活动中

幼儿的建构游戏需要教师适宜的指导和有效的引领，支持幼儿

的游戏走向深度，适宜的指导方法将为幼儿在建构游戏中深度思考与问题解决提供支持和帮助。指导的形式包括间接指导和直接指导两种。

（一）间接指导

1. 范本比较

当幼儿意识不到自己的问题时，教师可在一旁搭建范本，引起幼儿关注，帮助幼儿找到自己的问题。

2. 环境提示法

当幼儿遇到建构技能不足、违反游戏规则等问题时，教师可以通过墙饰中的示范或者提示加以引导。

3. 图示引领法

当幼儿搭建类似五边形、圆形等形状比较特殊的楼房时，教师可以提供一些图形的模板图示，帮助幼儿以模板为地基进行建构。教师还可以绘画的方式将建构步骤记录下来，供幼儿使用。

4. 角色参与法

教师在游戏中扮演一个固定的角色，如工程师、质量监督员、游戏伙伴等，以角色的语言给幼儿暗示和启发。

5. 规则讨论法

师幼一起讨论，形成相应的游戏规则。规则图由幼儿自己绘制，张贴在积木区中，如进区人数、材料收放规则、作品展示规则、设计图规则等。

（二）直接指导

1. 示范法

当幼儿不会搭建或者无目的地搭建时，教师可以选择适宜的时机介入并进行示范，引导幼儿进行模仿。

2. 游戏情境法

教师设计游戏情境，运用游戏的形式，激发幼儿参与搭建的兴趣，提高幼儿的建构技能。

3. 问题情境法

教师设置问题情境，向幼儿提出新的挑战，引发幼儿解决新问题的需要，丰富幼儿的建构游戏内容。

4. 语言引导法

当幼儿出现争执，或不会主动参与游戏时，教师可以用语言引导幼儿调整自己的行为。

三、建构区活动后

教师通过观察发现幼儿游戏中可能持续的生发点，在评价时给予较多的关注与重点分享。在区域活动后，教师通过策略支持激发幼儿的进一步游戏，促进幼儿在分享中吸收有益的建构经验，支持幼儿的游戏走向更高水平，使幼儿在建构区中的深度学习持续发生。

观察幼儿的构建作品时，教师要注意以下几点。

1. 从关注技能技巧到关注幼儿的建构过程以及幼儿游戏时的内心情感体验和独特的思维方式。

2. 从横向比较到注重幼儿自身的纵向发展，从欣赏的角度寻求幼儿作品和行为背后有价值的教育契机。如，当幼儿将刚搭建好的楼房推倒时，教师先要了解幼儿的心理和动机，再进行适宜的指导，而不是一味地批评。

3. 当幼儿为搭建了一座高楼而感到高兴时，教师要及时予以鼓励和赞赏，与幼儿一起总结搭建中使用的好方法，并引导幼儿尝试使用这些方法将楼搭得更高、更有新意。

第四节　建构区幼儿深度学习的教育支持案例

大班建构区游戏案例"纸杯金字塔"

一、建构区基本情况

建构游戏是幼儿园中必不可少的区域活动的一部分，不仅可以促进幼儿精细动作和手部肌肉的发展，而且对幼儿空间思维能力和问题解决能力的发展都起到了促进作用。班上的幼儿非常喜欢在构建区活动，积木、纸箱、纸皮、木板、木块、泡沫砖、卷纸筒等材料都在构建区中，他们已经掌握了不同材料的垒高、围合、错位等多种建构方法。

二、"纸杯金字塔"活动过程

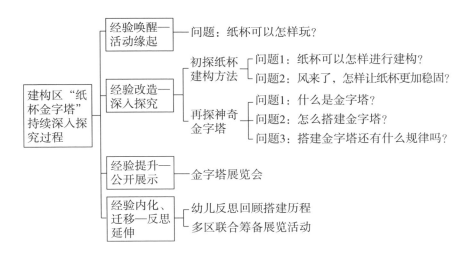

（一）经验唤醒—活动缘起

问题：纸杯可以怎样玩？

幼儿探究实景

游戏任务情境的创设，是促进幼儿实现深度学习的前提和基础。什么材料能给孩子带来更多的体验和收获呢？

开学初，教师在建构区投放了 5000 个纸杯。

小爱与睎睎发现了这批新玩具，很好奇，忍不住摆弄了起来，慢慢地越来越多的孩子也因好奇而加入。

教师的思考与支持

不同的半结构材料有不同的特点和性质，因此玩法也有所不同，在建构区幼儿已经掌握了积木、纸箱、木板等材料的多种建构方法，新材料纸杯的引入，激发了幼儿的好奇心，唤醒了幼儿关于垒高、围合、错位等多种建构方法的已有经验，他们探索发现纸杯的不同玩法，尝试更多的可能性。

（二）经验改造—深入探究

1. 初探纸杯建构方法

问题 1：纸杯可以怎样进行建构？

幼儿探究实景

区域活动开始了，教师发现建构区的孩子们用纸杯建城堡、酒店、桥梁、花、公园、圆柱体、单面墙建筑等。

分享环节：

维维："上面的纸杯要放在下面两个纸杯中间，不然搭不起来。"

教师："原来你用的是错位垒高的方法。"

小煜："可以围起来，小手拉拉围个圆，变成了一个花园！"

教师："哦，你用围合的方法搭建了一个花园，真不错哟！"

孩子们在分享中总结了许多搭建小技巧，并且都说下一次会用纸杯搭更有趣的建筑。

教师的思考与支持

一堆废弃的纸杯，在幼儿的眼里就是变化无穷的玩具，这就是材料的力量，同时它们也见证了幼儿就是天生的游戏家。从两名幼儿到一群幼儿，从随意摆放到有主题的设想及建构。他们在活动中发现纸杯的特性，幼儿运用延伸、叠高、架空、围封、对称、中心点支撑等建构方法进行搭建，游戏中相互协商，共同搭建，完成作品，作品构思巧妙、富有创意。玩纸杯的过程，实际上是幼儿与材料（纸杯）逐渐熟悉的过程。幼儿用双手不断探究纸杯，随着经验的丰富，他们开始尝试用不同的建构方法对纸杯进行垒高、围合等操作。教师发现，幼儿在自由体验的过程中，开始明白纸杯的特性，掌握纸杯的搭建技巧，更重要的是，他们发现搭建纸杯的过程本身就充满了乐趣，幼儿在探究的过程中也丰富了对建构的原有经验。

不过这是在没有干扰的情况下幼儿的成果，如果遇到了干扰，幼儿又会怎样做呢？随着纸杯建构活动的深入开展，幼儿对纸杯搭建活动的兴趣不减反增，向教师提出想要在更大的空间进行纸杯建构，最后我们确定在幼儿园的 3 号楼风雨操场上进行纸杯建构。

公主城堡

城堡

问题 2：风来了，怎样让纸杯更加稳固？

幼儿探究实景

这天，大家正在操场上兴致勃勃地进行着各种建构，幼儿有的单独使用纸杯这一材料，有的组合使用其他材料，如木板、泡沫砖等，建构出各种各样的建筑作品。突然，一阵风吹来，大家的作品都倒了，操场上一片狼藉。

在分享评价环节，洪洪把自己在建构区中的搭建过程和大家分享，最后提出："风一吹，纸杯就倒了，大家可以帮我想想办法吗？"

皓皓："纸杯太轻了，你们可以用重点儿的东西压一下。"

洪洪："可是我们就想用纸杯搭建纸杯城堡。"

小玉："前后多搭几层，它们可以互相支撑，这样应该不怕风吹了。"

洪洪："互相支撑？一层挨着一层，应该会更稳。"

小玉的建议让洪洪有了新的想法。

教师的思考与支持

区域活动中往往要注重生成性，幼儿在活动中遇到的问题不失为一种教育契机。场地的转换，无疑给幼儿的建构提供了更大的空间，可是从室内到户外的转变，突然增加了很多未知因素。突如其来的一阵风，引发了幼儿的思考：怎样才能建构出不会被吹倒的建筑呢？幼儿通过讨论和分享，集思广益，充分调动已有经验解决现实问题。

在观察幼儿活动的过程中，教师一直在反思纸杯搭建是否适宜，纸杯较轻的这一特点是否会让幼儿一直处于挫败中。然而，教师发现，幼儿并没有因为风的出现而沮丧，反而激发了他们探究建构作品稳固性的兴趣。幼儿的想象力是无限的，那么如何引导他们发散思维，构建更多更复杂的东西呢？

2. 再探神奇金字塔

问题 1：什么是金字塔？

幼儿探究实景

早餐后，洪洪、楠楠和皙皙聚在一起开始进行区域活动的计划。

洪洪："我们今天先拼一个三角形的楼房，然后我们把三个一样的楼房拼在一起，这样应该就不怕风了。"

他们开始了今天的搭建活动，三排贴在一起的三角形纸杯建筑很快就建好了。他们跑过来找我说："唐老师，请把风扇开一下，我们要进行测试。"

我把风扇打开，风一吹，挡风的一面建筑马上就被吹倒了，测试失败。

洪洪："三角形失败了，我们试试圆柱体。"

楠楠："对的，圆柱体是圆的，风也许会从两边吹走。"

皙皙："先搭里面的小圆柱体，再往外面搭。"

他们开始第二轮的尝试，里外两层的圆柱体纸杯建筑。

搭好后，他们打开风扇，圆柱体纸杯建筑确实比之前三角形的要稳，没有马上倒塌，可是很快外圈的杯子往内圈移动，圆柱体还是倒了。

讨论分享时间，楠楠和大家分享了今天游戏的过程和困难。

维维看到第一个三角形纸杯造型时问："咦，这是金字塔吗?"

洪洪好奇地问："什么是金字塔呢?"

维维："金字塔像三角形一样，我在图书馆的书里见过，好像在埃及那里。"

孩子们对金字塔非常感兴趣，教师马上在电脑上搜出金字塔的图片。

洪洪："这就是金字塔呀，看起来真的是三角形啊!"

楠楠："它是从下面慢慢向上倾斜的。"

分享结束后，大家有关金字塔的话题还在延续。

幼儿在搭建圆柱体纸杯建筑物

教师的思考与支持

幼儿通过实际操作探究如何搭建纸杯才能不被风吹走，他们结合已有经验，先搭建了三角形的纸杯建筑物，因为三角形的稳定性很强，但是通过风力测试，失败了，于是幼儿又开始尝试搭建圆柱体的纸杯建筑物，并进行风力测试。在不断探究的过程中，幼儿学会了比较、测试等方法，不断调整方法以达成目标，习得了搭建更稳定的纸杯建筑物的新经验，原有经验得以初步改造。

教师惊讶于幼儿仍然选择纸杯进行下一阶段的建构活动。教师认为"如何使用纸杯建筑物对抗风"和对金字塔的认知已经超出了幼儿的认知范围，如果要更好地支持幼儿接下来的探究，收集资料、拓展幼儿对建筑物的认知是非常必要的，于是教师把幼儿的想法和活动的过程与家长们分享，家长们纷纷与幼儿一起查阅相关资料。

问题 2：怎么搭建金字塔？

幼儿探究实景

今天，洪洪他们又开始了新的尝试。他们的设计图是一个底面为正方形的类似金字塔的锥体。

洪洪对着楠楠说："周末我和爸爸去图书馆，我找到了有关金字塔的书。书上说，金字塔是一种很稳固的建筑物。"

楠楠："是的，我也和妈妈在网上查到了，金字塔的下面是一个正方形，越往上越小，就像上楼梯一样。"

皙皙："你们会拼吗？先拼三角形还是正方形呢？"

楠楠："应该先拼正方形，我们试一试吧！"

说完，他们就开始了金字塔的建构。他们很快就拼出了四排四列的纸杯正方形底座。

"第二层的杯子该放在哪里呢？"洪洪问。

楠楠："要放在里面一点儿，这样才能像楼梯一样。"

说完，楠楠不断地移动纸杯尝试着。

皙皙在旁边摆了一个小的金字塔，突然说："我知道了，上面一层要比下面一层小，每边都要少一个。看，像我这样。"

洪洪："对的，这样四面都可以上楼梯了。我们从边上开始吧。"

楠楠紧张地说："要小心，要注意对齐。"

在他们的共同努力下，金字塔搭好了。

进入风力测试阶段，洪洪兴奋地向我走来："唐老师，赶紧开风扇试试吧！"测试多次，金字塔依然纹丝不动，洪洪激动地叫起来："我们的金字塔没有倒！我们的金字塔没有倒！"

大家闻声而至，看到他们的金字塔固若金汤。

孩子们围了过来："好神奇呀，居然没有被风吹倒。"

洪洪神气地向大家分享："这是我们的纸杯金字塔，我们只用一样高的纸杯，没有用纸皮和纸箱帮忙。"

教师："这个和你们昨天搭的三角形好像不一样呀！"

洪洪："我们今天搭的是金字塔，不是三角形。昨天的三角形每一层只比下面一层少一个，只有两边的楼梯。今天的金字塔底下是正方形，往上搭一层，每条边都少一个，四个方向都有楼梯。"

大家被洪洪组的作品震撼了，教师更为他们的发现感到惊喜。洪洪表示，他们还要尝试用发现的规律搭建不同形状底座的纸杯建筑。

纸杯金字塔

教师的思考与支持

高阶思维在深度学习能力的培养中至关重要。以纸杯建构游戏为例，教师开始细致地观察，了解幼儿对纸杯建构的认知水平，对应了浅层学习的"知道"水平。接着幼儿带着"如何稳定"的问题去观察、了解，在这一过程中，幼儿领会了金字塔的主要构造，完成了浅层学习。洪洪把在家与爸爸共同阅读金字塔绘本的经验迁移到游戏中，在搭建过程中，他坚持只用纸杯一种材料去迎接风的挑战，在这个过程中，不仅发展了幼儿的想象力、动手能力、创造力，还培养了幼儿耐心、协作、互助、坚持等良好的学习品质和行为品质。在搭建过程中，幼儿通过不断尝试，发现金字塔从下而上递减的规律，并产生迁移经验、丰富建构内容的愿望。建构活动在"知道、领会、应用、分析、综合、评价"六个环节中不断螺旋上升，推动着幼儿的深度学习。

幼儿通过查阅资料，了解到金字塔是一种极具稳定性的建筑结构。他们将这些知识巧妙地融入自己的游戏中，将间接经验转化为直接体验。随着不断的探究和实践，他们的经验日益丰富，游戏目的更加明确。在游戏开始前，他们会先设计所要搭建的物品，这次他们选择的是一个底面为正方形的类似金字塔的锥体。通过亲身体验和深入探究，幼儿们发现了金字塔稳定的秘密，这进一步激发了他们对搭建纸杯的兴趣。他们对金字塔的特征有了更深入的了解，同时也在实践中不断改造和丰富着自己的建构经验。

问题 3：搭建金字塔还有什么规律吗？

幼儿探究实景

在成功搭建金字塔的基础上，洪洪组的孩子们还尝试搭建了底座为三角形、圆形的类金字塔，也都成功通过了风力测试。

"搭建金字塔还有什么规律吗？"在一次构建活动时，教师随机问洪洪："你这个金字塔有几层啊？"

洪洪数了一下，回答道："4 层。"

教师又继续问："它的底面边长是多少呢？"

洪洪迅速地回答："4!"

接着，他惊讶地发现并叫出来："哇，唐老师，我有一个新发现，如果它的边长是 4，它的高也是 4，边长与高是一样的！"

这是教师在提问的时候并没有想到或观察到的。洪洪的观察与发现，让教师特别意外、特别惊喜。教师不由得蹲下来，检查核实一番。果然，洪洪的发现是对的。

教师惊叹道："哇！你怎么这么厉害，竟然发现了边长与高一致的规律！"

洪洪听了特别开心激动，说："我数出来的啊。"

接下来，他又继续搭建不同边长的金字塔，印证自己的发现。

洪洪在扩展底面边长为 6 的小金字塔

孩子们错位互锁、造型垒高等纸杯搭建的技术日渐成熟，有了多次的成功经验后，他们不再满足于单一的造型，他们的设计图越来越复杂，跨组合作让纸杯建构更加惊艳：纸箱和纸杯混搭的游乐场、带有锥形尖顶的幼儿园教学楼……，每一次的纸杯建构都会得到其他班级孩子们和教师们的称赞。

教师的思考与支持

经过前期的持续深入探究，幼儿搭建金字塔的技术日益熟练。随着经验的不断累积，他们开始尝试拓展新的搭建可能，进一步挑战更高的难度。在这一过程中，幼儿意外发现了类金字塔的搭建方式，这一新奇的发现再次激发了他们的好奇心。在教师的引导下，幼儿开始总结类金字塔的搭建规律，将感知和体验转化为自己的内在经验。掌握了金字塔的搭建规律后，他们的搭建作品变得更加丰富和复杂。通过不断的实践和经验的积累，幼儿实现了对金字塔搭建的全新改造。

纸杯搭建活动充分调动了幼儿思维的发散性，提升了问题解决的能力，他们在直接体验、亲自操作与探究的过程中不断深入学习，由探究纸杯作品的稳定性，延伸到金字塔的搭建，并不断深入，幼儿在玩中学，学中玩，在游戏中学会思考，大胆求证并用实践验证猜想，不断建构新经验，真正做到了主动参与、深度学习。

（三）经验提升——公开展示：金字塔展览会

幼儿公开展示实景

洪洪带领着小队员们不断探究金字塔的建构，他们在建构区里尝试了各种不同的锥体。甚至有一次，他们搭建了一座15层高的金字塔。当金字塔搭建完成时，其他孩子都被吸引过来，投以赞许的目光。

小玉："哇！好巨大的金字塔啊！"

宁宁："太神奇了，比我们都高了，你们是怎么做到的？"

洪洪："我要举办金字塔展览会。"

金字塔的搭建活动在大一班掀起了热潮，大家开始尝试搭建各种各样的锥体，如三棱锥和圆锥。他们甚至还用建构区的其他材料，如废弃的酸奶杯、饮料瓶子、纸筒、纸箱、积木等材料搭建金字塔。

教师的思考与支持

在洪洪小队的精彩分享中，幼儿获得了关于金字塔的知识经验，这激发了他们对这一古老建筑的强烈探究兴趣，为他们的成长和发展注入了活力。幼儿在学习过程中表现出惊人的适应力和创新能力，能够巧妙地将所学应用到各种材料上，创作出丰富多样的建构作品，展现出无尽的想象力和创造力。在欣赏自己和同伴的作品时，他们获得了感官上的愉悦，深刻体验到艺术之美。

经过一系列持续而深入的以"金字塔"为主题的探究活动，幼儿已经深入掌握了纸杯建构的特点、金字塔稳定性的奥秘以及搭建规律等核心经验，并进一步拓展形成了丰富的相关经验。为了帮助幼儿更好地整合和提炼这些经验，教师为他们提供了公开展示的平台和机会。

随着经验的不断积累，幼儿搭建的金字塔难度逐渐增加，复杂性也逐步提升。这一阶段的幼儿，不仅在技能上取得了显著进步，更在思维方式和解决问题的能力上得到了全面的提升。

小小讲解员

15 层高的金字塔

三棱锥

金字塔群

乐高金字塔

（四）经验内化、迁移—反思延伸

1. 幼儿反思回顾搭建历程

幼儿讨论实景

分享环节

教师："在金字塔活动中，你们最开心的是什么事情呢？"

燊燊："最开心的是我和好朋友一起学会了搭坚固的金字塔。"

皓皓："是的，原来金字塔并不是简单的三角形，而是一个四棱锥！"

洪洪："在搭建金字塔的时候，我也有不开心，在反复失败的时候，我是很想放弃的。"

教师："最后呢？"

维维："后来，唐老师提醒我观察图片中的金字塔，又鼓励我和小伙伴们，让我们很有信心，所以最后我们坚持把金字塔搭好了。在顺利通过风力测试的时候，我和小伙伴们都高兴极了。"

洪洪："唐老师，我们还想把我们搭建的金字塔做一个展览，让其他小朋友、老师们都来看看，我们可以把搭金字塔的方法告诉他们。"

孩子们都纷纷表示要做一个金字塔展览。

小玉："我们还可以用纸箱、纸筒、饮料瓶做金字塔呢！"

于是，教师顺应孩子们的兴趣和需要，在幼儿园申请了一个建构室，把孩子们的金字塔作品摆放在里面，他们自发设计展览的门票、展厅的布局，通过投票选出了讲解员。

教师的思考与支持

在分享和讨论的环节中，幼儿的反思表现出自发性和自然性。在"金字塔"系列探究活动中，教师精心安排了时间与空间，使幼儿有机会持续对自己的活动和经验进行深入的反思与总结。在活动中，教师不断引导幼儿围绕自己的游戏经历、遇到的问题和困惑以及在游戏中的所见所闻进行深入的思考和总结。同时，教师还及时提供了必要的材料支持和有效的引导，帮助幼儿更好地理解和解决问题。

活动结束时，师幼组织了一场金字塔展览会，由幼儿担任作品解说员。通过欣赏自己和他人的作品，幼儿有机会回顾整个制作过程，分享自己在制作过程中的新发现，以及遇到的挑战和解决方法。这一过程不仅加深了幼儿对自己作品的理解，而且巩固了他们在活动中的体验和认识。通过这种方式，幼儿在活动中产生的各种经验得以进一步巩固和内化。

讨论搭建金字塔

2. 多区联合筹备展览活动

活 动 延 伸

在自发的展览活动中，孩子们继续在建构区尝试用不同材料进行搭建，并搭建出圆锥和三棱锥。他们发现底部形状不一样，用金字塔的搭建方法就会出现不一样的锥体。在美工区里，孩子们为了筹建展览，有的设计展厅门票，有的设计海报，有的制作展厅平面图，有的制作金字塔故事小图书，还有的在装饰纸皮箱用作布置展厅门口。在语言区里，孩子们紧锣密鼓地开展着讲解员的投票竞选活动。大家都尝试用简单的符号把自己介绍的内容画下来，互相讨论、补充，通过投票的方式选出讲解员。金字塔的展览活动让孩子们有关金字塔的知识经验延伸到各个区域，并不断得到提升和内化。

教师的思考与支持

幼儿的经验迁移过程贯穿建构金字塔活动的始终。在活动过程中，幼儿将自己在生活和游戏中积累的经验巧妙地融入其中。如，他们将阅读有关金字塔的绘本时获得的知识和经验带入游戏中。

经过一系列的探究活动，幼儿开始尝试以更高层次的方式表达和创造，不断挑战自己，探索各种搭建金字塔的方法。他们还将纸杯的搭建方式灵活运用到建构区的其他材料中，进一步拓宽了他们的探究领域。他们使用多种多样的材料，搭建出不同种类、丰富多彩的建构作品，展现了他们举一反三、迁移和运用探究过程中获得的经验的能力。

三、"纸杯金字塔"活动评价

本活动由幼儿自主发起，材料自主、主题自主，充分展现了《终身幼儿园》作者米切尔·雷斯尼克提出的游戏核心要素：不断实验、勇敢冒险、尝试新事物、挑战边界，这正是"好奇心、想象力和实验精神的完美结合"。即便面对像纸杯这样看似局限性很大的材料，幼儿也能发挥出无尽的创意和想象力，特别是在发现金字塔的稳定性这一过程中表现得尤为出色。

幼儿的兴趣起初主要来自对新鲜材料的好奇心，随后转变为对图纸设计与实际成品如何完美匹配的探究欲望，进而逐渐发展为如何搭建稳固的作品，最终演变为对既稳固又多样化的立体结构的尝试。在整个过程中，幼儿始终保持着强烈的探究欲望和积极参与的态度，充分展现了建构游戏的魅力。

（一）幼儿发展

要在活动中促进幼儿深度学习，就要发展幼儿的高阶思维能力，尤其应该注重发展幼儿"应用、分析、综合、评价"的高阶思维能力，并将这四个方面的能力培养作为幼儿园活动的重点目标。在本活动中，幼儿各方面有如下发展：知道——知道纸杯可以如何搭建；领会——通过画图理解建筑特征；应用——能够基于发现的特征，搭建出金字塔结构；分析——能够在成人的帮助下或通过自主分析判断搭建中存在的问题，如建筑物不对称、不牢固等；综合——能够基于现状，运用多方面资源和条件解决出现的问题；评价——能够自主评价自己房屋结构的搭建效果。同时，在活动过程中，幼儿的语言表达能力、专注力、手眼协调性、抗挫折品质和社会性品质也得到了发展，感受到了建筑之美与合作之乐，真正实现了幼儿深度学习以问题解决为导向，以积极情绪为动力，以动手制作为依托，以同伴合作为支撑，以评价反思为主轴的特征。

（二）教师支持

1. 动态生成的建构区活动促进幼儿深度学习

回顾建构区中"纸杯金字塔"的全过程，教师始终坚持幼儿的兴趣指向与教师的价值判断并重。一方面，设置具有内隐问题的情境，并将其转化为幼儿的兴趣。如，在活动之初，教师通过观察倾听，发现幼儿对新玩具——闲置纸杯的探究兴趣非常强烈，教师通过对可能生成的主题进行价值判断：幼儿有相关经验吗？在幼儿的最近发展区内吗？幼儿可能获得哪些方面的发展和积极的体验？再果断调整活动安排、安排合适的场地，将活动场地由教室内改为教室内外，乃至扩展到全园的空阔场地，如小礼堂、风雨操场，随后安排了相应的纸杯游戏时间。此时的任务导向是内隐和发散的，即情境中的问题不是预设的，而是幼儿在活动过程中发现的。因此，幼儿在区域活动中的生成是多元和开放性的。另一方面，建构活动源于幼儿的兴趣，基于教师的判断。如上述描述中洪洪联想到金字塔，教师分析这种行为能帮助幼儿进一步将建构区的活动联系起来，便顺势引导，生发了下一次活动。教师并没有生硬地将幼儿的思路拉回原来预设的轨道，而是顺着幼儿的兴趣，将其作为建构游戏的出发点，为幼儿提供支持和引导，通过以上游戏主题的生成激发幼儿深度学习。

2. 教师的提问策略对幼儿建构区活动中深度学习的影响

在本次区域活动中，教师在认真观察和记录后，围绕幼儿的建构目标和活动内容，巧妙地设置问题，并用生动的语言进行提问，从而帮助幼儿进行发散思维，从各个不同的角度对问题进行思考，拓宽幼儿的视野及知识面，并在适宜的时机用语言、表情等给予幼儿积极的肯定和反馈，如针对洪洪关于金字塔底面边长与高相等的发现，教师自然流露出崇拜之情，不故意克制自己的情感。

可以发现，本次活动中教师的提问策略具有以下特点：第一，教师熟悉幼儿的个性特点及认知发展水平，有针对性地进行提问；第二，教师心中有提出和解决问题的基本思路和方法，不对幼儿的回答进行限定，支持幼儿创造性思考；第三，当幼儿一时无法回答时，教师会给予热情的鼓励，并坚信幼儿会有自己的答案。通过以上举措，幼儿在建构区中的深度学习取得了一定的积极效果。

3. 幼儿深度学习可以以课程中的主题内容为主体

适宜的学习内容是幼儿深度学习的先决条件。教师根据建构区"纸杯金字塔"活动梳理出适合的主题，在主题背景下幼儿的经验是真实的、丰富的，不仅能保证建构活动的有效性，而且能让幼儿浸润在主题中进行深度探究与思考。如及时引入图纸设计，让幼儿掌握一个重要的思考与表征工具，体现了《终身幼儿园》一书中提出的"创造性学习螺旋"即"想象—创造—游戏—分享—反思—想象"。

（三）活动调整

1. 高阶思维在深度学习能力的培养中至关重要，活动过程中应对金字塔没有被风吹倒的原因进行探讨。

2. "持续评价、及时反馈"是引导幼儿深度反思自己的学习状况，及时调整行动策略、实现深度学习的有效途径。

3. 由于纸杯的特性，没有解决好保留作品以便下次继续建构的问题，以至于下次玩的时候，会花较多时间在非建构性活动上，如搬运、放置、存放等，并增加了纸杯变形的可能。

（案例提供：广州市第一幼儿园　唐妙红）

中班建构区活动 "建房子"

一、建构区基本情况

班级幼儿对建构活动非常感兴趣，在积木、积塑建构活动中，他们学会了平铺、围合、垒高、架空等基本搭建技能，能嵌合拼插出简单的立体造型。升入中班，幼儿在建构活动中的投入程度和持续时间较小班有所提升，探究性也更加明显，为促进幼儿对空间与图形的探究与理解，教师投放了小球、长棒、短棒等拼插材料，通过长短棒连接小球的不同方向的小孔可以拼插出不同角度和造型的作品。

幼儿在该区域已获得一些探究经验，能完成一定的平面图形造型，如正方形、长方形、三角形。

| 正方形 | 长方形（楼梯） | 三角形 |

幼儿初步探究了不规则立体图形的搭建，如机关枪、花园，能结合已有知识经验和半成品造型进行想象搭建，尝试用直角连接的方式搭建出特定造型，如桌子。

  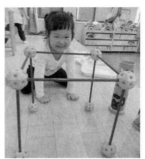

机关枪　　　　　　　　花园　　　　　　　　桌子

二、"建房子"活动过程

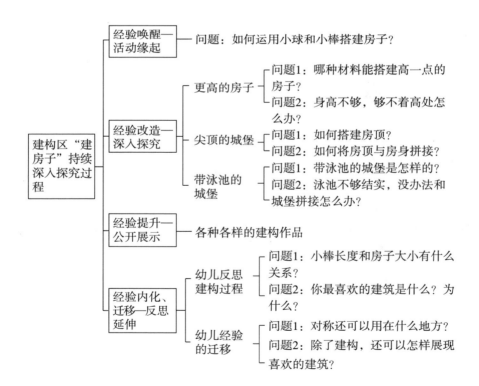

	经验唤醒——活动缘起	问题：如何运用小球和小棒搭建房子？
建构区"建房子"持续深入探究过程	经验改造——深入探究	更高的房子 —— 问题1：哪种材料能搭建高一点的房子？ 问题2：身高不够，够不着高处怎么办？ 尖顶的城堡 —— 问题1：如何搭建房顶？ 问题2：如何将房顶与房身拼接？ 带泳池的城堡 —— 问题1：带泳池的城堡是怎样的？ 问题2：泳池不够结实，没办法和城堡拼接怎么办？
	经验提升——公开展示	各种各样的建构作品
	经验内化、迁移——反思延伸	幼儿反思建构过程 —— 问题1：小棒长度和房子大小有什么关系？ 问题2：你最喜欢的建筑是什么？为什么？ 幼儿经验的迁移 —— 问题1：对称还可以用在什么地方？ 问题2：除了建构，还可以怎样展现喜欢的建筑？

（一）经验唤醒—活动缘起

问题：如何运用小球和小棒搭建房子？

幼儿探究实景

在成功尝试用小球和小棒直角连接完成作品造型后，孩子们提出要"建房子"。

大祺最先着手，将小球和小棒两两连接，围合成一个正方形，随即在正方形的四个角上方分别插入了一根小棒，再两两连接小棒，完成了一个正方体造型，又接着往上完成了第二层。

"我的房子建好了。"大祺说完便整个人往里钻，"成功！"他说道。

大祺搭的房子

大祺和鸣睿一起修补房子

正当他旋转身体，调整姿势的时候，不小心撑开了下方的连接口。

鸣睿帮忙修好了房子，同时他提出要建一个更大一点儿的房子。于是，他们合作把房子横向加宽，由一间变成了两间，鸣睿和大祺一起钻了进去，他们开心极了，还时不时地修补被撑开的口子。

教师的思考与支持

思考

新材料引发了幼儿的探究欲望和好奇心，幼儿在自由探究中不断熟悉材料，并随着经验的逐渐丰富，开始探究新材料进行建构的多种可能性，尝试结合已有经验进行搭建。

（1）小球是含 14 个孔的多面体，两孔之间分别成 30 度、45 度、60 度、90 度不等的角，小棒两两之间连接不同的孔会形成不同的形状，这给搭建增加了难度，同时也为造型增加了更多的可能性。

（2）幼儿能尝试直角连接搭建多层作品，从平面的正方形到立体的正方体，拼搭时还进行了思维加工。但由于经验有限和拼插技能不熟练，作品空间小，房子过于拥挤。

支持

（1）拍照记录幼儿的活动过程，活动后请幼儿分享。请大祺说一说拼搭的过程和"入住"的体验，幼儿讨论解决房子拥挤的办法。

（2）观察幼儿对材料的探索，同时提供可以比较长度的材料（长棒、短棒），引导幼儿比较和测量小棒的长度。

（二）经验改造—深入探究

1. 更高的房子

问题 1：哪种材料能搭建高一点的房子？

幼儿探究实景

在上一次讨论中，孩子们提出可以建一个更高更大的房子，他们很快发现使用长棒可以搭出更大的正方体，建好的房子可以更轻松地钻进去，一时间，长棒成为很多小朋友搭建时的选择。

问题 2：身高不够，够不着高处怎么办？

幼儿探究实景

由于小棒变长了，在建到两层高时，孩子们就够不着了，不能继续往上垂直连接，怎么办呢？

教师引导孩子们思考该如何继续搭建。早早提出如果踩在凳子上，就可以搭出更高的房子，并询问教师能否将凳子搬到榻榻米上。得到允许后，早早搬来凳子，在凳子上完成了第三层的搭建。

早早使用凳子搭高

更高的房子

其他孩子见状，也开始借助凳子把作品加高，搭建的房子已经远远高过孩子们的头顶了。

教师的思考与支持

思考

随着活动的持续深入，幼儿不再满足于房子的简单搭建，提出将房子建得更高的想法，引入了新的概念和经验，在探究中他们发现用凳子辅助完成搭建的办法，已有经验得到初步改造。

（1）在提供了不同长短的小棒后，幼儿发现长棒能搭建更大的作品，便优先选择长棒作为搭建材料，体现了材料的指向性和幼儿对材料的选择，搭建过程中幼儿进行了长度比较和方案优化。

(2) 长棒解决了房子窄的问题，但又引出了房子太高的问题，在持续搭建的过程中，问题不断生成。教师引导幼儿思考解决问题的方法，当早早提出使用凳子时，教师持支持态度，促成了幼儿的进一步探究。

支持

(1) 支持幼儿自己解决问题，教师提供环境和材料支持，支持幼儿用凳子作为辅助操作材料。

(2) 在活动分享环节加入网络作品欣赏，启发幼儿发现不同的连接方式可以带来造型的改变。

2. 尖顶的城堡

问题 1：如何搭建房顶？

幼儿探究实景

在欣赏了小球和小棒的组合造型图片以及广州某些特色建筑图片，如圣心大教堂后，安安表示想建一座有尖顶的城堡。

安安搬来凳子，尝试把两根小棒连接成一个三角形作为尖顶，但由于角度过大（超过 60 度），两根小棒的尖端无法同时插入小球中。她将一根小棒调整为垂直插入，但是小棒的端口离得更远了。她搬着凳子来到城堡的另一面再次尝试，但是由于小棒是斜着插入，并且与城堡不在一个垂直面上，她始终无连接出闭合三角形。

安安在另一侧重新插上了另外两根小棒，反复尝试两两连接无果后，她噘嘴歪头望了望教师，教师示意她观察一下四根小棒的尖端是指向哪个方向。

“中间”，安安很快回答。

“那要不试试在中间的位置连接呢？”教师说。

安安很快搬来凳子走进了作品内部，仰头开始连接，顺着小棒延伸的方向，很快就把两根小棒插进了小球，连成一个三角形，接着第三根小棒、第四根小棒，终于拼好了一个四面都是三角形的四棱锥。

城堡主体　　　　安安站在凳子上仰头拼插　　　　尖顶完成

教师的思考与支持

思考

（1）有了凳子的帮助，幼儿可以将作品建得更高更大。教师通过多媒体课件分享小球和小棒的拼插成品图片和广州特色建筑图片，丰富幼儿的相关经验，启发幼儿思考建筑的结构特点。幼儿尝试搭建尖顶造型的城堡，并在这一过程中掌握了搭建房顶的新经验和技巧，原有经验得以提升和改造。

（2）在尖顶的搭建过程中，安安非常投入，尽管多次尝试无果，她都没有放弃，而是调整策略，多次尝试不同的插入方向和角度，体现了较强的专注性、探究能力和问题解决意识。

支持

（1）教师通过提示性的语言引导幼儿观察几何面、换个方向和视角看作品的连接点，从而解决问题。

（2）再次欣赏尖顶建筑的图片，发现不同角度的形状、造型特点。

（3）进行平面探究，如认识三角形的特性，尝试用小球和小棒的组合拼搭不同的三角形，进一步了解三角形的结构。

问题 2：如何将房顶与房身拼接？

幼儿探究实景

上一次活动分享了安安的建构成果，玥玥说她今天也要搭一个尖顶的城堡。搭第三层的时候，安安搬来椅子和玥玥一起继续垂直向上连接。准备搭尖顶时，玥玥提出："我们可以先拼好三角形，再把它放上去。"

第一次尝试

玥玥和安安用长棒和短棒组合了一个等腰三角形作为尖顶，当把尖顶往第三层放置时，他们发现宽度不匹配，三角形底边太短了，无法与下层连接吻合。"太短了，需要长一点。"安安边说边用手比画长度。

安安尝试用小三角形作为尖顶　　　　安安尝试连接失败

第二次尝试

"我们可以做一个两层的三角形。"安安拆解了原来三角形的短棒底边，用两根长棒连接，延长了三角形的两条边，第三条边为两条长棒，围合了一个大的等边三角形。

安安尝试用大三角形作为尖顶　　　　大三角形散了

　　玥玥和安安一起把大三角形往最上层摆放连接，由于不稳固和受重力作用，三角形向下弯折，散了。尖顶造型再次失败。

第三次尝试

　　"可能是太大了，它就倒了。"玥玥嘟囔着。"那我们还是做小点吧！"早早附和着。安安没说话，开始摆弄散落在地上的材料，她把长棒和短棒分别作为第三条边，对比了一下长短，选择了短棒作为第三条边。

尝试拼接三角形　　　　　　　　两个尖顶连接成功

再一次尝试连接时，安安没有直接把三角形加在第三层上，而是站在椅子上，用三角形的两个底角的球连接第三层插着的小棒，三角形作为第四层，终于成功连接了城堡的尖顶。

按照这样的方法，玥玥和安安很快又做出了第二个三角形作为尖顶，完成了城堡的造型。

教师的思考与支持

思考

幼儿搭建尖顶城堡遇到了新问题：如何将房顶和房间连接在一起？这并没有想象中简单，幼儿在新的尝试和多次试错后，调整三角形大小，完成了三角形的简单组装。在这一问题解决过程中，幼儿积累了比较、测量、推理等经验，不断调整方法以达成目标，最终完成了复杂造型的建构，大大提升了原有经验。

（1）玥玥和安安通过比较长棒与短棒的长度，尝试组装三角形尖顶，将三角形与房子的边进行比较，看是否一样长，并验证差异，尝试将一个平面（三角形）放到另一个平面（已有"房子"的墙面）上进行组合建构，完成了复杂造型。

（2）小球和小棒的组合可塑性强、造型多变。在三角形围合时需要考虑边长、角度等问题；在三角形和正方形面的组合中，需要考虑插入的角度和方向，这具有一定挑战性。幼儿多次尝试，在遇到问题时能不断地调整方法以达成目标。

支持

（1）给予幼儿探究和试误的时间和空间，鼓励幼儿用非常规测量方式验证自己对搭建三角形的判断。

（2）活动后请幼儿分享回顾游戏中遇到的问题，鼓励其用测量术语描述搭建过程，解释对三角形搭建方法的推理和解决过程，以促进其潜在测量概念和空间意识、逻辑思维与表达能力的发展。

（3）学习三角形的相关内容，尝试用七巧板的形式拼贴组合三角形和长方形，制作一个完整的造型。

（4）鼓励幼儿合作建构，借助同伴的力量提升问题解决的能力和效率。

3. 带泳池的城堡

问题 1：带泳池的城堡是怎样的？

幼儿探究实景

餐后区域活动时，芯芯在美工区画了一幅画，介绍说是自己设计的城堡，城堡旁边还有一个大泳池。教师鼓励她尝试把城堡搭建出来。

芯芯设计的"城堡"

芯芯和大祺、鸣睿一起很快搭好了城堡，还用到了上次玥玥和安安搭建的尖顶造型。

城堡主体

"我的画上这里是有三层的，旁边还需要一个大泳池。"芯芯说。

大祺和鸣睿在侧边开始拼搭泳池，拼好之后，大祺尝试将泳池整体搬移与城堡连接，但由于泳池不够结实，失败了。最终只完成了主体部分。

尝试整体搬移泳池失败

问题2：泳池不够结实，没办法和城堡拼接怎么办？

吸取前一次因为泳池搭得太大太高、整体迁移失败的经验，芯芯提出泳池只需打个底，建一层就可以了。完成后，芯芯提出要做个窗户，在第二层城堡的外边，用短棒连接做了一个类似窗口的闭合立体图形。第二次尝试完成的作品基本与芯芯设计的城堡吻合。

芯芯在加做窗户

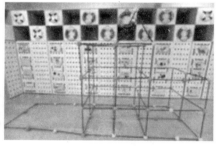

城堡完成了

教师的思考与支持

思考

幼儿对房子进行了多次探究，为新的创作提供了经验准备，开始向更高水平的创作和表征迈进。这一阶段，幼儿表达和表征的意图更加明确，能利用先前的经验和技能，尝试通过图画的方式表征房子，并根据图纸搭建相应的作品，将更多的想象和创造融入正在创作的作品中，搭建房子的经验更加丰富和完善。

（1）在本次搭建中，幼儿尝试按照自己设计的图纸搭建作品。在第一次尝试中，幼儿借鉴了前期其他幼儿搭建的尖顶造型，但在整体搬移泳池的过程中，由于泳池过大、结构不够稳定，导致散架失败。在第二次搭建中，幼儿选择了直接在城堡外连接，且选用了铺底连接的方式，降低了建构难度，完成了作品。

（2）玥玥和安安对窗户的组装以及芯芯和大祺对尖顶的搭建、泳池的组装搬移，体现了活动中幼儿的学习过程、新旧经验的迁移以及对部分与整体的认识。

（3）随着建构游戏的发展，幼儿越来越多地迁移生活经验进行创作，并在搭建中更加关注细节的呈现，如芯芯为城堡搭建的窗户。

支持

（1）通过语言交流、多媒体播放视频、图片，请幼儿对比两次搭建的作品，说一说搭建过程中遇到的困难、搭建成品和设计图之间的关系。

（2）鼓励幼儿设计建筑图纸，按图纸搭建，搭建后再绘画记录，对比设计图与作品图的吻合度，发展空间视觉化能力。

（3）支持幼儿探究空间，鼓励幼儿用位置、方向、距离等词描述空间关系，引导幼儿从不同方向观察物体外形，提升空间知觉能力。

（三）经验提升—公开展示：各种各样的建构作品

幼儿公开展示实景

经过一段时间的操作，幼儿搭建了许多造型别致、空间感强的作品，有的高度还原了生活内容，有的涉及多个面的组合拼搭，有的非常讲究对称美。在搭建结束后，教师将作品展览在班级门口，幼儿往来时可驻足欣赏观察。

三棱柱造型

双 W 造型

广州东塔西塔

地道战堡垒

结构对称的花坛

花坛侧面

教师的思考与支持

教师为幼儿提供展示作品的平台，使幼儿获得自信和成就感。在这一阶段，幼儿整合建房子过程中获得的经验和技能，将创作活动推向高潮，搭建出基于建房子造型，又有所创新的作品，如广州塔、花坛、堡垒等。可见，幼儿对建房子过程中所获得的经验已达到相当熟悉的地步，并产生了新的创作灵感，相关经验再一次得以发展和提升。

（四）经验内化、迁移—反思延伸

1. 幼儿反思建构过程

问题1：小棒长度和房子大小有什么关系？

幼儿讨论实景

幼儿发现房子过于拥挤，作品空间较小，教师请大祺说一说拼搭的过程和入住的体验，讨论解决房子拥挤的办法。

大祺："房子太小了，一进去就裂开了。"

教师："为什么会出现这种情况呢？"

大祺："因为房子太小了，只适合一个人住，如果再大一点儿就好了。"

教师："怎么把房子变大呢？"

鸣睿："可以搭宽一点儿，多用一些小棒，建个大房子。"

鸣睿："如果有更长的小棒，就可以建个大房子。"

教师引导幼儿观察发现，小球和小棒的不同连接方式可以拼插出不同造型：随意拼插可以创造不规则造型，两两垂直连接可以拼搭出正方体或长方体，按固定倾斜角度连接可以拼搭出造型多变的棱锥和棱柱，还可以把不同造型组合在一起形成新的立体图形。这打破了幼儿先前建构活动中的已有经验和认识，使幼儿对该材料产生了新的探究兴趣，尝试创作出更多样更复杂的造型。

问题2：你最喜欢的建筑是什么？为什么？

幼儿讨论实景

教师将广州特色建筑照片呈现在屏幕上，请幼儿说一说自己最喜欢的建筑。

安安："我喜欢圣心大教堂，我觉得它的造型很漂亮。"

教师："教堂的造型有什么特点？"

安安："有尖尖的房顶。"

教师："建筑的左边和右边有什么联系？"

安安："左边是尖尖的顶，右边也是尖尖的顶；左边有一扇门，右边也是。"

教师："左边和右边是对称的，这样的建筑看起来更有美感。"

教师："尖尖的顶像什么形状呢？"

玥玥："像三角形，我们要先搭一个三角形的造型。"

在多次调整尝试后，幼儿成功拼搭了尖顶的城堡，在作品分享环节，教师引导幼儿回顾几次调整三角形插入角度和底边长短的过程，请幼儿说一说自己遇到的困难和解决方法，教师从拼搭实践中归纳出三角形的原理和特性。

教师的思考与支持

在分享与讨论的过程中，反思是自发、自然的。幼儿在探究"建房子"的过程中持续进行反思，教师不断帮助幼儿围绕自己的游戏经验、游戏过程中存在的问题和困惑进行思考和总结。同时，教师为幼儿展示和表征经验提供了时间和平台，幼儿通过欣赏自己探究过程中的作品、回顾如何创作、创作时有什么新发现以及遇到的问题等，与教师和同伴交流想法，讲解作品产生的过程。这些反思和回顾贯穿活动的各个阶段。通过公开展示进行总结性反思讨论、评价和分享，帮助幼儿全面回忆和运用从开始到结束获得的各种经验，幼儿在活动中产生的各种经验得以进一步巩固和内化。

2. 幼儿经验的迁移

问题 1：对称还可以用在什么地方？

问题 2：除了建构，还可以怎样展现喜欢的建筑？

活动延伸实景

1. 幼儿将对称的概念迁移到区域活动和游戏活动的创作中。

结构对称的拼图　　　　　　结构对称的艺术作品

2. 幼儿将对广州城市建筑的认识通过绘画、蜡染等方式进行表达。

3. "建房子"的经验使幼儿对空间、数量、造型等有了初步的认识，并将这些经验迁移到生活中，在整个活动过程中幼儿善于观察发现、乐于探究操作、勤于总结经验。

广州塔　　　　　　珠江两岸　　　　　　广州海珠桥

教师的思考与支持

幼儿经验的迁移和发展伴随活动开展的全过程，从刚开始随意拼插连接，到两两垂直连接，再到三角形组合造型，幼儿根据示意图搭建作品，新的作品在前一阶段作品的基础上递进，作品也从简单到复杂，经验和技能逐步发展。同时，幼儿对形状、空间关系和测量有了更深入的认识和理解。活动结束后，幼儿将获得的经验迁移至新的搭建活动中，如搭建结构对称的花园、广州东塔和西塔等。

三、"建房子"活动反思

在幼儿已有积木、积塑搭建经验的基础上，教师增加了小球和长短棒作为搭建材料。不同于积木材料，小球和长短棒的组合拼插可以调整角度和方向，因此拼搭出的形状更多元、造型更多变，同时在三维空间的连接上也有相当的难度，给幼儿的游戏和探究带来了更多的可能和挑战。幼儿从最初的材料探究，到有固定主题的搭建；从随意拼插到垂直连接构造多面体，再到正方形和三角形等不同多面体的组合造型，搭建立体的复杂作品；从确定主题到完成作品，从挑选材料到搭建，分工或合作，幼儿完全自己操作，主动探究。当幼儿遇到问题时，教师不是马上介入，而是鼓励幼儿自己尝试调整策略解决，幼儿在多次反复尝试获得成功后，体验到极大的喜悦和满足感，过程中也对形状、空间关系和测量有了更深入的认识和理解。

四、"建房子"活动评价

（一）幼儿发展

在拼搭过程中，幼儿尝试利用小球和长短棒连接拼搭出不同造型，呈现建构作品的外形特征，能主动尝试，以物代物，并根据自己的生活经验对建构作品进行命名，如帐篷、城堡等。

经过两个多月的连续搭建，幼儿的建构技能有了一定的提升，能从随意地拼插连接，到两两垂直连接，到使用三角形组合造型，再到利用设计图纸搭建作品，抓住相关建筑的特征进行拼插造型，建构作品从简单到复杂、从单人建构到合作建构，持续创作的兴趣高涨。

幼儿在搭建过程中认识长短，尝试不同角度的拼插组合，学习图形的组合拼搭，并尝试调整空间布局，数概念、图形和空间关系等得到发展，游戏自主性和想象力也得到进一步的提升。

（二）教师成长

教师不设固定的行为模式和规范约束幼儿的游戏，注重把游戏自主权交给幼儿。对于新材料的探究，教师先让幼儿自己发现、自己尝试，鼓励幼儿与同伴交流、合作，支持幼儿搭建多样的作品。在一段时间的探究后，教师提供作品样图，启发幼儿搭建不同的造型。利用分享时间，教师和幼儿讨论搭建过程中出现的问题，尝试在下一次活动中去解决问题，帮助幼儿积累经验，让建构作品张扬个性。对于幼儿的创意搭建以及反复尝试完成的建构作品，教师给予充分的肯定。在探究过程中，教师对组织和支持幼儿自主建构的策略有了更清晰的认识，更加意识到"儿童是有能力的学习者"这句话的丰富含义，能够有意识地保障幼儿在游戏中的主体地位和实践机会。此外，在解读幼儿和幼儿游戏的基础上，教师能够更好地回应和支持幼儿的游戏与学习，在幼儿的游戏走向深度学习的同时，教师的专业素养也得到提升。

存在问题

1. 教师鼓励幼儿自己寻找问题的答案，但仍有某些问题未能在活动中解决，或幼儿在某次活动中偶然尝试的材料组合拼插，涉及数量、空间关系等，教师没能在活动中把握机会延伸开来，没能支持幼儿的进一步游戏。

2. 教师对建筑设计了解较少，如不同的建筑风格和建筑结构，建筑的连接、支撑、空间大小等，受教师本人知识体系的限制，活动没有继续深入开展。

（三）支持策略

1. 观察幼儿的游戏现状与游戏需要。教师观察幼儿的建构行为，对幼儿的已有经验进行评估，从而确定下一步应该采取什么样的指导以丰富幼儿的经验、发展幼儿的思维、实施个性化指导。

2. 关注幼儿的问题，设置问题情境。幼儿建构过程中往往意识不到自己搭建中的问题，教师可以通过提问帮助幼儿注意到问题，引导幼儿找到解决问题的方法，或通过设置问题情境向幼儿提出新的挑战。

3. 交流分享，提升游戏水平。教师借助多媒体设备，将活动中拍摄的照片和视频，用集体、小组、个别相结合的交流方式，让幼儿相互分享游戏中遇到的问题和搭建的经验。教师帮助幼儿总结出有用的游戏经验，以提升幼儿的游戏水平，推动游戏的深入发展。

（案例提供：广东省公安厅幼儿院　王京红）

大班建构游戏案例 "我们的地道"

一、户外建构区域基本情况

为了给幼儿充足的活动空间，教师把建构区设置在幼儿园操场上，投放各种形状的实木积木、塑料积木、软积木，同时操场附近摆放了多种体育自主游戏材料，供幼儿使用。

（一）材料投放

短两孔和四孔木板

长两孔和插接木板、短棍、不规则木块

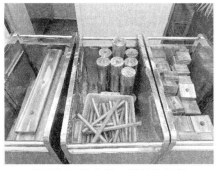

单孔和三孔木板、圆柱和长棍

拱门

鞋柜

高矮梯子

泡沫砖块

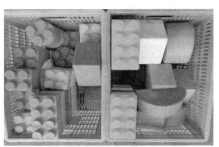

塑料积木

（二）环境创设

建构场地（幼儿园大操场）

墙饰创设

（三）幼儿经验

大二班共有 35 名幼儿，其中男孩 24 名。从小班开始，他们对建构活动就充满兴趣。幼儿基本能够认真观察感兴趣的事物特征，有一定的想象力和创造力，能够利用不同的建构材料呈现近期关注的事物，整体建构水平发展较好。幼儿目前已经掌握了平铺、延长、围合、搭高、连接、架空、插接、组合等建构技能，能利用建构物进行象征性游戏，能有意识地为建筑物命名，在游戏中能进行一定的分工合作。

但如果出现试验失败、作品坍塌的现象，幼儿大多会放弃继续尝试，或直接改变既定的建构目标。虽然喜欢组队合作搭建，但一出现意见不合、材料不够的情况就会不欢而散。另外，大部分幼儿会模仿别人的作品导致出现大量相似的建筑。

二、"我们的地道" 活动过程

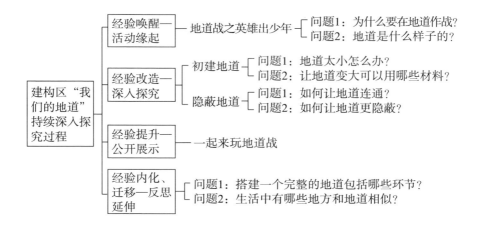

（一）经验唤醒—活动缘起：地道战之英雄出少年

问题 1：为什么要在地道作战？

幼儿探究实景

百年恰是风华正茂，稚子正当朝气蓬勃，讲好中国共产党的故事，是一种纪念，也是一种责任，更是一种使命。恰逢建党一百周年和国庆来临之际，社会上、幼儿园里营造了浓厚的红色文化氛围，孩子们在观看了《地道战之英雄出少年》后，对红军如何在地道里作战，如何搭建地道隐藏自己、保护百姓产生了浓厚的兴趣。

泽泽："原来地道战就是在地道里打仗。"

乐乐："地道的每个入口都很隐蔽，还可以搞埋伏。"

筱楠："地道里是连通的，我们可以打一枪换一个地方。"

芷谊："在地道里多开通风口，堵上门就可以排毒气。"

问题 2：地道是什么样子的？

教师："地道是什么样子的？我们可以在哪里搭建地道呢？"

在讨论交流中，幼儿对地道的形状、功能有了一定的知识储备，对地道战有了初步的认识。

教师的思考与支持

在建党一百周年的背景下，幼儿观看了《地道战之英雄出少年》后，对地道产生了兴趣。教师为幼儿提供交流的平台，幼儿在讨论交流中，对地道的形状、功能有了一定的了解，形成了初步的经验。在讨论的过程中，幼儿产生想要将经验转化为现实的想法，并唤醒了与积木建构相关的已有经验。

（二）经验改造—持续探究

1. 初建地道

幼儿探究实景

幼儿用木板连接出长长的地道，乐乐、泽泽、天浩、佳勖把木棍插在木板的孔里，说这是地道里的埋伏，敌人来到这里踩到埋伏就会被炸飞。木板连接处的尽头，翁翁和浩浩用拱门进行衔接，说拱门宽敞可以作为村民们的藏身处，并在第一个拱门处用塑料积木搭起了狙击台，八路军守在这唯一的入口，入口很窄，只要枪法准就可以守住地道了。

木板连接的地道图　　　　拱门连接的村民藏身处　　　塑料积木搭建的狙击台

活动后，幼儿自由分享活动经验。

乐乐："我们用木板连接地道，用木棍设置了埋伏。"

问题1：地道太小怎么办？

佳勋："我们的地道有点儿小，我都藏不进去。"

筱楠："地道都是木板拼的，所以大家拼的地道都一样。"

洋洋："材料不够，只能搭小地道。"

问题2：让地道变大可以用哪些材料？

教师："你们觉得需要哪些材料呢？"

天浩："我们可以用体育活动时的高矮梯子。"

新惟："还有垫子。"

佳勋："我想用轮胎。"

凡智："鞋柜可以用来做炮台，打一枪换一个地方。"

孩子们你一言我一语地聊了起来，教室里炸开了锅。

教师的思考与支持

幼儿把前期获得的"地道战"相关经验迁移至游戏中，将想法付诸实践。在地道搭建完成后，幼儿发现了地道空间狭小的问题，于是大家进行了讨论与交流，集思广益解决这一问题。在这一过程中，幼儿将地道的间接经验转化为真实的直接经验，并在发现问题、解决问题的过程中实现了已有经验的第一次改造。

在搭建过程中，教师发现单一的建构材料已经不能满足幼儿的需要，幼儿尝试利用操场附近的积塑和拱门,凸显了地道藏身处宽阔、入口有炮台防卫等特征。由于事先的商量不够充分,出现了材料短缺的现象,幼儿通过讨论达成了共识——利用更多的体育器械来补充木制积木。幼儿在游戏过程中能清晰明确地表达自己的想法,并阐述其前后逻辑关系,体现了幼儿的逻辑思维水平和语言表达水平都有了较好的发展。

在幼儿搭建的过程中,教师主要是观察者。而在幼儿的讨论中,教师是支持者,关注幼儿发现的材料问题,及时提问,促进幼儿思考选择哪些合适的材料加入建构游戏中,从而让地道更大、更逼真。同时也向幼儿传递材料大小直接影响作品大小的意识,拓宽幼儿选择材料的思路。同时,教师投放了更多的大型体育器械供幼儿探究。

2. 隐蔽地道

问题 1:如何让地道连通?

幼儿探究实景

上次的讨论后,孩子们有了明确的目标。洋洋、诗琪把垫子铺在地上作为根据地,芷谊、希希搬来 3 个鞋柜充当弹药库,一翔、小宝拿了很多圆柱体、正方体积木放到鞋柜的每一格里作为弹药,其他孩子也模仿建造了第二个弹药库。

第一个弹药库

第二个弹药库

看到大家忙于搭建弹药库，佳勋说："现在都不像地道了，好像在盖房子。"

于是他吆喝起来："大家跟我一起拿木板建地道呀！"

其他孩子开始用木板连接地道。没等大家把地道连接好，半小时的建构活动时间就结束了。

活动后，教师把俯瞰图发到电脑上供孩子们讨论。

最后作品俯瞰图

杰杰："你看，这是我们做的弹药库。"

洋洋："我们做的也是弹药库！"

乐乐："全都是弹药库了，而且挤在一起。"

佳勋："大家都在自己搭自己的，地道又窄。你们看，这条地道都没有连通，是一段一段的。我提醒大家才去连接，地道没连接完时间就到了。"

看俯瞰图反思

教师："我发现很多地方被堵住了，就算连接起来也无法通行。"

乐乐："那以后建完自己的弹药库，先不要做屏障，看看整体情况再动工。"

教师借助思维导图协助幼儿梳理问题：第一，炸药要分配好；第二，弹药库要分散；第三，先不要做屏障。

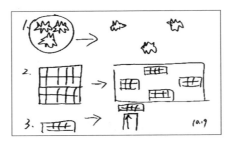

思维导图

午饭后的自由活动时间，孩子们在图画本上记录今天的建构活动。

| 记录1 | 记录2 | 记录3 |

教师的思考与支持

在本次活动中，幼儿搭建的目的性更强，合作更加流畅，作品更加大型，运用的材料更加丰富。幼儿与上次相比有了很大的进步，他们主要进行模仿建构，因此，搭建的关注点主要集中在弹药库上，他们搭建了几个相似的建筑。

当佳勋提出自己的建议时，教师趁机说出自己的发现，引导幼儿思考解决地道被堵的方法，并用直观的思维导图帮助幼儿梳理解决问题的步骤，促进幼儿批判性思维的发展。

教师借助俯瞰图，帮助幼儿形成对整体布局的认识，推动幼儿思考如何进一步深化合作。

在本阶段的探究过程中，幼儿对地道的关注点集中在弹药库上。在教师的引导下，幼儿发现地道的搭建需要整体布局。教师通过讨论和绘图的方式帮助幼儿梳理和复盘搭建过程中存在的问题，幼儿关于地道搭建的经验得以进一步改造和深化。小团体的合作导致幼儿扎堆搭建弹药库并停留在自己的小空间内不断完善，而忽视了原来的地道搭建。在游戏过程中，幼儿能够意识到自己遇到问题，并尝试自己解决或向同伴、教师寻求帮助，体现了幼儿的问题意识。教师也针对建构时间不足的情况，与其他班级协商延长建构时间。

问题 2：如何让地道更隐蔽？

幼儿探究实景

教师通过协商把建构活动时间延长至 45 分钟，并提供木架、梯子等材料。

佳勋："我看游击队挖的地道就像一个长长的山洞，小铁和妞妞都能藏到地道里，我们也要把地道遮起来。"

佳勋和芷谊带着其他孩子们把所有高低架子和梯子都搬到了操场上，他们先用梯子把高低架连接起来，然后一块接一块地用木板把梯子盖满。

佳勋："这样可以从头顶上遮挡自己啦。"

用长木板遮挡架子

教师提醒孩子们：“剩下最后 5 分钟。”

乐乐：“木架地道和木板地道没有连接，我去找木板。”

用木板连接架子和木板地道

聪聪：“木板地道没有可以躲藏的地方，不如加几个拱门吧。”

摆好拱门后，聪聪用木棍做了一个箭头的标志：“这边埋伏多，如果鬼子进来看到标志肯定以为往这边走，那就中计啦！”

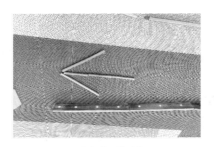

用木棍摆放路标

活动后，幼儿一边看作品照片一边讨论。

俯瞰图：初具雏形的地道

新惟："这次地道都连接起来了，而且变宽了。"

筱楠："地道路线多了，可以走左边也可以走右边，还可以藏在地道里。"

聪聪："还有路标诱惑鬼子，在地道里更安全了。"

教师用图夹文的方式与孩子们一起梳理经验，讨论如何使用材料把地道隐蔽起来。

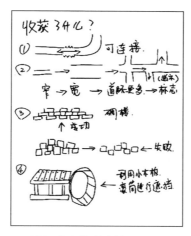

用图夹文的方式梳理经验

教师还针对发现的人员分工问题向孩子们提出问题。

教师指着图片问："大家看看，今天有多少人在砌弹药库呀?"

"1、2、3……13个。"孩子们回答。

新惟："只有我和妹妹、希扬3个人在搭建地道。"

天浩："我们应该先商量好再动工。"

泽泽："但是我们的设计图都不一样。"

教师提醒道："想一想，马队长他们有几张设计图？大家是怎么分工的?"

乐乐："我知道了，我们应该全班商量出一份地道图，然后选出一个队长带领大家。"

佳勋："或者大家提前认领一下自己想做的工作，像小铁、臭娃和妞妞那样。"

改良版的地道设计图在孩子们的讨论中诞生了。

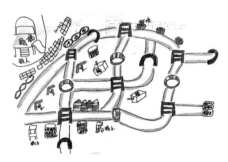

全体孩子商量后绘制的地道设计图

教师的思考与支持

在本次活动中，幼儿更关注地道的隐蔽性，他们利用各种材料和方式把自己躲藏在地道里，解决了地道的宽度和高度问题。幼儿在整个游戏过程中，不断调整、改变探究的方式以尝试解决遇到的问题。教师继续使用思维导图梳理幼儿搭建地道的收获，总结让地道更隐蔽的方法。当幼儿没有发现人员分工的问题时，教师使用照片点出问题，引发幼儿讨论如何合理分配人员提高效率。同时，教师针对本班幼儿的情况，采取以点带面的方法，着重肯定几个建构能力较强的幼儿（如乐乐、佳勋、聪聪等）的想法，然后在游戏中，充分发挥他们的带头作用，使全班幼儿在游戏中互相学习，互相提高。可以看出，幼儿经过三个阶段的持续深入探究，对地道的经验已经相当丰富，对地道基本特征的把握也进一步细化和清晰，搭建的地道也更符合真实的地道特点，幼儿关于地道的经验得以改造。

（三）经验提升—公开展示：一起来玩地道战

幼儿公开展示实景

搭建地道前，孩子们先看设计图回忆分工情况，有的孩子搬架子，有的将轮胎叠高，有的砌碉楼，有的设置陷阱，有的做路标迷惑鬼子，有的用木板进行连接，大家分工合作，井然有序，很快就把地道建好了。

看设计图讨论分工

地道俯瞰图

活动结束了，幼儿不但成功搭建了地道，还与同伴玩起地道战的游戏。

佳勋兴奋地大喊："我是中国人，中国永远胜利。"

泽泽："对，日本人不可能赢中国人的。"

秋天，幼儿园的沙水区开始围蔽施工，出于安全考虑，为期一个月轰轰烈烈的地道搭建活动落下了帷幕。孩子们都期待着来年春暖花开，沙水区装修好后到沙池里挖地道，用不同的形式向革命先烈的智慧结晶致敬！

教师的思考与支持

经过一系列持续深入的探究活动，幼儿关于地道和搭建地道的经验已经相当丰富，从扩建地道、连通地道到隐蔽地道，幼儿对已有经验的提取和运用也更加灵活。在搭建完成后，幼儿在地道战这一情景中，想象力和创造力得到了激发，通过语言表达、肢体动作、角色扮演进行即兴表演和游戏，充分调动并灵活运用了已有经验。在同伴间的思维碰撞、交流表达中，幼儿进一步整合运用了地道战主题中的相关经验，积木建构的相关经验也得到了提升和发展。

（四）经验内化、迁移—反思延伸

问题1：搭建一个完整的地道包括哪些环节？

活动延伸实景

孩子们将自己活动过程的全部讨论和记录整理在一起，他们发现要做出一个好玩的地道，需要在建构之前计划，并绘制设计图，将设计图完善后再开始动工。因此，教师帮助孩子们将探究的轨迹充分展示出来，孩子们也把自己在区域内完善的设计图一一呈现出来。

问题2：生活中有哪些地方和地道相似？

幼儿活动实景

"我发现停车场和地道有点像。"

"我觉得地铁的通道也有点像地道。"

"对，它们都是在地面下的。"

"我们下次可以搭建一个地下停车场，还可以在停车场里停坦克，这样敌人就发现不了我们的坦克啦！"

孩子们在反思讨论过程中，发现了生活中也有很多地方和地道相似，于是，教师趁机提出"除了这些，我们生活当中还有哪些地方和地道有点相似呢？"孩子们纷纷回到家中和爸爸妈妈一起去参观了地铁

分享展板

博物馆、地道博物馆等。

教师的思考与支持

经过一系列的探究活动，幼儿的经验得以巩固和发展，并向更高层次的表达和创造迈进。幼儿经验的迁移伴随着活动开展的全过程。幼儿在视频中看到的地道，以及通过大家讨论地道所获得的经验，转化为积木搭建出来的地道，而每一阶段的经验又在上一阶段的基础上发展。

此外，在活动期间和活动结束后，家长带幼儿参观地铁、地下停车场、地下商场等场所，让幼儿知道现在的地铁隧道、地下商场和停车场也是地道的现代展现。有条件的家庭还可以去参观地铁博物馆、地道博物馆等。家园合作也使幼儿在"我们的地道"活动中获得的经验在日常生活中得以迁移和扩展。

三、"我们的地道"活动评价

基于幼儿深度学习的定义，结合大班幼儿建构游戏的特点，本案例呈现了幼儿在建构游戏中螺旋上升、循环往复的深度学习过程。在这个过程中幼儿选择感兴趣的建构目标，在完成建构目标的游戏过程中，当面对有难度、有挑战的建构问题时，幼儿主动地或是在教师的支持下、同伴合作中，积极地应用与当前游戏情境相关的已有知识经验，批判性地选择合适的建构材料，专注地运用多种建构技能不断探究与尝试，最终对完成的建构作品进行反思与评价。幼儿在对建构作品进行反思与评价的过程中，制定更完善的建构计划，确定更具有挑战性的建构目标，从中可以看出，前一次的建构游戏成果可以作为幼儿下一次建构游戏的起点，幼儿再在此基础上发现问题、解决问题。

（一）幼儿的发展

在不断解决问题的过程中，幼儿得到了多方面的发展，切身体验到搭建地道不是一件容易的事。在探究的过程中，幼儿先后遇到了不同的问题。面对问题，幼儿完整地经历了"问题情境—发现问题—解决问题—迁移运用"的探究过程。他们不仅解决了问题，更掌握了科学探究的方法。

不断发现问题、解决问题的过程，引领着幼儿积极主动地建构新知识和新经验，并将这些知识经验纳入原有的认知结构、迁移到新情境中以发展其问题解决能力。这不仅提高了幼儿的动手能力、合作能力和创造力，还培养了幼儿积极主动、认真专注、善于坚持和及时反思的良好学习品质。这也是幼儿连续一个月兴致勃勃、不畏困难地投入地道搭建的关键所在。

（二）教师的支持

为了满足幼儿搭建地道的强烈需求，教师主要提供了以下四个方面的支持。

第一，根据需要投放开放的低结构材料，让幼儿有自主选择权。一开始，幼儿只是使用常规的木板进行建构，随着对地道的深入理解，为了能建构出能打能藏的地道，教师引导幼儿使用操场上的各种材料，并根据活动需要自主选取。

第二，创设宽松的环境，让幼儿自由探究。由于每个班对操场的使用时间有限，为了满足幼儿的建构需求，教师通过协商争取充足的活动时间和空间，在长时间持续的游戏中，使幼儿有机会不断深入探究和创造。

第三，始终做一个观察者，在幼儿需要时及时提供帮助。在活动中，将活动的主动权归还幼儿。

第四，组织交流和分享，助力幼儿发展。幼儿建构活动结束后，教师通过照片引导幼儿讨论，这个过程既能帮助他们梳理经验，获得成功感，又能引发他们的进一步思考和讨论。

（三）调整与延伸

1. 活动创设

地道战建构活动需要足够的时间和空间，长期借用其他班的场地并非长久之计，刚好大一班提出了一起活动的意愿，因此，下阶段将尝试同级建构。接下来，可以不断丰富幼儿对建筑物及相关事物的认知，支持积极探究，丰富建构主题；借助设计图或游戏计划，进一步增强幼儿做事的目的性，鼓励他们分工合作；对单元积木进行深入研究，与幼儿探讨搭建的经验和技巧，不断积累建构经验；当幼儿生发出更加宏大的建构主题时，适时鼓励他们尝试用大型积木在户外空旷的场地上进行搭建。

2. 环境创设

将幼儿的活动过程图片打印出来，分类整理展示，记录幼儿的学习与思考过程，帮助幼儿梳理和提升经验。这些图片还可以作为语言讲述的素材，提供交流的媒介。操场上持续投放纸箱、鞋柜等材料，支持幼儿的自主活动。

3. 家园共育

可以将幼儿的活动过程制作成美篇发到班级群进行分享，邀请家长代表入园和幼儿现场互动，听幼儿现场分享活动故事。

此外，还可以让家长带幼儿参观地铁、地下停车场、地下商场等场所，让幼儿知道现在的地铁、地下商场和停车场也是地道的一些用途。有条件的家庭还可以去参观地道博物馆和地铁博物馆等丰富幼儿的相关经验。

（案例提供：广州市荔湾区协和幼儿园　刘小圆）

第六章

角色区活动中
幼儿深度学习的教育支持

角色区是幼儿开展角色游戏的场所。角色游戏是幼儿通过扮演角色，模仿、想象，创造性地反映现实生活的一种游戏。① 在不同主题的角色游戏中，幼儿充当着不同的角色，不同的角色有着不同的身份，不同的身份有着不同的表现，如语言、动作、形象等，这些不同角色的扮演呈现了幼儿对未来社会角色身份的初步体验。在角色游戏中积极运用深度学习的教育策略，引导幼儿在生活和角色游戏的真实情境中扮演不同的角色，主动参与游戏设计，不断提升语言、社会、艺术等多个领域的素养，发展幼儿的想象力与解决问题的能力。运用深度学习推进幼儿角色游戏对于幼儿想象力、思维能力、合作精神、解决问题的能力和积极情感等多方面的发展有着重要作用，能够使幼儿获得多个领域的关键经验。

第一节　角色区幼儿深度学习的关键经验

角色区中的关键经验来源于社会领域，并且综合了五大领域的关键经验。《指南》指出，社会领域的学习与发展过程是幼儿社会性不断完善并奠定健全人格基础的过程。人际交往和社会适应是幼儿社会学习的主要内容，也是其社会性发展的基本途径，实质在于促进幼儿的社会化，形成良好的社会性与个性。幼儿在角色游戏中通过全感官的参与体验，积极且充分地探究实践，习得所在社会群体认可的价值观和行为方式，逐渐完成社会化的过程。幼儿深度学习是幼儿对学习对象不断探究和自我感知的过程，角色区为幼儿深度学习提供真实的体验式场景，促进幼儿角色游戏中深度学习的发生发展，更好地获取社会经验，二者相辅相成。

根据角色区对幼儿发展的独特性，本章将角色区的关键经验划分为信息交流、社会规则和角色意识三个维度。

---

① 邱学青. 学前儿童游戏［M］. 南京：江苏教育出版社，2005.

一、角色区幼儿深度学习关键经验的主要内容

（一）信息交流

幼儿的知识源于自身的经验和感受，在交往中，能够利用自身的经验和感受与他人进行分享交流，在参与中感受自己的主体性。

（二）社会规则

在与人交往的过程中，了解人与人之间交往的社会规则，与周围的人、物、环境等建立和谐的关系，喜欢并适应群体生活，遵守基本的行为规范，在掌握游戏规则中掌握社会规则。

（三）角色意识

利用生活经验和角色游戏，了解与自己关系密切的社会服务机构及其工作，了解工作人员的劳动，形成角色意识，主动创造角色情节，推动游戏发展。

二、角色区各年龄阶段幼儿深度学习的关键经验

不同年龄段幼儿的身心发展水平与知识经验存在差异，因此，角色游戏水平也存在差异。

小班幼儿以无意注意为主，认知处于前运算阶段的初期，思维更多依赖于动作和具体物体，因此，在角色游戏中，小班幼儿多为单独游戏和平行游戏，呈现出角色意识差、喜欢重复已有动作图式、主题简单、情节单一、依赖具体操作材料、受同伴影响大、易将游戏情节与现实世界混淆等特点。

中班幼儿有意注意有所发展，注意的稳定性提高，认知范围扩大，

思维的直观形象性增加，想象力活跃而丰富，因此，在角色游戏中呈现出有意识地选择角色、有角色意识、能安排游戏情节、喜欢结伴玩耍等特点。

大班幼儿的认知、情感和社会性等有较大发展，现实生活经验更丰富，对社会生活和周围的人与事物的认识愈发深刻，同时有意注意、语言能力、社会交往能力发展较为快速，因此，在角色游戏中呈现出关注角色行为是否符合游戏规则、游戏主题明确、情节内容丰富、想象力和创造力丰富、喜欢合作游戏等特点。

（一）3—4 岁关键经验

1. 信息交流

（1）喜欢观察并模仿生活中常见的人物角色与生活场景。

（2）喜欢与同伴一起游戏，体验与同伴共同游戏的乐趣。

（3）乐于分享自己的生活经验和感受。

2. 社会规则

（1）在教师提醒下能遵守游戏规则，不乱扔、不损坏玩具，知道物归原位。

（2）学习模仿生活中的角色，掌握初步的社会经验及知识经验。

（3）学习使用礼貌用语进行交往。

3. 角色意识

（1）能从简单的动作模仿到有意识地进行角色扮演，具有初步的角色意识。

（2）能根据自己的兴趣主动选择并利用材料开展游戏，有较多以物代物的行为。

（3）游戏有简单的情节，能够基本围绕主题情节开展游戏。

（二）4—5 岁关键经验

1. 信息交流

（1）喜欢参与角色游戏，能比较投入地参与角色游戏。

（2）具有初步的合作游戏意识，喜欢与同伴沟通，能尝试通过协商、妥协等方式解决游戏中的问题。

2. 社会规则

（1）有一定的规则意识，能遵守游戏主题中的规则。

（2）爱惜玩具，游戏后能主动归类、整理玩具。

3. 角色意识

（1）能按照自己的意愿独立提出游戏主题，不断拓展游戏主题和情节；逐渐建立起与同伴商量、共同确定游戏主题的意识；游戏过程能基本围绕主题开展。

（2）有较强的角色意识，游戏过程中能运用语言、表情和动作表现角色，能有意识地代入角色。

（3）能有目的地选择材料，有较高的创造性使用材料的表现。

（4）比较主动地创造游戏情节，推进游戏开展；游戏情节相对丰富。

（三）5—6 岁关键经验

1. 信息交流

（1）能主动投入角色游戏，能较长时间在沉浸游戏中，感受游戏带来的快乐。

（2）游戏过程中能主动与同伴交流、多方互动，在确定主题、分配角色、设计情节、遇到问题等方面，能听取同伴想法，主动沟通、协商，较快地解决问题和纠纷。

2. 社会规则

（1）能与同伴一起建立游戏规则，并自觉遵守。

（2）能快速地归类、摆放玩具和整理游戏场地。

3. 角色意识

（1）能与同伴协商，共同确定游戏主题，游戏过程中主题明确而稳定。

（2）有明确的角色意识，能把自己对角色的观察与理解融入游戏；能以扮演的角色身份在游戏中积极地与其他角色自如地互动。

（3）能有意识地设计比较丰富的游戏情节，在遇到问题时，能与同伴一起尝试解决问题，创造新的情节，推进游戏发展。

（4）能围绕主题有目的地选择材料，能根据游戏需要，自如地、随机地利用身边的物品开展游戏。

第二节　角色区促进幼儿深度学习的环境创设与材料投放

一、环境布置

幼儿园角色区是角色游戏开展的主要场所，角色区良好的物质环境建设与氛围营造能有效吸引幼儿主动参与角色游戏，在自主活动中充分发挥想象力、思维力、创造力，想方设法扮演好自己的角色，同时在与同伴的互动中，利用周围的物质条件对角色形象与角色行为进行有意识的再造，得到更深层次的角色体验。促进幼儿在角色区的深度学习要从幼儿关键经验的获得出发，以幼儿的视角对待区域环境的创设。同时，教师还应尊重幼儿的选择与想法，将角色区环境创设作为幼儿角色游戏的重要组成部分①，让幼儿参与游戏环境的创设，充分发挥幼儿的自主性，师幼共同完成角色区环境的创设。

---

① 何敏. 从游戏之外到游戏之中：将角色游戏环境纳入幼儿游戏的行动研究［D］. 长沙：湖南师范大学，2014.

（一）空间规划

1. 确定空间布局主题与内容

幼儿园班级的角色区多以娃娃家、美发店、美食街、厨房等为主，这些主题大多依据幼儿经验而设。角色区环境创设要尊重幼儿，回归幼儿经验，体现幼儿的主体地位。[①] 空间主题的选择要根据幼儿的实际需求，而不是跟风设置主题，也不是程序化地设置主题，这容易使环境成为一种"摆设"。教师要善于在幼儿的日常生活中发现幼儿的兴趣点，引导幼儿发挥想象力，提出有创意的游戏主题以及感兴趣的内容[②]，如烘焙房、电影院、医院、消防局、图书馆、游客服务中心等，可以摆脱惯常的角色游戏主题限制，激发幼儿在本区中的深度学习，以拓展游戏的广度和深度。

即使是同一主题的角色游戏，小班、中班、大班幼儿也有着不同的认知体验，其内容也可以有很大差别。在做空间主题的规划时，教师要多听本班幼儿的"心声"，选择幼儿有强烈参与意愿的主题与内容，这样幼儿才能更加专注地投入角色活动，更好地促进幼儿语言、思维、社会性等方面的发展。

角色游戏涉及的主题很多，教师可以根据本班的空间情况，结合幼儿生活经验随机产生若干个主题区域，在一定时间段内，选择性地安排1—4个主题区域供幼儿选择。娃娃家是幼儿普遍喜欢的游戏主题，当游戏主题有两个以上时，娃娃家可以作为基本主题区域。

2. 合理规划与利用空间

空间不足是区域环境创设的普遍问题，教师要最大化利用区域活

---

① 许晓媛. 幼儿园角色游戏区环境创设的实践研究 [J]. 试题与研究，2021（30）：161-162.

② 王燕. 主题背景下区域游戏活动的优化对策 [J]. 学前教育研究，2019（5）：81-84.

动场地以促进幼儿的自主学习。① 在对教室进行区域划分前，教师要先考虑好区域游戏和角色游戏的数量与内容，进行合理、科学的划分，满足幼儿对边界感的心理需求，给幼儿活动的安全感。

幼儿对角色区空间大小的需求与游戏主题关系密切。如，消防局、公安局等主题需要较大的空间供幼儿接电话，停消防车、警车，开展消防演习、警察抓坏人等活动。在游戏过程中，肢体动作幅度比较大，因此，在设置此类角色区时，不能因为空间的限制而忽略了幼儿游戏的需求，要尽可能地给幼儿创造空间条件。在有此类"大型"角色游戏时，可减少主题角色区，也可临时"征用"其他区域。

创造条件有效利用空间是解决游戏空间不足的重要途径，可以将区域内容与角色游戏相关的内容进行合并。如，娃娃家和生活区有联系，可以将其合并；鲜花店与美工区的活动有联系，可以将其合并。另外，教师还可以打破现有空间条件的限制，合理开发公共区域，如教室外面的走廊、拐角等，也可以打破班级甚至年级的界限，交换角色区进行活动，实现游戏资源的共享，拓宽幼儿的活动空间。

（二）空间装饰

1. 以幼儿的审美视角选择色彩与装饰元素

角色区的整体环境布置要符合幼儿的审美观。在对角色区进行布置前，可以先请幼儿描述自己想要什么样的角色区；然后，教师根据幼儿的描述进行整理，如喜欢什么颜色、有哪些装饰元素的诉求；最后，教师将总结出的方案与要求告诉幼儿，让幼儿一起参与，进行环境布置。

以娃娃家为例，教师可以让幼儿描述"你喜欢的家是什么样子的"，幼儿可能会说"我喜欢的家里摆满了五颜六色的小花""有好多

---

① 孙延永. 促进幼儿主动学习的区域活动环境创设 [J]. 陕西学前师范学院报，2017（7）：38-42.

好多的小气球""挂满了彩色的小星星""粉色的，像公主的城堡"等。教师可以根据幼儿的描述，判断幼儿的已有经验，用语言或者图画给幼儿勾画出本班娃娃家大致的形象。然后，教师鼓励幼儿动手为自己的娃娃家寻找、制作装饰品，可将幼儿的照片、图画等挂在墙上，可将幼儿制作的星星、月亮挂在家上方的天空中，在家的四周悬挂五颜六色的气球，在桌上摆放幼儿制作的花束……

从幼儿的审美视角出发，幼儿喜欢的颜色普遍是鲜艳明亮的，对红色、绿色、橙色、黄色等更为偏爱；幼儿所喜欢的形状多是圆润的，样式小巧的。在角色区的环境布置中，要充分考虑颜色、形状等对幼儿情绪的影响，装饰出具有情景性的区域氛围。

2. 以幼儿的想象布置有创意的空间环境

角色区的主题是丰富的，不同的游戏主题给每名幼儿不同的想象空间，教师在对角色区进行主题布置前，可以耐心地引导幼儿展开想象，寻找别样的空间环境创意。

在烘焙房的环境布置创意讨论会上，有的幼儿提出了动物烘焙房的创意，让每一个烘焙师都戴上动物面具，让每一个用具都是动物的造型，让每一个烘焙出的作品都是动物的形状，烘焙房的所有布置都要跟动物有关。当有幼儿提出这样的创意时，其他幼儿都加入了动物烘焙房的讨论。

在同一个主题中，幼儿还会提出不同的创意。如在烘焙房主题中，幼儿还会提出太空烘焙房、机器人烘焙房、绿色烘焙房等创意。幼儿的想象是没有边界的，当幼儿展开想象的翅膀，那是一个令成人眼花缭乱的世界。教师要尊重每一名幼儿的想象，肯定每一名幼儿想象的成果，采取幼儿可接受的方式确定最终的方案，如抽签、举手表决等。

3. 以方便幼儿收纳、整理，布置整洁的空间环境

角色游戏结束后收纳、整理所用玩具不仅是教师对幼儿的要求，而且是幼儿生活习惯养成的机会。幼儿都喜欢整洁干净的环境，但是，如果角色区的收纳功能不合理或者不足时，幼儿很难凭自己的力量去

解决收纳问题，可能会对是否整理和如何整理感到无所适从，或者无法将材料匹配进相应的收纳架（收纳柜、收纳盒）里，这样的游戏后体验不仅会降低幼儿在游戏过程中获得的愉悦体验，而且，由于学前期是儿童秩序感发展的敏感期，也会影响幼儿秩序感的建立。

角色区要根据游戏材料的投放与需求配置适当的收纳用具与收纳空间，既不能不足也不宜超出太多，超出太多会降低幼儿收纳难度，同样不利于发挥幼儿的能力。收纳架、收纳柜、收纳盒等的摆放要科学合理，要适合幼儿的身高，与相应材料所处的位置应在合理的范围内。

二、材料投放

（一）角色区材料投放的原则与策略

游戏材料是角色游戏得以进行的前提，幼儿通过游戏材料的使用表现游戏中角色的特色和动作行为，与同伴进行互动。[①]

1. 投放丰富新颖的材料

幼儿普遍喜欢丰富新颖的游戏材料。丰富的材料，如"树上有很多水果""花园里开了很多花""公安局有很多警察"等。"新颖"的材料，如"这朵花好漂亮啊，我从来没见过""那里藏着很多我们没有见过的宝贝""每一个人都有一件奇怪的兵器"等。幼儿对于材料的期望值较高，当游戏材料能较好达到幼儿的期望值时，幼儿内心的满足感会更强，更能产生开展角色游戏的愿望。

2. 投放完整的材料

完整的材料不只是外形的完整，这是投放材料的基本要求。材料还要保障游戏过程的"完整"，能使幼儿保持兴趣将游戏"进行到底"。[②]

---

① 杨莹. 幼儿园区域游戏中材料投放的策略探究 [J]. 新课程, 2021 (42): 102-103.
② 叶明芳. 促进幼儿与材料互动的主题环境创设 [J]. 学前教育研究, 2017 (2): 70-72.

幼儿在角色扮演的过程中，对同样的角色有不同的理解，所需的材料也会有所不同。在规划材料投放的过程中，教师可以先听取一些幼儿对不同角色的不同理解，给幼儿准备必需材料和一定的可替代材料。如，一个扮演妈妈的角色，有的幼儿想做一个直发的妈妈，有的幼儿想做一个卷发的妈妈，对头发的颜色也有要求，在投放材料时，可以尽可能多地收集几个头套，给幼儿准备可洗掉的彩色染料染发。又如，当幼儿在角色扮演过程中，对自己的角色突然有了新的想法，要给自己的角色"加点料"，他可以在备用材料中找到或者是形状，或者是颜色，或者是功能可以替代的物品，如以一把大直尺代替一把刀。

3. 同一主题角色游戏投放不同的材料

同一主题角色游戏，不同年龄段的幼儿都会玩得不亦乐乎，同一名幼儿也愿意对同一角色进行多次扮演，这是因为他们在角色扮演的过程中，不断产生新的经验，有了更深层次的角色认知，也在与同伴的互动中，不断碰撞出新的想法。基于此，角色区游戏材料的投放不能一成不变，要根据幼儿的年龄特点与不同需求及时增减与更换材料。

如"医院"这一角色区，对于小班幼儿，可能一个病房就够了，只需要几件白大褂、几个听诊器、病床（或者座椅）、注射器（无针头）。到了中班、大班，就可能要变成"大医院"了，要有挂号处、门诊、收费处、治疗室、药房等，各处各室所需的材料就更丰富多样了。

同一主题游戏多次进行时，每名幼儿每次选择的角色可能不一样，也有幼儿会固定选择同一个角色。但每名幼儿对不同的角色有不同的认知，会有不同的材料需求；同一名幼儿在下一次进行同一角色的扮演时，对材料又会产生新的需求。这也是角色游戏吸引幼儿的魅力所在，教师要善于观察幼儿对材料的需求，给予及时的满足，使游戏顺利进行，从而从多角度激发幼儿的潜能，全面发展幼儿的综合素养。

（二）角色区材料投放的类型与种类

在角色区中，幼儿游戏的主题、内容以及所扮演的角色都是源于他们熟悉的生活。如，在家庭生活类的娃娃家中，幼儿扮演爸爸、妈妈和孩子；在社会生活类的商店、超市、医院等中，幼儿扮演老板、顾客、医生和病人等；在舞台表演类游戏中，幼儿在区域里面变装，表演唱歌、演奏乐器等。

1. 家庭生活类

幼儿通过家庭生活在幼儿园中的再现，从熟悉的生活中迁移学习经验，理解角色特征，释放情感表达，加深对生活的理解。这类游戏材料主要是还原家庭生活中的材料，如家具、电器以及家庭成员的装饰物品等。

2. 社会生活类

社会生活是幼儿日常必不可少的生活场景，系列的社会场景能帮助幼儿学习人际交往和社会适应。这类游戏材料主要是还原社会场景，如商店、超市、饭店、商场等，并配以相应的游戏材料。

3. 舞台表演类

舞台表演类游戏是培养幼儿自尊、自主、自信的重要途径之一。幼儿通过精心打扮，运用语调、表情、动作去表演，增强表现力，积极主动地与同伴交流、协商、合作、交往，在积极健康的人际关系中获得安全感和信任感。这类游戏材料主要是表演的各种道具，如各类服装、头饰等。

（三）角色区材料投放的举例

1. 娃娃家等家庭生活类角色区

（1）背景材料：背景板、地板、沙发、桌椅、电视机、食材架、冰箱、微波炉、电饭锅、小床、储物架、灶台等。

（2）道具材料：动物玩具、植物、安全剪刀、喷壶、果盘、纸巾、遥控器、吸尘器、人物角色道具、食材、餐具、锅具、电磁炉、刀具、砧板、娃娃、奶瓶、小被子、娃娃推车、熨斗、衣服、化妆品等。

2. 超市、饭店等社会生活类角色区

（1）背景材料：背景板、收银台、加工间、外卖部、餐厅、餐桌、餐椅、购物车等。

（2）道具材料：厨具类、刀具类、餐具类、茶具类、各类食物（如包子类食物、点心类食物、肉类食物等）、服务员服装、收银台、打包盒、打包袋、收款二维码、餐牌。

3. 剧场等舞台表演类角色区

（1）背景材料：表演舞台、化妆柜、区角材料柜、化妆架、背景板、服装架等。

（2）道具材料：木偶、纸偶、手偶、指偶；各类角色表演的服装、头饰、假发、道具制作的道具材料、挂衣架、话筒、摄像机、辅助表演的音乐、绘本、连环画、海报、剧照、节目单等；美工制作材料。

第三节　角色区促进幼儿深度学习的教师观察与指导策略

《指南》指出，教师需要鼓励幼儿自主决定，独立做事，增强其自尊心和自信心，让幼儿具有自尊、自信、自主的表现。角色游戏是幼儿较喜欢的一种游戏，是进行深度学习的有效途径，同时也是较难"玩好"的一种游戏。这是由于幼儿缺乏生活经验，对于不同社会角色，如医生、消防员、交通协管员等的行为、语言和社会职责不是很了解，因而难以掌握所扮演的社会角色。每一名幼儿的生活经验、能力各不相同，要提升幼儿的游戏"成果"，使幼儿将角色游戏玩得越来越好，教师需要用自己的慧眼"扫描"游戏过程中的每一个细小之处，"该出手时出手""该出口时出口"，及时引导幼儿在自主游戏中完成每一个游戏环节，扮演好自己的角色，使幼儿充分、自由地发展①，达

---

① 王晓红. 区域游戏中教师的指导策略［J］. 成才之路，2015（2）：89.

成深度学习的目标。

一、角色区活动前

（一）观察幼儿的兴趣点，指导游戏主题与内容的生成

成功来源于兴趣，兴趣来源于生活。每个人都喜欢做自己感兴趣的事，幼儿更是如此。在角色游戏中，如果幼儿不是带着兴趣参与，就会丧失主动性与积极性，即使教师将任务布置给幼儿，幼儿也往往难以坚持，多半会半途而废，甚至还没有开始就已经结束。

要使幼儿以十足的兴趣参与游戏，首先就要选择幼儿感兴趣的游戏主题。教师不能想当然地认为幼儿会对什么主题感兴趣，对游戏主题与内容的确立要有依据，这个依据就是幼儿的兴趣。教师要在幼儿的日常生活中留心观察他们的兴趣点。

琪琪闷闷不乐的快一个上午了，谁找她玩她都不怎么搭理。

教师走过去，搂着琪琪关切地问："琪琪，你怎么了？"

"奶奶生病了。"说着，琪琪的眼泪都掉下来了。

"哎呀，琪琪的奶奶生病了，怎么办呀？"一旁的梦梦叫起来了。

"要给奶奶吃药呀！"

"不对，奶奶病得那么重，要打针的。"

"要送去医院。"

……

听着孩子们争先恐后地出主意，教师提议："今天我们的娃娃家游戏就玩'奶奶生病了'，好不好？"

孩子们齐声答："好！"

角色游戏的主题与内容往往是幼儿所处实际生活的反映，教师要在幼儿的实际生活中带着一双发现的眼睛，用智慧引导幼儿玩喜欢的游戏，在喜欢的游戏中学会思考、学会交往、学会生活。

（二）观察幼儿的行为习惯，指导游戏规则的制定

规则是社会意识的反映。角色游戏是对社会生活的模拟，反映一定的社会价值取向。幼儿正处于规则意识的萌芽期，自我中心思维特征较为明显，在角色游戏中培养规则意识、形成对错观念有助于幼儿良好行为习惯的养成。

教师在日常生活中要注意观察幼儿的行为习惯，针对幼儿行为习惯的特点引导幼儿在角色游戏中以游戏规则来深化日常行为规范。如，在午睡时，有些幼儿睡不着就会大声找人讲话，教师请大家说说听到有人大声吵闹是什么感觉。

"太吵了，吵得我睡不着觉了。"

"这么吵会听不到老师说话的。"

多数孩子对大声吵闹有意见，反感。

教师借此问："我们在什么时候、在哪些地方不应该大声吵闹？"

"爸爸妈妈睡觉时不能吵闹。"

"老师上课时不能吵闹。"

"在医院里看病人时不能大声吵闹。"

"在超市排队时不能吵闹。"

……

幼儿说了很多不能吵闹的地方，这些正是相应的角色游戏规则所在。在制定角色游戏规则时，教师要引导幼儿将这些内容纳入游戏规则。如"小小理发店"角色游戏规则中就包含公共场所不喧哗吵闹的规则。

理发店收银员一名，洗头工一名，发型师两名；

收银员负责收取费用，洗头工负责帮顾客洗头，发型师负责设计发型、剪发；

顾客到店后要排队，坐在椅子上等待；

所有人员轻声说话，东西轻拿轻放；

理完发付钱，收银员收钱；

游戏后物品摆放整齐。

（三）观察幼儿的生活经验，指导角色的认知与理解

幼儿限于生活经验，对许多角色的认知达不到相应的程度，理解角色有一定难度。如，在幼儿的经验中，警察是抓坏人的，还管理交通安全，这是在他们的生活经验中能够感知到的，他们感知到的这种职业认知虽然特征明显，但较为浅表。教师要引导幼儿认识警察这个角色的多面性，不只是抓坏人，还会维护社会治安的各个方面，他们的工作是随时都要听候召唤，不同的警察有不同的任务，还有负责通信技术的、鉴定工作的、管理户籍的等。

幼儿如果对角色的认知与理解始终停留在自身的现实体验层面，在游戏中扮演的角色就会缺乏丰富性，对情节的设计也会简单平淡。角色游戏的目的是引导幼儿逐步深入生活、体验情感，教师对幼儿的角色认知与理解起着举足轻重的作用。

二、角色区活动中

（一）观察幼儿情绪状态，化解游戏中的同伴矛盾

幼儿由于年龄小，通常以自我为中心，不善于与同伴进行沟通，当矛盾发生时，幼儿难以自己解决，常常各有各的道理。

对于这种同伴间发生的矛盾，教师经常不清楚矛盾是如何发生的，因为教师无法时刻将注意力放在每一名幼儿的身上。幼儿的情绪大多表现在脸上，教师很容易发现幼儿情绪的异常。当幼儿情绪异常时，教师要巧妙介入，安抚幼儿，将幼儿的情绪调整到正常状态，引导幼儿针对问题进行协商，使游戏不因同伴矛盾而结束。

教师的介入，要尊重和理解幼儿，不能因为安抚情绪不好的幼儿

而影响同时游戏的其他幼儿，要以不影响幼儿的活动为前提。

（二）观察幼儿游戏活动，导正游戏方向与进程

幼儿注意力集中的时间短，且不稳定，遇到新鲜的事物就会被吸引，不断转换注意对象，所以，幼儿游戏的随意性较强，年龄越小越随意。为了使角色游戏善始善终，在幼儿进行角色游戏的过程中，教师要密切观察幼儿的活动表现，如是否忘记了自己的角色或者进入了同伴的角色，是否已经偏离了游戏内容，是否扰乱了游戏的规则等。当发生上述这些情况时，教师应在不知不觉中将幼儿带回游戏。

（三）观察幼儿游戏需求，预设与投放材料

幼儿想象力丰富，思维没有定式，在进行角色游戏时有很强的随机性，经常会临时起意，改变角色的形象与行动方式，使故事走向未知的情节，这也是幼儿创造性的一种体现。教师一方面要引导游戏顺利推进，另一方面要保护幼儿创造力的发展。教师应留心观察，根据幼儿对形象的再造与情节的再设计预设游戏的发展，观察游戏前投放的材料是否满足幼儿角色的新需求，是否满足情节的变化，及时投放相应的游戏材料，如果游戏前没有对所准备的材料做出太多预设，也应投放丰富的可替代材料。

（四）观察幼儿游戏能力，帮助幼儿渡过"难关"

幼儿各种能力尚处于较低水平，当遇到困难时，常常无法自己独立解决，他们可能选择停在原地，也可能选择放弃。无论是哪一种，都会导致游戏体验感降低，教师的观察不仅要用眼睛，还要用耳朵，更要用心，越早发现，越早协助幼儿闯过"难关"，越能保持幼儿持续游戏的兴趣与动力。

三、角色区活动后

（一）观察幼儿的材料整理情况，引导幼儿建立良好的秩序感

角色游戏结束后，教师要引导幼儿对材料进行整理，物归原位。有些幼儿做得又快又好，有些幼儿却磨磨蹭蹭，有些幼儿的整理结果可能不尽如人意。教师要观察幼儿的整理过程，尤其要重点观察有整理难度的幼儿，通过语言指导，必要时动手指导，一次一次地，耐心地帮助幼儿建立良好的行为习惯。

（二）观察幼儿游戏后的状态，给予幼儿积极评价

在结束角色游戏后，有些幼儿会马上投入其他游戏，有些幼儿会跟同伴交流游戏心得，如"我今天当厨师忘记做好吃的肉松饼了！""下次我要准备一把手枪来对付坏人。""我还是更想当医生而不是当病人。"等。

对于幼儿游戏后的情绪、语言表达等教师要给予及时的回应，如"忘记做松果饼的小厨师今天不是做了好吃的水果蛋糕吗？""你今天已经演得很好了，下次老师会记得给你一把手枪，你会演得更好。""这次当病人，下次可以当医生啊。"教师的回应要让幼儿感受到教师的肯定和关注，产生对游戏的期待。

除了回应幼儿，教师还要对游戏中的每一个角色给予积极评价，并给予适当形式上的奖励。

第四节　角色区幼儿深度学习的教育支持案例

小班角色区活动"叹茶啰"

一、幼儿发展分析

　　小班幼儿刚进入幼儿园，经过两个多月的适应，他们能基本遵守集体规则，开始学习按照成人的指令行动并逐步接纳同伴，接纳在集体中的生活，情绪逐步稳定，喜欢在角色区中开展游戏。

　　本班幼儿积累了与家人一起喝早茶的生活经验，对角色的认知从家庭成员初步拓展到社会生活中来，知道"小客人""小厨师"等角色的含义。他们在游戏中喜欢模仿、摆弄，情绪愉悦，对于操作性活动乐此不疲。但由于年龄尚小，社会经验和交往能力有限，他们在游戏中大多独自游戏，与同伴沟通少，合作性游戏少；角色选择有限，角色概念不够清晰；角色扮演时间短，注意力集中时间短，游戏过程不够深入和丰富。通过观察，教师发现幼儿在游戏中有的无所事事，有的自顾自地玩，有的遇到问题不会协商，有的争抢玩具等。

　　本班现有角色区为娃娃家，较为单一，无法满足幼儿日常喝早茶生活经验的拓展。为了追随幼儿的兴趣，教师将本班的娃娃家拓展成"广式茶楼"角色区。

二、"叹茶啰"活动过程

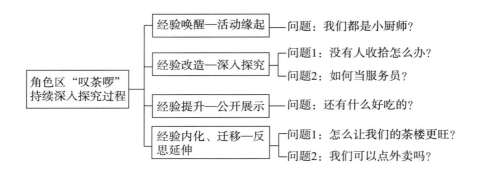

（一）经验唤醒—活动缘起

问题：我们都是小厨师？

幼儿探究实景

这天，"广式茶楼"角色游戏正式启动，孩子们前期了解了角色区内的基本设置和规则后，开始了自主游戏。

7名幼儿拿着自己的进区卡自主进入角色区。不一会儿，角色区里传出了争吵的声音。"我要当厨师！""我才不想当服务员呢！""我就要当厨师，我先来的！"教师听到声音赶紧前去关注，原来西西和妙妙争着当厨师，谁也不让谁，诗诗准备好了要当客人，在旁边睁着大眼睛看着这两个孩子。教师很疑惑，为什么这两个孩子都不想当服务员呢？教师蹲下身子问："你们为什么都要当厨师呢？"妙妙抢先回答："因为我最喜欢厨师，我觉得当厨师好玩。"这时候西西也不甘示弱地赶紧说："我也喜欢当厨师，不想当服务员，服务员不好玩。"教师说："你们可以都当厨师，但是没有服务员，你们可以自己给客人上菜吗？"他们想了想点头答应了，很快投入游戏中……

厨师、服务员、顾客巧分工

教师的思考与支持

在"广式茶楼"角色游戏中，幼儿兴趣浓厚，对小厨师的角色尤其偏爱，这是因为小厨师能够摆弄不同的玩具材料，而服务员只能为他人服务，还要收拾桌面和各种食物，而客人仅仅只是假装进餐，这让幼儿觉得没有游戏的乐趣。教师猜想也许是因为幼儿未能清楚了解扮演不同角色的乐趣，因此，教师决定去娃娃家拿出幼儿最喜欢的娃娃，充当下一次游戏的小客人。

（二）经验改造—深入探究

问题 1：没有人收拾怎么办？

幼儿探究实景

这天，孩子们又来到了"广式茶楼"，他们有的拿出铲子和锅，不停地往里面加东西翻炒；有的从玩具柜里不断拿出不同的食物，用碟子装好放在桌子上；有的专注于自己在切的食物，他们都自顾自地进行着游戏……很快，整个桌子都摆满了食物。

这时，教师带着一个小娃娃扮演成为小客人进入茶楼，问："我的宝宝哭了，请问有什么好吃的呀？"

小洋和小童拉着教师的手请教师进去坐下来，边走边问："你想吃什么？我们有好多好吃的。"

教师一边安抚宝宝，一边大声地说着宝宝的情况，希望能得到孩子们的关注。

辰辰："宝宝饿了，给它吃点东西吧，这个（拿过来一棵青菜）给他吃。"

在旁边的言言说道："这个（香肠）也给你。"

教师："我的宝宝出了好多汗。"

西西："他很热，快出去吧。"

教师："这里实在太吵太拥挤了，我的宝宝没有位置用餐，他说不喜欢这里，让我去座位上坐下来等餐吧。谁是服务员，可以给我收拾一下吗？"

西西马上说："我是服务员。"

西西马上收拾好桌面，并端了一份包点过来："快让宝宝吃吧。"

教师用手拿着包点给宝宝吃，吃完后向服务员说再见。

教师的思考与支持

在开展"广式茶楼"角色游戏时，幼儿的角色意识仍然较为薄弱，无法完全理解角色定位和内容，没有很好的合作分工，仅仅只是浅层满足自我的游戏水平，小厨师只顾摆弄游戏材料，没有推动游戏互动交流等相关情节的发生。因此，教师借助幼儿最喜欢的娃娃，作为小客人，还原日常生活中的情节，与区域内游戏的幼儿开展一定的互动，推动幼儿调动生活经验，明晰该区域中的角色职责。

针对服务员和厨师的角色分配不够明确的问题，教师在班上组织了一次活动，引导幼儿讨论"茶楼里都有谁？他们都在做什么？"，进而知道服务员要帮客人点菜、端菜，厨师在厨房里给客人做点心，他们都是为客人服务的。通过观看视频，幼儿认识到厨师和服务员的分工，先由服务员点餐记住客人要吃什么，然后告诉厨师，厨师做好点心以后给服务员，服务员把菜端给客人吃，客人吃完以后，服务员还要负责收拾桌子。由此，幼儿认识到茶楼里的每个角色都有自己的职责。

问题 2：如何当服务员？

幼儿探究实景

"老师，今天我想去当服务员！"琪琪坚定地说，她选好了服务员的围裙和角色牌，开始操作游戏材料。

这时来了一名小客人霏霏，琪琪拿出额温枪，给霏霏测了体温，很认真的模样说："你没有发烧，可以进来啦！"

霏霏坐下后，琪琪主动问道："你要吃什么？"

霏霏小声说："饺子"。

琪琪马上吩咐厨房制作饺子，一会儿就拿出一笼饺子给霏霏，霏霏继续在就餐区进餐。

然然扮演厨师，他拿了一个平底锅煮了一锅食物，随后拿了一个锅放在桌面上，示意霏霏可以吃了，霏霏问："怎么没有筷子和勺子呀？"

琪琪听到这句话，马上拿来小碗和筷子。她又把平底锅里的食物分了一些在小碗里，端给了教师说："你的餐好了！"

这一次，服务员的角色多了许多竞争对手，幼儿对这份照顾别人的工作十分感兴趣，纷纷争着要当服务员，可是服务员的服装不够，于是，新一轮的角色争抢又开始了……

学当服务员

教师的思考与支持

经过几轮游戏，幼儿渐渐了解了各个角色的游戏内容，很快就出现了游戏材料不足的问题，尤其是代表角色身份的服装。于是，教师引导幼儿讨论"大家都想当厨师/服务员，但是服装不够"的问题，幼儿想了各种各样的办法，也提出了不少疑问。但通过观察回顾游戏情况的图片，幼儿发现茶楼有很多客人，客人比厨师和服务员都要多，最终，幼儿达成共识：不增加服务员和厨师的服装，但是可以做多套客人的服饰、角色牌。

同时，教师请幼儿周末在家与爸爸妈妈一起去喝早茶，注意观察服务员是怎么帮客人点餐的，听一听服务员都说了什么，并记住一两句服务员点餐时说的话，下周回园分享。分享时，教师帮助幼儿总结出各个角色的常用语句，如，服务员为客人点餐的用语是"你想吃什么？""你想喝什么茶？""稍等一下"等，厨师是常用语是"可以上菜咯""请来端菜"，并请幼儿分别扮演客人、厨师、服务员的角色，表演喝早茶的游戏过程，将幼儿的生活经验转化为游戏行为。

（三）经验提升——公开展示

问题：还有什么好吃的？

幼儿探究实景

广式茶楼里的欢声笑语越来越多，越来越多的孩子们加入游戏，这时新问题也随之出现了。

之之来到广式茶楼，坐下来，服务员好客地上前问道："你要吃什么？"

之之和霖霖说："唔，我想要蛋挞。妈妈带我吃了蛋挞，很好吃。"

服务员回到厨房里找了一圈，没找到蛋挞，只能悻悻然地回到餐桌，说："没有蛋挞。"

之之很不满意，又看了看周围，对霖霖说："走吧。"

过了一会儿，楠楠来到茶楼，招手对服务员说："我要玉米饼！"

服务员又在厨房里找了一圈，还是没有找到，只得又回到楠楠身边，不好意思地挠挠头说："我们没有玉米饼。"

楠楠觉得没有意思，坐了一会儿，也走了。

教师的思考与支持

随着游戏的不断推进，幼儿对于喝早茶这一活动也越来越感兴趣，他们经常在和家长喝早茶时，有意识地观察茶楼中的各种事物，渐渐地，他们对于茶楼的经验越来越丰富，能说出许多茶楼里的美食，因此现有的游戏材料已经不能满足他们的游戏需要了。

眼看游戏要陷入僵局，教师想是否应当制作一些新的美食材料投放在区域里，但是这并不能完全满足幼儿的游戏需求，也不能扩展幼儿游戏的内容，所以教师决定引导幼儿自主制作美食。教师通过开展手工活动，教幼儿如何制作蛋挞等各种点心，幼儿的游戏热情重新被点燃。在游戏时，教师也通过示范、直接指导的方式引导幼儿自主制作美食。

接着，教师在广式茶楼中投放擀面杖、各种颜色的超轻黏土、橡皮泥等制作材料，客人下单后，厨师马上在厨房制作美食，由服务员上菜，同时投放了简单的广式美食食谱，附上一些人气较高的点心制作教程，增进幼儿自主制作美食的乐趣。

幼儿爱上了制作点心的过程，教师举办了点心制作大赛，让幼儿一起参与制作点心，并展示到区域内供全班幼儿欣赏，同时将成品作为区域内的材料，共同丰富区域内的游戏材料，幼儿摆玩着自己制作的点心，更加投入游戏了。

广式茶楼里的顾客与美食

（四）经验内化、迁移—反思延伸

问题1：怎么让我们的茶楼更旺？

幼儿探究实景

今天，铭铭和诗诗来到广式茶楼。铭铭扮演小厨师，他站在门口走来走去，可没有人来光顾。

这时晴晴从门口走过，铭铭喊："晴晴，你是不是肚子饿了，我们今天买一送一，很便宜的！"

晴晴说："我只有一块钱，能买什么？"

铭铭说："我们今天打折，你来了，什么都可以吃！"

晴晴同意进入区域，点了个云吞面。

铭铭说："你是我们今天的第一个顾客，再送你一个荷包蛋。"

晴晴尝到甜头了，赶忙说："还送什么吗？"

"再送杯双皮奶给你！你看有没有朋友过来吃，我们也送的！"铭铭说。

晴晴吃完付了钱，边走边说："今天真划算，一块钱吃了那么多！"

她把这个好消息告诉了其他客人，茶楼的生意一下子红火起来……

红火的广式茶楼

教师的思考与支持

幼儿的游戏来源于社会生活体验。社会上各种商家的优惠促销活动，幼儿看在眼里、记在心里，积累了相关的经验。从游戏情况来看，首先，该幼儿很好地迁移了自己的已有生活经验，让游戏开展下去。其次，该幼儿思维敏捷、应变能力较强，当他发现没有客人时，就采取了买一送一的方式；当客人说只有一元钱的时候，他就说今天还有活动——打折；当客人问还有什么可以送的时候，他就多送了一杯双皮奶。可以看出，幼儿开始能用较清晰流畅的语言表达自己的想法和同伴交流，从而实现自己的目的。

教师根据观察，引导不同水平的幼儿进一步拓展游戏，讲述和分享游戏心得和过程，根据幼儿的反思和回顾与幼儿共同调整游戏材料，思考如何提供更丰富的材料和延伸游戏情节帮助幼儿进一步提高游戏水平。

问题2：我们可以点外卖吗？

幼儿探究实景

随着广式茶楼的生意越来越红火，班上的孩子们都纷纷表示想要到这个区域中开展游戏，但是区域的空间始终是有限的，怎么能让想玩的孩子们都参与这个游戏呢？教师把这个问题抛给了孩子们。彤彤提出："我们可以接外卖订单，把我们做好的食物送到其他区域中！"

于是，广式茶楼的外卖业务正式上线，打包员、外卖员的角色也同步上线。

同时，随着业务的拓展，乐乐发现收费的人手不够，茶楼的设备也需要升级。他提出要购买电脑、手机、收银台，还要准备微信支付码。可是，这些设备怎么能"买"到呢？当他们在分享环节提出这个问题时，班上的孩子们建议可以在美工区和建构区中实现，彤彤和洋洋爽快地接下了设备制作的订单，表示明天自主游戏时他们就开工生产。

教师的思考与支持

面对幼儿逐渐丰富的游戏经验和越来越多的游戏需求，教师应该扮演支持者的角色，尊重、满足幼儿的游戏需要，构建幼儿的话语体系，及时鼓励幼儿在游戏中创造性的表达，联系特定的游戏场景，指向幼儿游戏中待解决的特定问题。教师作为幼儿游戏的观察者、支持者、合作者，需要从旁细致观察并做必要的记录和分析，适时地介入，根据幼儿的兴趣，通过连续的计划、生成性的活动提供支持，推动游戏的顺利进行，帮助幼儿获得成功的体验，丰富相关经验。

同时，教师要联合家长的力量，引导家长和幼儿在日常生活中观察常见角色，带着待解决的问题再次来到区域中进行游戏迁移并与同伴、教师共同寻找解决的方法。面对年龄较小的幼儿，教师的介入指导起着重要的作用，教师可通过"游戏者身份介入"策略支持幼儿的游戏。当幼儿积累了一定经验后，教师可为幼儿提供所需的游戏材料，自然地退出游戏，让幼儿真正成为游戏中的主角。

三、"叹茶啰"活动评价

（一）区域现状

区域活动的空间得到拓宽，能够结合不同区域的材料丰富幼儿的经验。同时，随着游戏的深入，墙面不断增加一些墙饰，如叹茶、煮茶等一些生活场景和流程的图片，帮助幼儿拓展生活经验，引导幼儿学会观察周围的生活。

区域墙面

进一步细化角色区内的空间，分成几个小区域进行不同的角色游戏，区分不同的功能，能更有序地开展游戏。

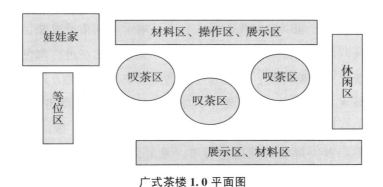

广式茶楼 1.0 平面图

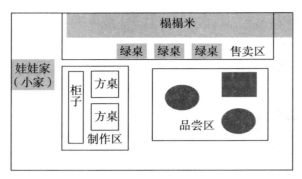

广式茶楼 2.0 平面图

（二）幼儿发展

小班角色区是帮助幼儿建立社会关系和适应能力的重要场所，也是小班幼儿每天最喜欢玩的区域。幼儿在角色区中开展与日常生活紧密联系的游戏，幼儿在认识角色概念、建立游戏规则中获得积极愉悦的情绪，游戏经验逐渐丰富，能够渐渐从独自游戏和平行游戏中开始与材料互动，到与同伴互动、教师互动，社会性得到一定发展。

（三）教师角色

1. 言语启示的推动

在活动过程中，教师使用了"言语启示"的策略，包括提问、提示、建议等，能引发幼儿的深入思考，暗示幼儿拓展思路、突破瓶颈、解决问题，使游戏能顺利而深入地开展。幼儿在进行角色游戏或使用象征性思维的时候，教师通过提供建议或用提问的方式推动幼儿进行更高水平的游戏。如，教师引导幼儿讨论"大家都想当厨师/服务员，但是服装不够"的问题，可以帮助幼儿聚焦、厘清现在游戏中存在的问题，帮助游戏超越简单、重复，变得越来越丰富而有吸引力。

2. 游戏材料的支持

游戏材料是幼儿游戏的物质基础，它会直接影响游戏的发展，提供充足多样的材料能促进幼儿游戏水平的提升和想象力的发展，丰富幼儿在游戏中的创造性表现。小班幼儿需要真实的物体作为游戏材料才能充分参与游戏中。因此，教师在引导幼儿讨论探究后，要及时跟进调整材料，引导幼儿创造性地制作游戏材料，这对于幼儿保持游戏兴趣，充分发展游戏有重要的作用。

3. 实地参访的渗透

场景化游戏的发展依赖于幼儿的生活经验，实地参访茶楼可以拓展幼儿的生活经验与知识，这样他们在接下来的游戏中就可以融入自己在茶楼中的所见所闻。教师通过分层次、依据幼儿游戏水平的指导，引导幼儿关注茶楼中人们的角色特点和行为特点，这对于提高幼儿的角色意识和任务意识都有非常重要的作用。这种长期、深入的探究可以引发幼儿新颖的游戏创意，也能帮助幼儿更全面、深入地了解早茶文化。

（四）成果辐射

1. 生活经验的拓展

角色游戏的源泉是幼儿周围的生活，幼儿本身并不具备创造"假想世界"的能力，因此，教师需要与家长沟通，达成教育共识，家园协作，开展亲子活动、社区活动，实地参观、体验操作等，丰富幼儿的直接经验，从而促进幼儿经验的迁移，为幼儿在游戏中的学习与发展奠定基础。

2. 家园及时的沟通与协作

教师通过照片、视频、观察笔记、教育故事等方式，让家长了解幼儿在游戏中的学习与发展，理解教师的教育理念，并在教师的引导下，进一步丰富家长的育儿观念，提高亲子陪伴质量，帮助幼儿全面健康地成长。

亲子在茶楼点餐

（案例提供：广州市荔湾区协和幼儿园　张　莹）

中班角色区活动"自制粤剧头饰"

一、角色区基本情况

（一）区域基本情况

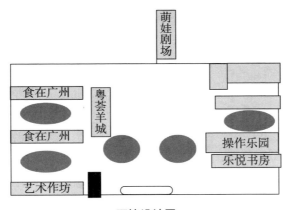

环境设计图

艺术作坊（美工区）

萌娃剧场（表演区）

根据粤剧中服饰和角色的基本特点，结合幼儿喜欢装扮和在同伴面前表演的愿望，教师与幼儿共同商讨了适合在萌娃剧场（角色区）投放的材料并与幼儿共同收集后回园。如粤剧服饰、表演头饰、舞台背景、奥尔夫乐器等。

粤剧服饰

表演头饰

舞台背景

表演道具

表演辅助材料

表演辅助乐器

（二）幼儿经验

中班幼儿正处于合作游戏的初期，他们不仅爱玩游戏且会玩游戏，他们更喜欢几个人一起玩，合作玩，交流思想和体验，采取协商、互助、分享等技能，求得游戏情节的协调发展，增进友谊，提高语言表达能力和组织领导能力。中班幼儿的规则意识进一步加强，注意力不断提升，在游戏中能较为积极主动地发现问题，并在好奇心和求知欲的驱使下尝试解决问题。幼儿的社会交往能力进一步提升，懂得用自己的方式加入同伴的游戏活动，在游戏场景中能较为直接地体验生活，感受生活的有趣、多样和美好。

粤剧博物馆和永庆坊是幼儿生活中熟悉的场所，粤剧是广府文化的重要表现形式，在粤剧博物馆的文化和我园广府特色课程的浸润下，幼儿在学习和探索过程中不断产生新问题，如粤剧是什么？粤剧如何表演？粤剧的头饰和服饰装扮是什么样的？这些问题引发了幼儿对粤剧的兴趣和探索欲望，他们在游戏中不断交流新经验，尝试合作扮演，在游戏中不断产生新问题，并在师幼互动中尝试解决问题。

二、"自制粤剧头饰"活动过程

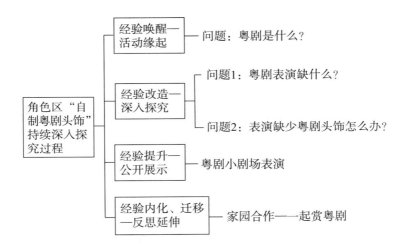

（一）经验唤醒—活动缘起

问题：粤剧是什么？

幼儿探究实景

周末，几个孩子相约同游粤剧博物馆。回到幼儿园，孩子们开心地分享着自己的所见所闻，在孩子们的对话中，粤剧是他们讨论得最热烈的话题。

晋晋："我和爸爸妈妈一起去了粤剧博物馆，里面有好多好看的东西。"

骞骞："我也去粤剧博物馆了，我还戴耳机听了粤剧，可是我都听不懂。"

珩珩在一旁好奇地问："什么是粤剧啊?"

幼儿讨论参观的见闻

于是，一场激烈的讨论就此展开。

芷睿："粤剧是戴着帽子，穿着漂亮的衣服。"

思思："我觉得粤剧就是衣服。"

思羽："我知道，粤剧好漂亮的。"

晖晖："粤剧是缝的衣服。"

骞骞："粤剧是裙子。"

乐儿："粤剧是给人表演的。"

珩珩："粤剧是用来跳舞的。"

讨论粤剧

粤剧是什么

孩子们对粤剧产生了生动而又奇妙的猜想，于是，教师与孩子们一起欣赏了粤剧的表演，他们对粤剧有了初步的认识。

霆霆："哦，原来粤剧是用粤语来唱和说的。"

珩珩："原来粤剧是一种表演。"

欣赏粤剧

教师的思考与支持

在广州，粤剧深受年长者的喜爱，但对幼儿来说粤剧是陌生的、神秘的，因此，激发幼儿对粤剧的兴趣和探究愿望有一定的价值和意义。幼儿在实际参观中萌发了对粤剧的兴趣，但是他们的认知还比较表面、零散。因此，教师基于本班角色区的基础情况，与幼儿一起梳理粤剧包含哪些元素，共同商讨粤剧区环境如何创设，需要投放哪些材料，以支持幼儿进一步的学习与游戏。

（二）经验改造—深入探究

问题1：粤剧表演缺什么？

幼儿探究实景：粤剧表演初探

粤剧小舞台搭建好后，孩子们兴奋地来到角色区，开始他们的艺术表演。

思思与珩珩一起来到萌娃剧场，两人挑选衣服，珩珩选了一件红色的粤剧表演服，思思选了一件粉红色的带水袖的上衣。两个好朋友挑选到了喜欢的衣服，相互帮忙穿上。

珩珩："思思，我们一起玩吧。"

思思："好啊，你看，水袖动起来了。"

珩珩："哈哈，水袖真好玩，不过你的头上没有粤剧头饰，不好玩。"

思思："怎么办？我们问问老师吧。"

思思："李老师，我们想表演，可是没有粤剧头饰不好玩啊。"

看着孩子们对于粤剧头饰的喜爱，教师提醒："既然没有粤剧头饰，我们可否自己制作一个呢？"

孩子们兴奋地回应道："好啊好啊"。

于是，借助幼儿园的走廊环境，教师带着孩子们一起认识了粤剧头饰，他们在看看、摸摸中感知粤剧头饰的结构和特点。

看一看粤剧头饰　　　　　　　　　　认识粤剧头饰

教师的思考与支持

教师围绕幼儿的兴趣、爱好开展了一系列粤剧游戏，结合粤剧的音乐特点和形式特点，持续激发幼儿的学习兴趣。教师在游戏中融入粤剧手、眼、身、法、步的元素，站相、亮相、台步、掌、指等多种形体动作，以及合、士、乙、上、尺、工、反、六的粤剧唱腔，组织幼儿在游戏中模仿、创作、表演，从而调动幼儿的参与兴趣，培养幼儿感受粤剧、理解粤剧和表演粤剧的能力。

问题 2：表演缺少粤剧头饰怎么办？

幼儿探究实景：自制粤剧头饰

思思与珩珩一起来到艺术作坊，开始动手制作头饰。

自制粤剧头饰

头饰很快做好了，可是怎么戴呢？

思思："你看，这是我的粤剧头饰，可是怎么戴呀？"

芷睿看见了走过来说："我的发夹借给你吧。"

于是珩珩和芷睿一起用发夹将粤剧头饰夹到思思头上，可是发夹太小，夹不住粤剧头饰。

三个孩子正在发愁，教师拿着两条黄色的丝带走过来说："玩游戏的时候小朋友是不是戴过动物的头饰，头饰加上丝带试试吧。"

芷睿将丝带粘贴到自制粤剧头饰的后面，珩珩在前面扶着，芷睿在后面帮忙打结。头饰终于戴在思思的头上了，思思和珩珩开心地回到萌娃剧场继续游戏。

幼儿试戴自制头饰　　　　幼儿互相帮忙整理头饰　　　　合作表演

教师的思考与支持

幼儿对周边事物有着自己的认知方式，他们喜欢在多种感官的参与下认识新事物，于是借着幼儿对头饰的问题，教师通过直接感知，引导幼儿动手制作头饰。

与复杂的人物和情节相比，幼儿可能对粤剧中色彩缤纷的服饰和道具更感兴趣，教师由此入手，选择简单的粤剧服装和道具，开展制作粤剧服装和道具的活动。教师要为幼儿准备相关材料和工具，并让幼儿自行查找资料，了解如何制作粤剧服装和道具。幼儿制作出的服装和道具并不需要多么精美，主要是利用这个契机给幼儿动手和思考的机会，帮助他们主动了解粤剧的特色。在制作粤剧道具的过程中，幼儿获得的不仅是粤剧的知识和技能，还能在一系列的学习、实践中提升音乐素养和实践能力。

粤语脸谱样式丰富多彩、形式多变，大体分为四类，金面、白面、红面和黑面，每类代表着不同的人物性格。金面多象征着角色威严勇猛，白面象征着多疑善诈，红面象征着正义与忠诚，黑面象征着是粗犷与豪放。丰富的色彩对幼儿有极大的吸引力，他们在游戏中亲自动手绘画，近距离感受粤剧的色彩魅力，了解粤剧脸谱的基础知识，在粤剧演出时，能通过人物的妆容来直观了解人物的性格。

（三）经验提升—公开展示：粤剧小剧场表演

幼儿探究实景

区域活动的音乐响起来了，乐儿和萱萱来到萌娃剧场。

乐儿："今天我要扮演花旦。"

雨萱："那我就扮演小生吧。"

分配好角色后，她们穿戴好服装，开始表演了。这时霆霆和珩珩也加入了萌娃剧场，他们坐在观众席看乐儿和萱萱表演。

幼儿在表演粤剧

教师的反思与支持

"走进粤剧"这个主题源于幼儿参观粤剧博物馆后，对什么是粤剧产生了很大兴趣，他们通过说出自己对粤剧的认识、与教师一起欣赏粤剧表演，对粤剧有了初步的认识。虽然幼儿对粤剧感兴趣，但是系统学习粤剧的过程却是比较枯燥乏味的。区域活动是幼儿最喜欢的活动之一，因此，将粤剧融入区域活动中，能让幼儿更好地体验和学习粤剧。在角色扮演中，幼儿遇到了"表演缺少粤剧头饰怎么办"的问题，他们请教师帮忙，并与同伴合作交流解决问题。区域活动丰富了幼儿的想象力，使幼儿在活动中会看、会听、会想、会动，获得与粤剧相关的知识与技能，并激发了他们对粤剧的兴趣与热爱，同时在角色扮演中提高了合作意识、同伴交往能力和语言表达能力，优秀传统文化也在游戏中得以传承和发展。

教师支持策略的有效性：在区域活动中，当幼儿遇到困难时，能主动寻求教师的帮助，教师能重视幼儿的提问。当幼儿发现没有头饰时，教师并没有马上替幼儿解决问题，而是给予引导，支持幼儿制作粤剧头饰，引导幼儿遇到困难互相帮忙，互相分享。

（四）经验内化、迁移—反思延伸：家园合作——一起赏粤剧

幼儿探究实景

孩子们把自己设计的粤语头饰展示在区域中，在闲暇时间对同伴的创作进行观摩和学习。特别是在展示会上，孩子们纷纷戴上自己制作的头饰，扮演起粤剧中的角色，有的扮演威武的将军，有的扮演美丽的花旦，还有的扮演慈祥的老生。孩子们自信大方地展示着自己的作品，赢得了教师和同伴们的阵阵掌声。

教师的思考与支持

幼儿通过观察、模仿和创作，适当地使用各种材料和工具制作粤剧头饰。他们的作品各具特色，充满了童真和创意。在讨论、交流和展示作品的过程中，幼儿的口语表达能力和倾听能力得到明显的提高。同时，教师引导家长与幼儿再次参观粤剧博物馆，并进行有针对性的参观，给予恰当的参观指引，让幼儿的探究更加深入。

三、"自制粤剧头饰"活动评价

（一）幼儿的发展

1. 呈现与角色相符的形象，深化粤剧认知

幼儿在粤剧游戏中呈现的角色形象基于幼儿的学习经验以及对角

色的理解。幼儿通过参观粤剧博物馆、阅读粤剧书籍、听粤剧故事、看粤剧表演以及在幼儿园粤剧环境的熏陶下汲取的关于粤剧角色的相关经验，对粤剧的服装、头饰、道具产生了浓厚的兴趣，也积累了相关经验。

2. 通过操作材料表达感受与想象，深化粤剧表现

材料是幼儿游戏的基础，粤剧游戏是一种典型的象征性游戏、创造性游戏和角色游戏。材料的层次丰富性对于游戏的更好开展有着重要的作用，幼儿在游戏时发现缺少粤剧头饰，通过与美工区联动，幼儿自主创作符合需要的粤剧头饰，从而更好地进行替代和象征，促进幼儿表征能力的发展。

（二）教师的支持

1. 追随兴趣，拓展经验

将游戏的权力交给幼儿，让幼儿自己进行设计和开发。幼儿在进行游戏设计时，往往会加入自己对这个游戏或者游戏参与者的一些看法和观点，如幼儿自发制作粤剧头饰，这正是一个促进幼儿自主性发展的好机会。

2. 基于问题，区域联动

角色区内虽然有纱巾类、服装类、首饰类、乐器类、头饰类等材料，但是配合粤剧表演使用的头饰、衣服、舞台背景却不一定完备。在游戏过程中，当幼儿出现缺少头饰的问题时，教师把握问题的核心要素——材料，结合游戏中的实际情况做出适当的引导，与幼儿共同商讨解决方法并指引幼儿观察头饰的各种样式，丰富幼儿的经验。

幼儿看到美工区丰富的材料，把美工区临时调整为粤剧表演道具区，两个区域有机结合，不断充实和丰富角色区的游戏材料，不仅为粤剧顺利演出提供保障，而且使区域活动更加富有创造性。

3. 立足观察，给予支持

教师把自己代入幼儿所在的关系情境中，以了解幼儿的体验、感受和他们可能的想法，了解幼儿的游戏意图。为了方便观察与记录，教师可以在角色区内摆放随手可取的便签和笔，将游戏活动中观察到的现象、幼儿交谈的话语、碰到的困难、需要什么样的帮助等记录下来。基于细致全面的观察，教师有针对性地采取切实可行的方法进行引导，有效地促进区域游戏的持续开展和深入。

（三）调整与延伸

教师可以在区域里提供如平板电脑、手机等可以播放粤剧视频的电子产品，方便幼儿欣赏和模仿；还可以鼓励家长与幼儿利用周末时间到粤剧博物馆观看粤剧演出，或者邀请会唱粤剧的家长来园给幼儿表演粤剧。

（案例提供：广州市荔湾区协和幼儿园　刘小圆）

大班角色区活动 "平安上学路"

一、角色区基本情况

　　本班幼儿乐于在角色区扮演和模仿各种角色，通过想象开展较为丰富的主题活动。上学期，幼儿在交通安全自主游戏中大胆扮演自己喜欢的交警、消防员、司机、顾客、服务员、行人等角色，在游戏中遵守交通规则，具有初步的自我保护意识，但对交通安全的认识还比较片面，停留在认识一些常见的交通安全标志，认识交通信号灯，不做在马路上奔跑、追逐等危险行为。

　　大班下学期作为幼小衔接的关键阶段，让幼儿 "平安上学" 是我们每一位教师、家长所期盼的事情。在这一阶段，教师在丰富游戏内容的同时，还应促进幼儿在游戏中的深度学习，让幼儿在角色游戏中既获得愉快的情感体验，又得到知识、经验、技能与思维的发展，增强安全意识，养成良好的交通安全行为习惯。

　　因此，本次活动以自主游戏中的交通安全角色游戏区为依托，生成游戏主题内容，并根据幼儿的年龄特点、兴趣爱好和发展水平对 "平安上学路" 这一探究性安全主题教育活动进行探究，进一步提高幼儿的交通安全认知和安全防范意识，注重对游戏生成课程进行深入拓展和延伸，实现角色游戏和主题活动的融合。

二、"平安上学路"活动过程

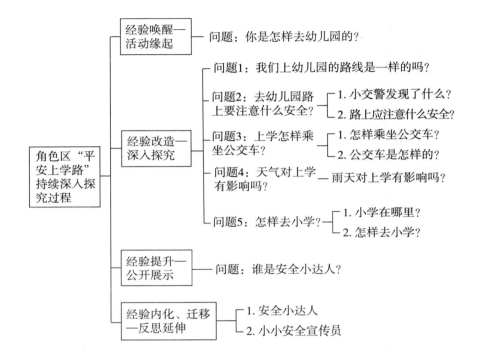

（一）经验唤醒——活动缘起

问题：你是怎样去幼儿园的？

幼儿讨论实景

3月中旬，广州新冠疫情又开始有所反弹，防疫摸查后孩子们对自己上幼儿园的出行方式、出行路线特别感兴趣，上幼儿园路上看到的车辆、司机、行人、交警以及高楼大厦、商店、路标、交通工具、防疫安全的宣传等，都是孩子们讨论的话题，他们会讲述自己在路上的所见所闻，分享已有经验。

教师的思考与支持

幼儿在上幼儿园路上的所见所闻仅停留在经验的表层，对交通安全等方面知识的认识还是比较肤浅，如，上幼儿园的路线具体是怎么样的？途中过马路、乘车时候要注意什么？怎么样刷公交卡？遇到下雨、堵车、迟到等突发问题时，幼儿都比较困惑。因此，围绕幼儿兴趣点中这些关键问题，教师提供了探究和讨论的机会和平台，让幼儿在讲述和讨论中思维碰撞，展开一系列的探究，进一步拓宽幼儿对相关经验的认识，激发幼儿的学习兴趣和探究欲望。

（二）经验改造—深入探究

问题 1：我们上幼儿园的路线是一样的吗？

幼儿探究实景：小小工程师

三月的自主游戏，我们班转到建构区，孩子们都十分开心，抢着说要当工程师。在建构区如何习得各种搭建方法和技巧、如何利用游戏材料搭建自己上学的路线以及上学路上见到的各种喜欢的物体造型，是现阶段孩子们研究和探究的核心问题。

自主游戏时间到了，室外建构区的各种几何图形构建材料深深地吸引着孩子们。第一次扮演小小工程师，孩子们开心地摆弄着各式材料。

昭媛用长方形的木块平铺地面，垒出一张床，说这是晓菲和她的家。

在现实生活中，她们的家相隔不远，每天都结伴出门上学。

天佑和一诺则用半圆形的木板连接出圆形的"幼儿园"，并特意找来圆锥形的积木说这是幼儿园的建筑标志。

扮演工程师进行建构游戏

潭瀚独自搭建高架桥

潭瀚说自己是走路上幼儿园，每天都要经过东濠涌高架的桥底，他告诉我自己正在搭建一座高架桥。

游戏开展一周后，孩子们围绕"欣赏构建作品，了解构建方法、技能"和"我们上幼儿园的路线是一样的吗?"进行主题讨论，他们又有了自己的新想法。

游戏前设计的施工图纸

搭建内环路高架桥

游戏过程中孩子们非常投入。

梓健："我和小伙伴搭建的是广州最高的标志建筑'小蛮腰'"。

南海："我每天上学都要路过一家雪糕店。"

有的孩子每次都爱搭建自己的家。

孩子们对自己和同伴上学的路线非常感兴趣，有的孩子说要铺一条通往幼儿园的马路；有的孩子说自己和好朋友的家就在附近，路上经常会遇到，于是他们合作搭建从幼儿园到家的马路。

搭建广州建筑"小蛮腰"

合作搭建各种马路

教师的思考与支持

幼儿的角色意识非常明确，即使更换了自主游戏的环境场地和材料，幼儿依然能根据自己的兴趣、需要及生活经验，明确"小工程师"这个角色游戏主题。幼儿能自主选择适合的游戏材料与同伴进行合作搭建。由于是第一次接触大型建构材料，游戏持续两周后，幼儿逐渐掌握了搭建的基本方法，由最初比较单一的平铺、围合到架空、连接、组合等多种建构方法。幼儿搭建的目的更加明确，作品之间关联性增强，从侧面反映出幼儿的集体合作意识有所增强，突出了幼儿在游戏中再现生活经验的愿望。尤其是在确定角色主题游戏后，他们开始尝试搭建家、马路、幼儿园和商店等建筑造型，并尝试将这些建筑连接起来再现自己上学的各种路线，建构自己生活中熟悉的场景，感受身边美好的生活环境。

幼儿在"小小工程师"的角色游戏中，通过积木建构，再现了"上幼儿园"过程中的路线、熟悉的事物和环境等，在和同伴的交流讨论中进行思维碰撞，产生了新的想法，并将新的经验在建构活动中加以表达，使经验得以进一步提升和改造。

基于幼儿的情况，教师给予了以下支持。

（1）引导幼儿通过经验回顾、交流讨论的方法解决游戏中的困难与问题

第一周的游戏结束后，为了支持幼儿生成并确立游戏主题，为游戏中的深度学习提供可能，教师请幼儿回顾游戏环节并对游戏过程进行分享，进一步了解幼儿对游戏的想法，大胆讲述游戏中遇到的事或问题。

幼儿讨论实景

潭瀚："我今天搭建了东濠涌高架桥，但是因为时间不够还没建好通往幼儿园的马路，我想邀请一个小伙伴和我一起完成。"

大家都很好奇："马路可以怎么搭建呀？"

尚泽认真地说："建构区有许多长条木板，我们可以把它们平铺当马路！"

子益："我可以和你一起来当工程师建高架桥。"

教师针对幼儿初次搭建时方法运用困难和造型比较单一的问题，引导幼儿在生活中欣赏各种建构作品，并讨论、研究搭建的多种方法，鼓励幼儿用自己喜欢的方式进行游戏表征，记录和同伴共同搭建的过程。在扮演"小小工程师"的角色时，懂得选择适合的材料并与同伴协商合作进行创造性游戏。

（2）围绕"上学路"开展相关游戏课程，激发幼儿的学习驱动力

游戏主题来源于幼儿，幼儿有较强的游戏愿望，在角色扮演"工程师"、搭建"上学的路线"这一主题确定后，教师围绕幼儿"上学路"的话题展开相关的游戏课程，激发幼儿的学习驱动力。引导幼儿观察认识各种各样的马路，共读绘本《上学去》，开展亲子调查，完成《交通安全调查表》，鼓励幼儿用自己的方式表征《上学的路》，并进行一系列的探究，促进幼儿的深度学习。

交通安全调查表　　　　　　　　　　　　上学的路

问题 2：去幼儿园路上要注意什么安全？

在交通安全角色游戏中，幼儿特别热衷于扮演各种角色，尤其是小交警。当幼儿穿上小交警的衣服，模仿交警维持交通秩序时，马路上的交通状况会更加有序。但也有些幼儿不能自觉遵守交通规则，出现在马路上奔跑追逐、闯红灯等危险行为。要学会如何平安地上学，需要在实践中切身感受交通规则的重要性，通过扮演各种角色，幼儿能感受到上学路上可能存在的危险因素，知道如何正确保护自己。

幼儿探究实景：小交警发现了什么？

自主游戏开始了，马路上变得繁忙起来。孩子们在游戏中扮演自己喜爱的角色，感知上学路上可能会遇见的各种人物和情境。其中，小交警是比较受欢迎的角色。梓睿召集小交警们简单交代了上岗的位置和任务，并派发罚单给队友，一切准备就绪，小交警们准备上路执勤。爱玥带着小班的弟弟妹妹们过马路，一萌站在路边协助指挥行人走人行横道，罗婧在十字路口指挥车辆通行……

小交警们上岗前的集合　　　　　小交警爱玥带着弟弟妹妹过马路

一位小司机情绪非常激动，他双手叉腰，把罚单扔到地上，原来他乱停乱放车辆，小交警梓睿看见了说要开罚单。梓睿追着小司机大声道："你闯红灯违反交通规则，现在要给你一张罚单，并扣车一分钟不能玩！"小司机伤心地哭了。小交警爱玥也很不开心，跑过来向教师抱怨小班弟弟妹妹在马路上到处乱跑，不听她的指挥……

小交警处理违章车辆　　　　　　　　　　　扣车并开罚单

教师的思考与支持

在本游戏中，大部分幼儿有一定的交通安全意识、自我防范意识和自我保护能力，特别是扮演小交警的幼儿，能发现马路上一些常见的违反交通规则的危险行为。当幼儿的角色从具有"上学"直接经验的小朋友转化为具有"上学道路安全"知识的小交警时，已有经验和新经验的认知冲突使得幼儿在这一阶段的游戏中表现出更多的问题。如遇到有小朋友违反交通规则时，小交警们的处理方式有时不太文明，特别是男孩子。他们喜欢手里拿着警棍、手铐、罚单等，对着违反交通规则的行人、小司机故意提高嗓音大声嚷嚷，更有甚者还出现用手或者脚扣车等粗暴动作，令扮演小司机的弟弟妹妹懊恼、生气甚至害怕。同时，小交警们对违反交通规则的行人、小司机出现不配合、哭泣等情况时，也感到比较无奈和茫然。

这些游戏中的问题也是幼儿已有经验改造和提升的关键。

基于幼儿的情况，教师给予了以下支持。

（1）经验回顾、评价分享

当幼儿在游戏中遇到困惑时，教师通过回顾，引导幼儿对游戏情况进行评价、分享。经过交流讨论，大家了解到原来扮演小交警的幼儿之所以处罚时比较粗暴，是因为他们认为这样才能彰显小交警的威风，令大家都不敢违反交通规则。

（2）发现问题，设法解决

教师对幼儿积极参与游戏活动给予了肯定和鼓励，并引导幼儿充分交流，讨论解决的办法，让幼儿在讨论中学会发现问题、积极探究，增强解决问题的能力。

幼儿探究实景：路上应注意什么安全？

教师："小司机拿到罚单为什么那么生气甚至哭呢？大家有什么好办法，可以让行人和小司机自觉遵守马路上的交通规则？小交警上岗执勤处理交通问题，应该怎样和当事人沟通交流呢？"

孩子们想出了很多的办法。

孩子1："违反交通规则的小朋友们要重新学习交通安全知识"。

孩子2："我们可以教弟弟妹妹们认识更多的交通标志，看懂交通标志和信号灯。"

孩子3："小交警要文明执法，说话声音不要太大，语气不要太凶，要耐心向弟弟妹妹们说清楚开罚单和扣车的原因。"

孩子4："小司机不是坏人，不需要用警棍和手铐，这样会吓着弟弟妹妹们的。"

孩子5："可以画一些交通安全标志卡，去给弟弟妹妹们宣传交通安全，让他们懂得要遵守交通规则。"

孩子6："小交警要招聘才能上岗，不讲文明的不能应聘。"

小交警宣传交通标志

小交警招聘条件

教师的思考与支持

　　针对幼儿在游戏与探究中发现的问题，我们围绕"路上应注意的安全"进行了进一步的讨论，还邀请交警到幼儿园来宣讲上学路上应注意的安全事项，学习指挥交通的手势，丰富道路安全知识与经验。另外，还绘画交通安全标志，进行联班活动"我是小小交通宣传员"，为幼儿创设更真实、丰富的游戏场景，使幼儿在体验交警工作的同时加强交通安全意识，在游戏中进行深度学习，促进游戏课程化。

学习交通警察指挥交通

联班活动"我是小小交通宣传员"

问题3：上学怎样乘坐公交车？

幼儿讨论实景：怎样乘坐公交车？

幼儿上学的方式各种各样，大家最感兴趣的还是公交车。

悦然："疫情期间我们出门要戴好口罩，不然就不能乘坐公交车和地铁。"

天佑："我们要在公交车站等候，上车时要刷公交卡，那个叫羊城通，也可以手机扫码上车。"

澄宁："我们都要从前门上车，后门下车。"

泽希："上车后要坐稳扶好，头和手不伸出窗外。"

梓睿："上车前要排队等候，不能在马路上追逐打闹。"

因此，四月下旬我们在角色区新增了游戏材料——半成品"公交车"，围绕主题"平安上学路"讨论如何用"公交车"支持幼儿扮演新角色公交司机、乘客，了解安全乘坐公交车的方式，体验深度学习的乐趣。

幼儿探究实景：公交车是怎样的？

又到了自主游戏时间，孩子们专注地投入角色游戏中，有的骑自行车、有的走路、有的开着小车……，他们生动地再现着生活中的各种场景。没过一会儿，有孩子看见一辆停靠在马路边的"公交车"，很多孩子的目光被吸引过来。大家都表示要当公交车司机和乘客，可当孩子们走近才发现这辆公交车只有一个车框，他们非常惊讶，七嘴八舌地议论着："这辆车好奇怪呀，怎么啥都没有？"

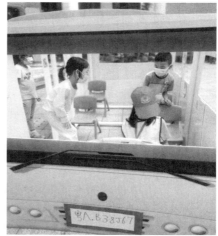

空框架的公交车　　　　　　　　　焕然一新的公交车

天佑："对呀，也没有刷卡机，怎么上车收费呢？"

教师："你觉得刷卡机应该设置在什么位置呢？"

天佑："应该设在前门上车的位置。"

教师："它是什么样子的呢？"

潭瀚："我见过，我来画出来。"

教师："你觉得这辆车还缺少些什么呢？大家商量一下想想办法。"

舒萍："这辆公交车没有车牌和座椅，让我来画一个车牌吧！"

一萌听见了连忙过来商量说："我们可以设计一些安全标志，提醒乘客要注意安全。"

一旁的梓睿马上接话说："我去大礼堂找一些不同颜色的椅子当公交车的椅子。"

澄宁："好，舒萍你写完，我来负责贴。"

婧婧："那我负责剪吧，这样会快很多！"

泽希自言自语道："我也要来帮忙！"

于是，经过大家协商、动手改造后，这辆原先只有车框的公交车终于有了全新的面貌，一周后正式投放到交通安全区进行游戏。

教师的思考与支持

教师通过观察发现幼儿比上一次自主游戏时有了很大的进步。游戏时幼儿能根据需要自主选择游戏内容、材料、同伴，生动形象地再现生活中的各种场景。游戏从道路安全扩展到上学的出行方式，并聚焦于公交车出行。幼儿通过交流讨论和亲身探究，了解了关于公交车的乘车常识、注意事项、车的构造等方面的知识，梳理并了解了新角色公交车司机、乘客，原有经验得到进一步改造，并向更高水平提升。

但是，随着游戏的深入，教师发现幼儿对乘车安全的认识还比较片面，停留在口头上的描述。

基于幼儿的情况，教师给予了以下支持。

教师在开放所有游戏材料的同时，适时增加角色区半成品游戏材料，鼓励幼儿思考、合作完善游戏材料。在幼儿发现一辆半成品公交车时，教师顺应并让幼儿讲述自己的发现，跟随幼儿的问题启发他们拓宽解决问题的思路，同时开放所有可以利用的材料，引导和支持幼儿思考解决问题的办法。

在游戏中，教师引导幼儿沟通交流、表征绘画、书写车牌号数字、剪贴材料等，促进幼儿交往、合作技能的提升，遇到困难大家一起克服和解决。

教师借助课件"公交大探秘"，引导幼儿制作《公交车司机工作手册》、绘画乘车安全标志等，丰富幼儿关于公交车的经验；采用直观的思维导图帮助幼儿梳理新角色公交车司机、乘客的关键发展性经验，解决游戏材料不足的问题，促进幼儿在交通游戏中获得动作技能、经验认知、社会性、发散性思维等方面的发展，进一步推动、深化游戏的发展，使幼儿真正做到知行合一，深刻体验深度学习的乐趣。

制作公交车司机工作手册　　　　　　绘画乘车安全标志

问题4：天气对上学有影响吗？

幼儿探究实景：雨天对上学有影响吗？

四月，广州持续下了一周的大雨。许多孩子不惧风雨，坚持上学，但也纷纷抱怨下雨天的交通特别拥堵，路况复杂。许多孩子的裤子、鞋子、书包都被雨水淋湿了，部分孩子还迟到了。

下雨天出行不便，影响了孩子们的正常生活和学习，他们不能外出自主游戏和户外运动，孩子们非常失望。

南海伤心地说："哎呀，今天又不能玩交通安全游戏了。"

恺恺："下雨不能出去踢球了，我不喜欢下雨。"

安安："下雨一点儿都不好，如果持续下大雨还会发洪水呢！"

晓菲："外面下好大的雨啊，我们不能自主游戏，那能不能出去看一看呀？"

为了让孩子们对下雨天有一个更直观的认识，教师引导孩子们分小组对天气进行了全方位的探究。有的孩子打着雨伞到户外观察下雨的情景，体验在雨中的感觉，并拿出透明的水杯收集雨水；有的孩子一起观看天气预报，了解今天的天气情况以及一周的天气变化。

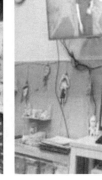

在户外观察下雨　　　　　　　　　　观看天气预报

教师的思考与支持

多雨的天气对幼儿的生活和学习造成了较大的影响，他们对雨天上学有着不同的看法：有的抱怨，有的非常开心；有的说喜欢下雨，有的说不喜欢下雨。一日生活皆是课程，教师要追随幼儿的兴趣点，调动幼儿的已有生活经验，拓展游戏课程的内容——引导幼儿了解气象与人们生活的关系，培养科学探究的兴趣，丰富他们的生活经验，提高雨天出行的安全意识。

基于幼儿的情况，教师给予了以下支持。

抓住生活中的教育契机，引导幼儿主动观察、发现和探究，体验下雨天的感受。教师鼓励幼儿都来当"小小气象员"，一起关注天气的变化，了解并学习观察和记录天气。将每天观察到的天气变化用自己喜欢的方式记录、和爸爸妈妈一起在线上参观广州气象站、在线观看天气预报等，充分调动幼儿的五官，感知和体验天气的变化。围绕"下雨天的好处和坏处"展开辩论，通过辩论赛以及教育活动"台风对人类的影响""天气符号的秘密"等，懂得雨天出行的安全。

教师紧随幼儿的兴趣点，真正把游戏时间还给幼儿，让幼儿成为游戏的主人的同时，增强幼儿雨天的自我保护意识和能力。

观察记录天气情况   "下雨天的好处和坏处"辩论赛

问题5：怎样去小学？

幼儿讨论实景：小学在哪里？

大班幼儿马上就要毕业进入小学了，每个人即将入读的小学都不一样。大家围绕最近到小学报名、了解小学的情况进行了讨论。

一诺："妈妈告诉我，我准备要上的小学就在我家旁边，走路5分钟就到了。"

舒萍："我要去的小学很远，在我爸爸单位旁边，以后每天得早些起床了。"

舜文："我家旁边就有小学，但是我去上的是另外一个小学，那里离我家有点儿远，但是那个学校很大，操场也很大，我有朋友也要去那里读书。"

大家对即将入读小学都非常期待，还把自己对小学的初步了解进行绘画记录。

幼儿讨论实景：怎样去小学？

由于大家即将入读的小学离家距离不一样，去小学的方式就不一样。那么怎样才能找到去小学的路呢？我们开展了一场关于"小学在哪里？"的讨论活动，孩子们七嘴八舌地讲述着自己的看法。

舜文："我家附近有环市路小学，我上幼儿园的路都是直直的，上环市路小学都是小路。"

一诺："上幼儿园的时候我要走天桥，上小学就不需要，不用过红绿灯。"

舒萍："小学离我家比较远，要爸爸开车送我上学，我们坐小车时都要系好安全带。"

梓健："我以后上小学可以乘坐校车，幼儿园没有校车。"

卓玉："我家附近就是华侨小学，上学路上妈妈和我都要戴头盔，因为我们骑电动车上学。"

梓豪："我要搭地铁去上小学，我有点儿担心太远了不记得路。"

带着疑问，孩子们在晚上回家的路上和爸爸妈妈聊起自己即将要入读的小学，认真观察上学路上要经过的路标、商店、小学校园，并通过询问他人等方式把了解的信息记录在调查表上。此外，我们组织孩子们到附近的环市路小学进行"小学体验日"活动，幼儿参观小学，体验小学生的生活，并带着想了解的问题采访小学教师和小学生。经过充分的观察和了解，孩子们将自己的见闻用绘画的方式记录下来。

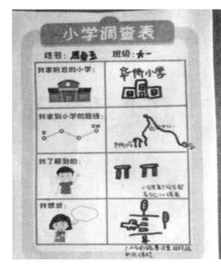

小学调查表

绘画活动"上小学的路"

教师的思考与支持

　　大班幼儿即将升入小学，上小学的路，不仅是水泥马路，更多的是内心的成长之路。为了科学地进行幼小衔接，做好幼儿入学准备和入学适应教育，帮助幼儿顺利进行幼小角色转换，解决幼儿一系列的问题，我们与幼儿一起开启了"我要上小学啦"的微主题探究活动。从上幼儿园的路到去小学的路，基于已有经验的运用把活动推向高潮。幼儿在活动中结合自己学习到的所有经验和技能，尝试调查和表达表征去小学的路线，至此完成更高水平的经验改造。

　　参观小学前，幼儿开启了猜想和表征，通过讨论、对话和寻找，调查并熟悉自己上小学的路线，初步了解小学的生活，对上小学感兴趣。"小学体验日"活动给幼儿留下了特别深刻的印象。在小学，幼儿亲眼观察、亲耳聆听、亲身体验，近距离了解了小学生的学习生活，感受了小学校园生活的无限魅力，更激发了他们对成长的期待和美好向往，为幼儿顺利进入小学奠定了坚实的基础。

（三）经验提升—公开展示

问题：谁是安全小达人？

随着活动的不断深入推进，孩子们进行了多样的展示活动，如，和小中班的弟弟妹妹一起在交通游戏中扮演司机、乘客等乘坐公交车；在班级主题墙上展示自己游戏活动的记录与进程、参观小学的见闻等。

带领弟弟妹妹开展角色游戏

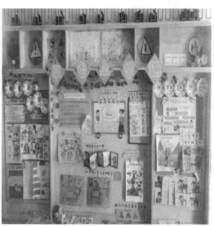

班级主题墙

微主题"我上小学啦！"

参观小学

教师的思考与支持

经过一系列持续深入的探究活动，围绕"上学"这一主题，我们探讨了上学的路线、道路安全、出行方式、上学的天气、上小学的路等一系列活动，幼儿关于"上学"的相关经验逐渐丰富并扩展到各个层面。教师为幼儿提供公开展示的平台和机会，将幼儿在探究过程中的经验进行整合，使相关经验更加完整。在这一过程中，教师为幼儿提供了环境创设，进行"大带小"的角色游戏、参观小学以及微主题"我上小学啦！"的相关活动，幼儿在新的情景中提取并灵活运用已有经验到探究过程中，有关"上学"的相关经验得以进一步整合和提升。

（四）经验内化、迁移—反思延伸

1. 安全小达人

幼儿讨论实景

为进一步增强幼儿的自我保护意识，幼儿园准备在"六一"开展有关安全的游园活动，既让孩子们开心地庆祝属于自己的节日，同时也给孩子们创造机会真实体验各种安全闯关游戏。这次游园活动涵盖了消防、交通、地震、饮食、国防等各种安全领域。在游园活动前，我们开展了有关交通、消防和饮食方面的安全问题讨论，师生共同设计、制作游园的安全展板。在游园过程中，孩子们扮演讲解员，讲解和出题，进行闯关游戏，吸引全国的孩子们前来了解交通、消防、饮食等方面的安全知识。由此，孩子们不仅掌握了乘坐交通工具的安全事项，懂得遵守乘车的交通基本规则，掌握必要的自我保护方法，也增强了独立性、想象力、交往能力、自我保护的安全意识。掌握安全知识的同时，孩子们在探究中游戏，在游戏中成长。

安全游园会　　　　　　　　　　　　操作交通安全展板

教师的思考与支持

在分享与讨论中，幼儿的反思自然生发，贯穿活动的始终，教师不断引导幼儿围绕游戏过程中存在的问题和困惑、自己的所见所闻进行思考和总结。

首先，活动伴随幼儿"怎样去小学"这一问题的讨论展开，幼儿在每一阶段的探究活动都伴随着反思与讨论，提出问题、讨论问题、解决问题等。其次，教师为幼儿展示和表征自己的经验提供充足的时间和机会，幼儿通过回顾欣赏自己探究中呈现的作品，分享新发现以及问题等，与教师和同伴交流自己的想法，讲解作品产生的过程，这些反思巩固了幼儿对"上学"这一主题的体验和认识。最后，教师组织幼儿进行总结性反思和讨论，幼儿全面回忆并巩固了所获得的各种经验，内化于心。

2. 小小安全宣传员

活动延伸实景

孩子们和家长利用电脑、手机上网云参观广州气象站，观察天气的变化，了解气象与生活的关系。近期暴雨频繁，孩子们和家长一起认识各种气象符号、预警符号，关注恶劣天气对生活的影响。同时，孩子们一起制作了"关爱地球，保护地球妈妈"宣传书，到社区宣传，倡导爱护环境，保护人类赖以生存的家园——地球。

小记者采访社区伯伯"如何保护环境"

扮演小记者宣传"爱护环境，保护地球"

线上云参观气象站

了解气象对生活的影响

结合6月的毕业典礼活动进行艺术领域的活动延伸。全班孩子共同参与策划了这次毕业典礼的舞台表演情景剧《去郊游》、舞蹈《小交警》，孩子们将自己最喜欢的交通游戏搬上舞台进行展示，情感真挚而投入。

策划毕业典礼　　　　　　　　　　　　　舞台剧表演

教师的思考与支持

幼儿经验的迁移伴随着活动开展的全过程向更高层次的表达和创造迈进。经过一系列的探究活动，幼儿的表达和创作欲望越来越强烈，他们将经验迁移至不同的角色情景中，如建构区的"小小工程师"、户外体育区的"小小交警"、科学区的"小小气象员"等。"小学生"的角色整合了所有的前期经验。在这一探究过程中，幼儿从生活本身出发，经过一系列的角色扮演，又回到生活本身，实现经验的递进和迁移。此外，在活动期间和活动结束后，家园合作也使得幼儿在"平安上学路"主题中获得的经验在日常生活中得以迁移和扩展。

三、"平安上学路"活动反思

角色游戏是幼儿期的典型游戏，通过角色区开展安全教育对幼儿的发展有着重要意义。在此次活动中，教师基于有效观察，支持幼儿生成自己的游戏主题，幼儿在角色游戏中呈现螺旋上升、循环往复的深度学习过程，生活经验得到拓展、迁移及应用。

开展交通安全主题的角色游戏后，教师聚焦大班幼儿的年龄特点、游戏特点和关键经验，以及幼小衔接、去小学路上的安全等话题，梳理总结出适宜当前幼儿的指导策略，支持幼儿的深度学习。如，在遇到暴雨等恶劣天气停课期间，教师引导幼儿关注天气与生活的关系，提高幼儿的学习兴趣，获取更多安全知识。为了科学地进行幼小衔接工作，帮助幼儿顺利进行幼小角色转换，教师增加了大带小的游戏，幼儿自主扮演小学生或者爸爸、妈妈等角色，带领弟弟、妹妹过马路、乘坐公交车，进行购物游戏，有了更多与同伴、弟弟、妹妹交往的机会，幼儿更好地掌握了与人交往、合作的技能，懂得协商玩游戏，不断拓展游戏主题、丰富游戏内容。

为了激发幼儿的游戏动力，加深学习深度，教师主要提供了以下三方面的支持。

第一，满足幼儿扮演不同新角色的愿望，开放丰富的游戏材料，供幼儿根据需要自主选择游戏材料。尊重幼儿的兴趣，营造宽松的游戏环境，激发幼儿的自主游戏和深度学习，在充分的游戏时间中引导幼儿多角度发现问题、思考问题。

第二，及时反思，给予支持。分析幼儿感兴趣的事物中蕴含的学习机会，观察了解他们在游戏中遇到的困难和存在的问题，使幼儿的游戏更贴近幼儿的生活，更富有趣味性。当幼儿在游戏中遇到种种情况和问题时，教师鼓励幼儿积极面对问题、寻求解决的办法。激发幼儿的主动思考，寻求更多解决问题的方法，体验成功和失败，增强幼儿自身的安全防范意识，促进幼儿游戏水平的深层次发展。

第三，重视游戏表征，提升知识建构力，促进幼儿的深度学习。教师帮助幼儿整理、提升已有经验，实现新旧知识的联系与融合，鼓励幼儿用自己的方式梳理经验并对经验进行迁移，支持幼儿表征能力的发展，促进幼儿的深度学习。在大班"交通安全"游戏中，教师采用多种表征方式，创设安全出行的真实情景游戏，幼儿在游戏后进行表征记录，以阐述自己对游戏的想法，通过幼儿的自主表征帮助他们建构和提升游戏经验，让游戏活动更加丰富、深入。

四、"平安上学路"活动评价

（一）幼儿发展

《指南》指出，幼儿的学习是以直接经验为基础，在游戏和日常生活中进行的。游戏是发展幼儿自律和提高语言、认知、社会能力的重要工具。在角色游戏中，幼儿可以模仿、想象、创造性地再现生活经验。在自主游戏中，幼儿以多种方式反映和表达他们在一日生活中的经验，在原有的基础上不断调整和丰富自己对周围环境的认知，增强安全意识。

幼儿在交通安全游戏中获得了较大程度的自由，在开放的空间情景中将已有的生活经验进行迁移并习得各种能力，大胆尝试扮演各种角色，充满激情地去探究、发现，模仿和创造，自由、自主、自在、自觉地开展自主游戏，在游戏中进行学习。

在游戏活动中，幼儿对新增的工程师、气象员、公交车司机等角色进行了直观深入的理解，认知、语言表达、情感、交往等方面有了进一步的发展，角色游戏的情节设计、角色的分配以及解决问题的能力有了进一步的提高。在生成的角色扮演游戏中，幼儿的自主游戏水平得到了进一步的提高。

（二）教师成长

在开展了一系列的探究活动后，教师能"看见幼儿，追随幼儿的兴趣"，进行区域环境的创设，懂得在观察幼儿游戏时，着眼于幼儿的最近发展区，引导和支持幼儿往更高水平发展。

教师在角色游戏中融入安全教育的内容，充分挖掘和利用游戏中的有效资源，不断丰富安全教育的内容，让幼儿既能从中获得交通安全、防灾避害和逃生自救的方法，又能满足自身的情感需要，在游戏中获得自信，体验成功的快乐。

教师采用多种支持策略，引导幼儿进一步思考和游戏。随着游戏的推进和问题的探究，教师在反思中不断提升理论知识，丰富实践经验，懂得去判断角色游戏背后的价值，做到知其然也知其所以然。教师以思助长，关注角色游戏的关联性和延续性，重视理论与实践的结合，把所学所得落实到日常教育活动中，也将经验迁移到其他领域中，促进幼儿在游戏中的深度学习，让教育智慧发挥作用，不断提升角色区环境创设与指导水平，更好地为幼儿游戏提供支持。

（三）家长影响

幼儿生命安全是一切教育活动开展的基础，只有家园合作，共同提高幼儿的安全认知能力，增强幼儿的安全防范意识和自我保护能力，才能让幼儿更好地成长。

因此，家长们也非常重视并大力支持幼儿的游戏。在开展"平安上学路"主题探究的过程中，家长在与幼儿进行游戏互动的过程中，不断拓展与延伸角色游戏的内容。如在认识各种各样的路时，家长带幼儿熟悉上学的路，引导幼儿观察途经的路牌、路标，提前了解上小学的路线，体验乘坐公共汽车、地铁等，切实提高幼儿的交通安全意识，同时家长以身作则，摒弃交通陋习，自觉遵守交通法规，做到安全文明出行。

在气象研究活动期间，家长带幼儿云参观广州气象站，观察每日天气的变化，了解气象与生活的关系，关注恶劣环境对天气的影响，倡导大家爱护环境、保护家园。家长组织幼儿开展线上天气辩论会，鼓励幼儿围绕某个话题大胆阐述自己的观点和看法。和幼儿一起活动时，家长开始关注幼儿间的对话或对某一件事情的争论、质疑，发现他们的兴趣点并帮助他们用文字记录探究的问题，梳理关键经验。家长能满足幼儿学习与发展的需要，支持其自主想象，尊重幼儿的表达，让游戏内容更加有趣和深入。

很多家长反映，通过这样的角色游戏活动，能更直观地观察、了解幼儿在游戏中的具体表现，及时掌握幼儿的发展情况，尤其是与同伴之间的合作交往和语言表达能力等。在理解幼儿游戏的同时，家长也看见教师的专业所在，及教师对幼儿的欣赏和尊重。因此，家长能更积极地追踪和注意幼儿的行为，捕捉幼儿释放出来的信号，及时发现幼儿遇到的难题并给予恰当的引导，积极配合教师开展游戏，幼儿游戏兴趣得到拓展和延续，各项活动得以顺利进行。

（案例提供：广东省公安厅幼儿院　卢丽林）

第七章

语言区活动中
幼儿深度学习的教育支持

语言区活动是幼儿在宽松自由的环境中与材料、同伴进行自主互动，运用谈论、讲述、辩论、阅读等多种语言交流方式，促进其个性化语言学习与发展的自主游戏活动。近年来，幼儿园语言领域教育普遍存在过度重视阅读、偏重集体教学活动的倾向，在语言区活动中，存在过分强调阅读理解，如重视图书投放、忽视幼儿多样化表达与语言核心经验迁移运用的现实问题，幼儿在语言区活动中的学习停留在"热闹"的表面，幼儿在语言区的深度学习需进一步探索。《指南》启示教师应重视识别有意义的语言发展情境，将其融合在语言区场景创设中，支持幼儿在与语言区材料、同伴、教师的互动中进行语言经验积累，并在多元化的生活场景中灵活使用语言、进行创意表达，实现幼儿在语言区活动中的深度学习。

第一节　语言区幼儿深度学习的关键经验

语言是交流和思维的工具，幼儿期是语言发展特别是口语发展的重要时期。幼儿在深度学习过程中需要运用语言获取多样化信息，并在语言的理解和表达中建构梳理经验，在互动中进行经验共享和迁移，支持幼儿的学习逐步超越个体的直接感知，助力高阶思维和问题解决能力的发展。幼儿语言发展关键经验一般涵盖语言知识、语言能力和语言思维三个方面，幼儿在语言区的关键经验包括谈话、辩论、讲述、前阅读、前识字与前书写六个部分，幼儿深度学习重视幼儿内在学习动机的激发，在语言区活动中促进幼儿深度学习，关注幼儿阅读与表达兴趣的培养，重视情境的创设，支持幼儿在多样化的情境互动中积累与运用语言经验。

一、语言区幼儿深度学习关键经验的主要内容

本章结合《指南》以及有关语言领域关键经验的已有研究，并聚

焦幼儿在语言区活动的表达性、创造性、自主性的学习特点，将幼儿深度学习的关键经验划分为以下五个维度，以促进其全面而深入的语言发展。

（一）倾听与谈话

谈话是指两个或两个以上的人就某一主题进行的交谈，幼儿在交谈过程中的深度学习包含积极主动的交流态度、主题深入与转换自然流畅等要素①，最终将区域中获取的交谈与倾听经验运用到多样化的生活场景中。

（二）辩论与演讲

幼儿园的辩论活动是指在一定的竞争压力下，辩论的双方或多方运用一定的方法，围绕一个相互对立的话题进行解释证明、论证反驳的语言活动②。一般来说，辩论与演讲经验在中班阶段开始萌芽，在不断尝试的过程当中逐渐得到提升。

（三）讲述与独白表达

讲述是幼儿了解和表达世界的基本方式，指用口头语言把人物的经历、行为或事情的发生、发展、变化讲出来。③ 幼儿在区域活动的深度学习中进行讲述，需要幼儿具备较强的观察、理解、表达的综合能力。

（四）阅读与理解

阅读是从书面语言材料中获取信息、建构意义的过程，幼儿的阅读遵循着从"图画到文字"的过程④，而且主要以图画为阅读对象。

---

① 周兢. 学前儿童语言学习与发展核心经验［M］. 南京：南京师范大学出版社，2014.
② 同①.
③ 同①.
④ 周兢，程晓樵. 论幼儿园早期阅读活动［J］. 学前教育研究，1995（2）：13-15.

（五）符号与前书写

前书写是指幼儿使用多种方式表现的"非正规"的文字书写①。幼儿在语言区活动中获得有关符号和文字在功能、形式和规则上的意识，并在有目的、有意义的情景中初步习得符号与文字，在生活中积极尝试理解和运用符号与文字。

二、语言区各年龄阶段幼儿深度学习的关键经验

在语言区中，不同年龄阶段的幼儿深度学习的关键经验各有侧重，同时，每名幼儿都是独一无二的，他们的发展速度、学习方式、兴趣点以及理解能力也都各不相同，需要创造一个包容、支持和富有挑战性的学习环境，以促进每名幼儿从原有水平向更高水平发展。

（一）3—4 岁关键经验

1. 倾听与谈话

（1）能听懂和初步理解常用的简单会话。

（2）能用简单的言语与教师、同伴交往，向别人表达自己的感受和需要，简要叙述生活中的事。

（3）在成人的提醒下，使用恰当的文明礼貌用语。

2. 讲述与独白表达

（1）愿意倾听他人讲述故事。

（2）能大胆地在集体面前分享自己的生活经历或游戏经历。

（3）使用简洁的语言介绍自己的作品、游戏规则或正在进行的游戏等。

3. 阅读与理解

（1）对阅读充满兴趣，能主动要求教师讲故事、读图书。

---

① 周兢．学前儿童语言学习与发展核心经验［M］．南京：南京师范大学出版社，2014.

（2）在区域活动中，能自主翻阅图书，并安静观看。

（3）根据画面说出图中有什么，能根据想象大致猜测画面的意思。

4. 符号与前书写

（1）在语言区中，愿意写写画画。

（2）能用涂鸦的方式表达自己的意思。

（二）4—5岁关键经验

1. 倾听与谈话

（1）在多人交谈过程中，能有意识地听到跟自己有关的信息。

（2）喜欢谈论自己感兴趣的话题，愿意与他人讨论问题，敢于在同伴面前说话。

（3）主动使用文明礼貌用语，不说脏话、粗话。

2. 辩论与演讲

（1）愿意并能在小组或集体面前，将自己的主要观点说出来。

（2）了解别人与自己观点的不同，并能理解别人的观点。

（3）理解对方的观点，并尝试使用合适的语言反驳。

3. 讲述与独白表达

（1）能耐心倾听他人讲述故事，并大致理解故事内容。

（2）能基本完整、连贯地讲述自己的所见所闻和经历的事情。

（3）能看懂绘本图画的意思，并根据自己的理解简单描述画面所表达的意思。

4. 阅读与理解

（1）建立自觉阅读图书的习惯，尝试与同伴共同阅读。

（2）喜欢把看过的图书讲给同伴听。

（3）乐于观察画面中的各种细节，将多种信息串联起来，理解故事情节。

5. 符号与前书写

（1）乐意观察各种符号，对文字有好奇感和探索愿望。

（2）愿意用图画和符号表达自己的愿望和想法。

（三）5—6 岁关键经验

1. 倾听与谈话

（1）在区域活动中，能注意听并听懂教师或同伴讲话。

（2）能有意识地通过表情、身姿、手势、目光等辅助手段帮助交流和表达，围绕主题提出问题，表达自己的观点和想法，而且能生动、有感情地描述事物。

（3）能根据不同的场合和情境，调节自己说话的语音、语调等。

2. 辩论与演讲

（1）理解并遵守辩论的基本规则。

（2）使用合适的语言清楚表达自己的观点，并始终坚持自己的观点。

（3）运用陈述、假设、对比、反问、举例等锻炼高阶思维的方法进行辩论。

3. 讲述与独白表达

（1）在语言区中，能注意倾听并理解他人讲述的故事。

（2）能有序、连贯、清楚地讲述一件事情。

（3）讲述时，语言比较丰富、生动，并能使用一些相对复杂的句式。

4. 阅读与理解

（1）主动养成并坚持良好的阅读习惯。

（2）能说出所阅读的图书作品的主要内容。

（3）理解图书信息，能尝试在阅读过程中形成预期、假设、比较、验证等阅读策略，形成自己的理解和判断。

5. 符号与前书写

（1）对各种符号具有敏感性，遇到不懂的符号能向教师请教。

（2）感知文字组成规律、熟悉文字字形，进行创意书写与表达。

第二节　语言区促进幼儿深度学习的环境创设

幼儿对世界的认识主要是通过直接感知、实际操作和亲身体验等途径，以游戏的形式在幼儿园一日生活中实现的，幼儿在语言区的深度学习需要丰富的区域环境来支持幼儿持续的探索，因此，教师应为幼儿提供有意义、有准备、有支持的区域环境，激发幼儿语言学习的内在动机，在与语言区环境的互动中积累运用语言的经验。

一、创设主题情境，激发阅读兴趣

在不同的班级主题活动中，幼儿都会有讨论与表征的过程，这时语言区可以很好地为主题服务。如在"月球基地的诞生"的主题活动中，教师投放了关于探秘太空的各类绘本，还为主题设置了特别的书架，把绘本展示出来，幼儿都被特别的书架和绘本吸引，阅读率大大提高。

在语言区还可以设立主题展示区，在主题探究过程中，幼儿的探究记录表、活动过程表征、教师记录的学习故事、一对一倾听记录等，都可以投放到主题展示区，供幼儿阅读、学习、欣赏。

二、投放优质读物，设计阅读梯度

经典优质的绘本是幼儿最初接触的美术作品，对幼儿的美学启蒙有着独特的作用和价值。教师在语言区应为幼儿提供优质且足够的绘本，还可选择高质量的画报和科学读物，使书架丰富起来，增加书籍的种类，打造吸引幼儿的阅读乐园。除此之外，区域中投放的绘本应根据幼儿的兴趣与发展水平进行选择。教师也应考虑发展水平较低的幼儿需求，由易到难投放不同难度的绘本供幼儿选择，让发展水平较低的幼儿也能参与区域阅读活动。

三、突破单区局限，重视经验迁移

幼儿语言能力的发展包括听说读写，从词到句，从句到故事片段，从故事片段到完整故事，再到创编故事，这个过程需要大量的素材积累和逻辑思维的支撑。但幼儿的逻辑思维发展需要具体的操作来支持，如在语言区的活动过程中，可以通过设立魔法实验室，在具体的搭建及动手操作过程中支持幼儿把想象变成现实，再通过设立小剧场，为幼儿提供分享自己思考及创作的舞台。

如在"碰撞星球"的主题活动中，教师将语言区划分成区中区，如表演区、观众席、创意创作区（魔法实验室），幼儿可以自由选择在区域中的角色，如演员、编剧、美工、剧场设计等。同时，根据幼儿的游戏意愿与需求，在区域中投放各种材料，如剪刀、泡沫箱、纸盒、画纸、海绵、彩纸、颜料、轮子、螺丝、锤子、各类黏合胶等。在沉浸式的主题区域活动中，幼儿进行思维的表达、思想的碰撞、社会性的学习等，在愉悦的氛围中激发无穷的想象力与创造力，这是幼儿进行深度学习的重要机会。

除此之外，根据班级的活动需要，教师还可以利用马赛克方法创设区中区，带领幼儿实地考察不同的班级区域，倾听幼儿的想法，一起制定区域布置的计划，收集材料、动手布置。教师还可以邀请故事爸爸或故事妈妈每周来园给幼儿讲故事、陪伴阅读。

在区中区的划分过程中，教师可以妙用家具，分隔区域，如使用书架、收纳箱、椅子、沙发等自然分隔不同的区中区，同时设立各个区域的规则，如规定区域上限人数，张贴在与幼儿视线水平对应的地方，以确保各个区中区的活动平行进行，互不干扰。

第三节　语言区促进幼儿深度学习的
教师观察与指导策略

幼儿语言能力具体表现为倾听能力、表达能力、理解能力、语言交流能力、早期阅读能力等，听、说、读、写是发展语言能力的四个基本关键点，在语言区活动中，教师可以围绕四个关键点进行观察与指导。

一、倾听能力发展的指导策略

善于倾听的幼儿，能够积累大量的语言信息，从而丰富自身的词汇量，完成输入到输出的过程。倾听，不仅是为了模仿，更是经验内化和经验迁移的重要途径。如在区域活动中，教师使用笔记观察法，一周持续简短地记录在未接受教师介入情况下的幼儿倾听行为习惯，对倾听习惯较差的幼儿，以家园合作的形式进行诸如注意力类的干预与介入，再进行持续的观察与记录，对比前后的活动情况，这不仅有助于教师了解幼儿倾听能力的发展过程，而且有助于教师更好地计划下次区域活动。

二、表达能力发展的指导策略

在区域活动中，幼儿的表达能力表现为交流、表达、表演、辩论等，是幼儿自主表达、自由分享的表现，是锻炼幼儿语言交往能力的重要途径。如在区域活动中，当发现幼儿无目的地谈话，交流内容零散，表达不够完整和连贯时，教师通过录像、图片、录音等方式对幼儿进行观察，在区域活动结束后，全班幼儿一起观看录像、图片、录音，从一个话题开始，全班进行头脑风暴，聚焦问题进行思考、讨论、碰撞、表达，实现幼儿谈论时的经验唤醒、提升和迁移。

三、阅读能力发展的指导策略

在语言区活动中，幼儿读绘本，念儿歌、童谣等，不是靠识字完成阅读，小班幼儿可以以教师为主导的分享式阅读为主；中班幼儿可以尝试幼幼互动式阅读，不同水平层次的幼儿结伴阅读，通过互相提问，寻找画面信息，猜测故事内容的发展；大班幼儿则可以通过自主阅读探索故事内容，教师可以根据六要素——时间、地点、人物、起因、经过、结果，引导幼儿达成对绘本内容的完整理解。

四、前书写能力发展的指导策略

说和前书写是幼儿在语言发展中的输出，在区域活动中，写常常表现为愿意用图画和符号表达事物或故事，乐于"画字"，创编制作绘本，表征想象。幼儿从最初的用涂涂画画表达自身愿望到具象的表征，这个过程需要教师持续地倾听、观察、记录、整理，并为幼儿提供展示平台，教师可使用定点追踪观察记录幼儿的前书写，如协助幼儿用文字记录图画表达的事件、标注画面关键信息，使用作品分析法对作品提出相应建议，除横向比较外，还要纵向关注幼儿自身是否有进步，并划分空间展示幼儿的创作成果。

在语言区的活动过程中，除了以上观察与指导策略以外，教师还需要认真倾听幼儿的想法，积极地与他们合作，以拓展他们的区域活动至更具挑战的水平。其中，提问的技巧尤为重要。关注幼儿获取信息的提问有助于教师更好地参与幼儿的活动。在对话过程中，教师的角色应为参与者而不是传授者。多使用开放性提问不仅有助于教师积极地参与其中，而且有助于教师和幼儿之间的自由互动，并为幼儿与幼儿之间的互动树立参考模板，促进幼儿语言能力的发展。

第四节 语言区幼儿深度学习的教育支持案例

中班语言区活动案例"我妈妈"

语言区是促进幼儿语言发展的重要区域。语言区的核心价值是不断拓宽和加深幼儿对语言学习的兴趣,满足幼儿个别化的语言学习需要,促进幼儿语言表达能力的发展。3—6岁是儿童语言发展的敏感期与关键期。《指南》中明确指出,幼儿的语言能力是在交流、运用的过程中发展起来的,应为幼儿创设自由、宽松的语言交往环境,让幼儿想说、敢说、喜欢说并能得到积极回应。在幼儿园的语言区,我们常会看到这样的场景:图书架上陈列着各种图文并茂的幼儿读物,柜子里有各种指偶或操作图片等,幼儿在语言区的活动也通常是复习学过的故事、儿歌,用手偶表演故事、看各种绘本等,这些样式单一,刺激指向性弱的活动,使幼儿缺乏自主运用语言表达发现、探究、操作的习惯,欠缺持续探究的精神。幼儿语言能力的发展绝大多数是在有意义的真实使用情景中获得的,是以幼儿的直接语言经验为基础的。[①]因此,教师要善于发现和把握幼儿的兴趣点,通过观察幼儿、倾听他们之间的对话发现其关注点,引导幼儿进行创造性的语言活动,鼓励幼儿多想多说,把做做、玩玩、说说结合起来,使幼儿在丰富多彩的活动中,动口动手动脑,获得快乐和满足。

---

① 任红艳. 教育中幼儿语言表达能力的培养 [A]. 国家教师科研专项基金科研成果 2018(四),2019.

一、活动背景

（一）主题点燃

家是幼儿最熟悉的地方，是幼儿最重要、最亲切的环境，家人是幼儿最依恋的人，也是给幼儿最多亲情体验的人。在主题活动"家是什么"中，幼儿的话题焦点常常是妈妈，他们谈到自己的妈妈都是滔滔不绝。

（二）回应支持

语言区的活动具有开放性、互动性、参与性等特点，能更好地支持和帮助幼儿主动探究和表达。利用语言区的及时回应和引导，可以充分满足幼儿自由发展、想象和探究的需要，充分激发幼儿的语言、情感、社会性和动手操作能力等，有效促进幼儿语言表达能力的提高。

二、"我妈妈"活动过程

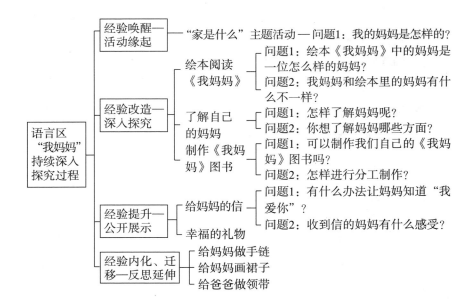

（一）经验唤醒—活动缘起："家是什么"主题活动

问题1：我的妈妈是怎样的？

幼儿探究实景

家对每个孩子来说都是甜蜜、温暖、熟悉和亲切的。《纲要》中指出要引导幼儿关注父母和其他亲人的兴趣爱好，感受他们对自己的爱，会用简单的方式表达自己对他们的爱。

3月，本班开展了"家是什么"的主题活动。孩子们一起收集了全家福照片，在分享的过程中了解各自的家庭成员结构，感受一家人相亲相爱的幸福情景。教师把全家福照片展示在班上，孩子们总是喜欢围在一起讨论："这是我妈妈，她很爱我的。""我妈妈烫头发了，像波浪一样美！""我妈妈会给我讲故事，我最喜欢她搂着我讲睡前故事。"孩子们话题的焦点都是妈妈。

妈妈是每个孩子最亲密的人，在生活的每个方面都无微不至地关爱着孩子。每个孩子也都非常爱自己的妈妈，享受着妈妈对他们的爱。孩子们的话，让教师想到了安东尼·布朗的经典名作《我妈妈》，这是一本赏心悦目、温暖幽默的绘本，书中借着孩子天真自豪的口吻，描绘了孩子心目中无所不能的妈妈。看过这本绘本的孩子都会喜欢这样的妈妈，也都希望有这样的妈妈。如果我们在此刻（主题活动中孩子们兴趣盎然地讨论妈妈时）陪孩子们阅读绘本，能让他们在绘本中体验到什么呢？孩子们会用怎样的方式去表达自己最亲爱的妈妈呢？带着这些思考，结合主题、孩子们的年龄特点和兴趣，一个关于"我妈妈"的语言区活动便诞生了。

教师的思考与支持

妈妈是幼儿最熟悉、亲密的人，一提到妈妈，每名幼儿都有说不完的话。但是仅仅通过全家福让幼儿回忆妈妈，幼儿关于妈妈的语言是简单直白的，描述也比较浅显和零散。基于幼儿对妈妈这一话题的兴趣，教师为幼儿提供了经典绘本《我妈妈》，从而激发了幼儿本能的好奇心和表达愿望，拓展了幼儿可以表达的内容，进一步唤醒了幼儿对于妈妈的已有经验。

（二）经验改造—深入探究

1. 绘本阅读《我妈妈》

问题1：绘本《我妈妈》中的妈妈是一位怎么样的妈妈？

幼儿探究实景：绘本《我妈妈》

教师把绘本《我妈妈》投放在语言区的绘本展示架上，又把绘本中妈妈是园丁、天使、狮子、蝴蝶的图片打印出来张贴在墙上。

第二天，当孩子们看到语言区展示架上的绘本《我妈妈》，看到区域墙上四幅图画时，都兴奋起来。

"这是一个怎么样的妈妈？妈妈像谁？为什么说妈妈像天使？为什么要把妈妈画成狮子呢？为什么要把妈妈画成蝴蝶呢？"教师一连串的问题激发了孩子们阅读的兴趣。

"老师，快和我们一起来读这本书吧！""我都等不及了！"孩子们把目光转向教师。

在分享绘本的时候，孩子们被有趣的内容、生动的画面、简单纯朴的语言、精心设计的排比句式、极尽夸张的超现实主义手法深深吸引，绘本里体形富态、充满爱心、笑口常开、充满了爱和感染力的妈妈，让孩子们深深感受到充满温暖的亲子情感——妈妈爱我，我也爱妈妈。

问题2：我妈妈和绘本里的妈妈有什么不一样？

"我的妈妈像故事大王，每天晚上都和我说不同的故事。"邢睿说。

晨晨："我的妈妈是钢琴公主，她会弹出美妙的音乐！"

蓓蓓："我的妈妈是魔法师，我不开心的时候她总会想办法让我开心起来！"

当孩子们纷纷描述自己的妈妈很棒的样子时，辰辰说："我的妈妈上班很累，她下班回来说就想躺在沙发上！"

东东："我爸爸说我妈妈最喜欢化妆，每天都很漂亮。"

妍妍："每个人的妈妈都不一样，我的妈妈就不喜欢化妆。"

教师接过孩子们的话说："妍妍说得真好，我们的妈妈有一样的地方，也有很多不一样的地方。每个人的妈妈都是不一样的，怎样知道有哪些不一样呢？"

教师的思考与支持

基于幼儿讨论的话题和兴趣，教师有目的地结合主题在语言区投放绘本，通过绘本投放和创设环境墙面，激发幼儿"我想读，我要读"的兴趣，这是绘本阅读的最好动力和情感铺垫。

绘本《我妈妈》对妈妈充满想象的描述手法，各种排比句式，描绘了一个体形富态、充满爱心、笑口常开、充满了爱和感染力的妈妈。绘本中对妈妈的描绘充分调动了幼儿的已有经验和表达欲望，也为幼儿的模仿提供了范本，丰富了幼儿对妈妈的表达。幼儿在与同伴的谈话和互动中，完整讲述了自己妈妈的特点。在这一过程中，幼儿不断开动脑筋，调动已有知识经验，与当前绘本中的经验进行重组，幼儿对妈妈的了解更全面、更具体，并细致地用完整语句表达，实现了经验的改造与创新。

共读绘本《我妈妈》后，从幼儿的分享，可以看到以下几点。

（1）通过阅读绘本，幼儿能充分感受到这个绘本故事的有趣，对妈妈的本领感兴趣，激发了他们讲述的愿望。

（2）幼儿敢于表达和日常班级与家庭为他们创设的自由、宽松的环境是分不开的，如幼儿说"我的妈妈上班很累，她下班回来说就想躺在沙发上！"。所以，在幼儿的一日生活中，为幼儿创设自由、宽松的语言交往环境，鼓励和支持幼儿和成人、同伴交流，让幼儿想说、敢说、喜欢说，并能得到积极的回应，让幼儿敢于表达、自信表达是很重要的。[1]

---

① 廖长玲. 幼儿园教学中幼儿语言能力的培养［J］. 新课程，2020（50）：161.

2. 了解自己的妈妈

问题 1：怎样了解妈妈呢？

幼儿探究实景

孩子们围坐在地毯上，他们正在热烈地讨论着如何更好地了解自己的妈妈。

小华："我们可以回家问妈妈呀！她们一定会告诉我们很多有趣的事情。"

小丽点头赞同："对，我们还可以把妈妈说的话记下来，这样就不会忘记了。"

教师："这真是个好主意！我们把这种方法叫作访谈。你们回家后，可以准备一些问题采访你们的妈妈，把答案记录下来。然后，我们可以一起分享，看看大家都了解到了什么。"

孩子们纷纷点头，脸上洋溢着期待和兴奋的笑容。他们迫不及待地想要回家，开始他们的"采访妈妈"之旅。

问题 2：你想了解妈妈哪些方面？

幼儿探究实景

"我想问妈妈最开心的是什么。"乐乐说。

"我也想问这个。""我也想问。"孩子们纷纷表示同意。

"我和姐姐一起玩游戏，我妈妈就很开心。但我生病了，妈妈就不高兴，她说好烦恼呀，我的宝贝生病了！"瑶瑶说。

"我妈妈说她长白头发了，真烦恼！"森森说。

在孩子们的讨论分享中，生成了《我妈妈》的调查访谈记录表。除了想呈现妈妈在家的样子、工作的样子，孩子们还想通过访谈了解妈妈最喜欢吃的东西、开心的事情、烦恼的事情。

调查访谈记录表《我妈妈》

教师的思考与支持

随着幼儿对绘本《我妈妈》的逐渐熟悉，幼儿开始熟练掌握新的表达句式，经验也逐渐丰富，这使得幼儿开始探究更多的可能性，拓展对妈妈的了解。于是，幼儿借助调查访谈记录表《我妈妈》丰富了对妈妈的认知，也为幼儿的表达提供了更多的素材。幼儿关于妈妈的表达更加完整、复杂、具体，在与同伴表达、谈论、交流的过程中，幼儿的经验得以进一步改造。

（1）《指南》中4—5岁语言领域的目标是，愿意与他人交谈，喜欢谈论自己感兴趣的话题。"妈妈"是幼儿感兴趣的话题，教师围绕这个话题，提供交流的平台，让幼儿在讨论中充分表达想了解妈妈的哪些方面，使幼儿的语言能力在交流和运用的过程中获得发展，同时通过商量制定调查表内容促进经验的提升和发展。同时，调查表又让幼儿在介绍和分享时有话可说，条理清晰，成为幼儿语言表达的最好媒介。

（2）无论是幼儿还是成人，全面了解一个人，均是爱和情感互动的基础。调查访谈记录表《我妈妈》给幼儿提供了一个了解、访谈妈妈的机会，帮助幼儿全面了解妈妈，学会感恩、体贴、关爱妈妈。

（3）教师将绘本《我妈妈》投放到语言区，也将幼儿的调查访谈记录表贴在区域中，通过区域阅读和分享交流，在实际操作中进一步提升幼儿的语言能力，更好地引起幼儿思想与情感上的共鸣。

（4）给幼儿提供更多的语言区阅读素材，如《猜猜我有多爱你》《逃家小兔》《有一天》《大嗓门妈妈》等，进一步引导幼儿通过绘本感受妈妈的爱。

3. 制作《我妈妈》图书

问题1：可以制作我们自己的《我妈妈》图书吗？

幼儿探究实景

"我们想做一本《我妈妈》的书。"妍妍和可榆在区域活动时提议。

"我也想和好朋友一起做图书。"

教师："你们知道怎样做一本图书吗？"

孩子们提出做法："我们可以合作，像做自主游戏的计划一样，大家商量、分工。"

问题2：怎样进行分工制作？

"封面，一个人负责，里面的内容可以每个人画一个自己的妈妈最棒的画，然后装订起来就可以了。"妍妍说。

于是，教师在语言区里投放画纸、彩笔、装订机等材料，喜欢做图书的孩子们尝试做书。

孩子们合作做书

孩子们制作图书后，请教师帮忙写上文字。

"这里面说的不是一个小朋友的妈妈，是这么多人的妈妈，该写什么文字呢？"教师问。

"那就写'这是我们的妈妈，每个妈妈都很棒！一起来看看吧！'。"欢乐说。

"嗯，很好的开头语！"

"我妈妈是个故事大王，每天都和我讲不一样的故事。"

"我妈妈是一个爱心天使。"

"我妈妈是一个好心的公主！"

"我妈妈是个魔法师，总逗我开心地笑！"

"我妈妈是一个温柔的天使。"

"我妈妈像猫咪一样温柔。"

我们的妈妈真的真的很棒！

我爱我的妈妈，而且你知道吗？她也爱我！永远爱我。

孩子们做的书

教师的思考与支持

随着"我妈妈"活动的持续深入，幼儿对妈妈的了解更为深入，幼儿语言表达的经验也越来越丰富。幼儿开始自发地尝试用书写和绘画的表征方式，表达对妈妈的认识。幼儿结合活动前期习得的所有经验和技能，制作《我妈妈》图书，对自己的妈妈进行表征和表达。在这一阶段，幼儿出于对作品完整性以及表达的需要，激发出更多的可能，幼儿的原有经验得以进一步改造。

（1）绘本《我妈妈》和调查访谈活动是幼儿自制图书的内驱力。同时，由于一直坚持绘本阅读，幼儿对绘本的结构比较了解，他们喜欢绘本，想制作图书的情感是油然而生的。结合中班幼儿的年龄特点，教师对幼儿在区域中合作制作图书没有做过细的要求，封面、封底、每一页的图书结构完成即可。

（2）幼儿合作制作图书，是自发的绘本创编活动，建立在对绘本《我妈妈》的理解的基础上，是具有积极意义的创造活动。教师及时的回应和支持，成为幼儿开启智慧之门、大胆创新、自主学习的助推器。

（3）幼儿自制的绘本，让大家眼前一亮，他们在合作制作图书的过程中对妈妈的爱有了更多的探究和分享，不仅提升了对妈妈的爱的感受，对妈妈的形象感知也更立体了。

（三）经验提升—公开展示

1. 给妈妈的信

问题1：有什么办法让妈妈知道"我爱你"？

幼儿探究实景

今天，东东拿来一张明信片，他高兴地说，这是住在杭州的姑妈给他写的信。

"信上写了什么？""这个爱心是什么意思？"孩子们围在一起，一边看信一边问。

信，是传递爱的一个载体，而且可以反复看，容易保存。"孩子们喜欢写信吗？""如果给妈妈写信，孩子们会说什么呢？"孩子们的行动点亮了教师的想法。

"孩子们，你们的妈妈这么棒，有这么多让你们感动和有趣的事情，你们这么爱妈妈，妈妈知道吗？怎样让妈妈知道呢？"区域活动时，教师抛出了一系列问题。

乐乐："告诉妈妈'我爱你'！"

明明："回家给妈妈一个大大的拥抱，给妈妈一个甜甜的吻！"

小雨："可以做一个礼物送给妈妈。"

小天："像东东的姑妈一样，我们也可以写信给妈妈。"

教师："怎么写才能让妈妈看懂你的意思呢？"

小雨："我们可以把自己想说的画下来呀！"

为了增加仪式感，教师在语言区为孩子们准备了卡通信纸和信封、笔，鼓励幼儿按自己的方式给妈妈写信，写完后将信装入信封，回家后交给妈妈，并与妈妈一起读信。

可可："妈妈，我爱你，你是最漂亮的公主！"

睿睿："谢谢妈妈每天给我讲故事，我也会给你讲故事，让你听着我的故事睡觉。"

扬扬："妈妈，我要帮你一起搞卫生，让你不要那么累！"

可榆："我最喜欢妈妈和我玩桌游，这时候，妈妈笑得像彩虹一样，那么灿烂、那么美！"

欢乐："我生病了，妈妈细心照顾我，像太阳一样温暖我，妈妈爱我，我像星星一样爱她！"

妍妍："妈妈，你做的饭菜，又好看又好吃，我总是像小老虎一样，啊呜啊呜就吃光，谢谢你，我的好妈妈。"

写给妈妈的信

问题2：收到信的妈妈有什么感受？

孩子们的信带给妈妈许多感动。

欢乐妈妈："没想到孩子生病时，我对孩子的照顾她这么记在心上。孩子说'我像太阳一样温暖她，她像星星一样爱我'，真是太让我感动了。这是孩子对被爱与爱的最纯真表达！"

妍妍妈妈："读着孩子写的信，我可高兴了。不仅是因为孩子在信中对我厨艺的肯定，更让我感动的是孩子对生活中爱的感悟和表达，这对孩子的成长非常重要。"

教师的思考与支持

通过前期的一系列活动，幼儿加深了对妈妈的了解，也更加深刻地体会到妈妈的艰辛和不易。在与同伴的交流和互动中，幼儿开启了新的表达方式，通过信件、礼物、拥抱等方式向妈妈表达情感，丰富了幼儿的原有认知，幼儿的经验得以进一步改造。

（1）写信给妈妈展现了"兴趣、契机、表达"的活动轨迹。这也说明，一日生活中的教育契机无处不在，提高幼儿的语言表达能力、丰富幼儿情感的方式可以灵活多样。

（2）幼儿在分享东东姑妈的信时，了解了一般书信的格式、信封的写法。对于中班幼儿，教师鼓励幼儿大胆地用绘画的形式给妈妈写信，回家把信带给妈妈。如果幼儿对信的投递感兴趣，则可以再做探究。

（3）在这个互联网普及的时代，对于成人来说，写信的也是寥寥无几。但信是比物质更为尊贵的精神食粮，写信是一种非常浪漫的情感表达方式。我们在活动中可以看到，幼儿用纸和笔，用手和心写给妈妈的信，让妈妈很感动。别小瞧幼儿信件的稚嫩与笨拙，里面甜甜蜜蜜的幸福和爱，会在妈妈和幼儿的心底投进灿烂又温暖的亮色。

2. 幸福的礼物

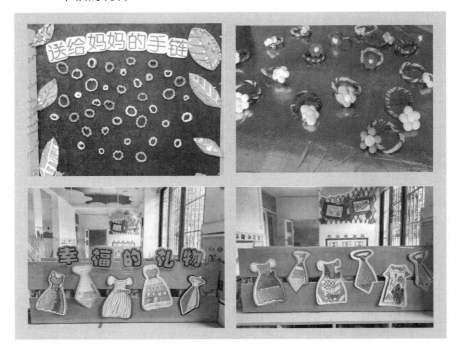

美工区　幼儿公开展示实景

教师的思考与支持

围绕"我妈妈"这一话题，经过一系列持续深入的探究活动，幼儿通过模仿和改造绘本《我妈妈》中的表达，通过访谈记录、绘画、信件、礼物等方式表达妈妈的特点或向妈妈表达爱意，幼儿对妈妈已经相当熟悉，相关的语言表达经验也已经相当丰富。教师将幼儿绘画、调查记录产生的作品展示出来，让幼儿一边欣赏，一边与同伴、教师、家长交流自己的制作方法、过程和想法，使幼儿将探究过程中的经验进行整合，使相关经验更加完整，为幼儿在新的情景中灵活运用和提取相关经验奠定基础，与妈妈相关的表达经验得以进一步整合和提升。

（四）经验内化、迁移—反思延伸

顺着语言区活动的轨迹，孩子们还在美工区给妈妈做手链、手绘漂亮的裙子设计图，给爸爸设计了最帅的领带。爱就像一颗颗闪亮的星星，照耀着彼此的心灵，温暖着彼此。

1. 给妈妈做手链

孩子们小心翼翼地挑选着珠子，用稚嫩的小手将细绳穿过珠子，编织成一条条独特的手链。有的孩子还在链扣上挂上了自己亲手画的爱心卡片，作为给妈妈的特别惊喜。教室里弥漫着欢乐和温馨的氛围，孩子们的脸上洋溢着满足和期待，期待着将这些满载爱意的手链送给亲爱的妈妈。

2. 给妈妈画裙子

"我要给妈妈画一条红色的裙子，她穿上一定很漂亮！"

"我想给妈妈画一条蓝色的裙子，上面还有白色的波浪，就像大海一样。"

"我要画一条彩虹色的裙子，给妈妈一个惊喜！"

孩子们边画边交流着自己的创意，互相启发，互相帮助。画室里充满了他们的欢笑声和讨论声，空气中弥漫着爱的味道。每一个孩子都在用自己的方式，表达对妈妈深深的爱意。

3. 给爸爸做领带

孩子们围坐在桌子旁，桌上摆放着颜料、画笔、彩纸、剪刀和黏土等丰富的材料。他们纷纷拿起画笔，蘸取鲜艳的颜色，在画布上描绘出各种图案和花纹，为爸爸们设计独一无二的领带。有的孩子细心地剪下彩色纸，粘贴成精美的领结和装饰；有的则用黏土塑造出领带上的立体图案。孩子们的手艺虽然稚嫩，但每一份作品都饱含着对爸爸的深情厚谊。

教师的思考与支持

幼儿经验的迁移伴随活动开展的全过程。如，在活动刚开始前，幼儿从自身生活经验出发，分享和谈论自己的妈妈是怎么样的。阅读了绘本《我妈妈》之后，幼儿学到了新的表达方式，开始将绘本中习得的经验迁移到自己的表达中。之后，幼儿将自己对妈妈的了解用绘画的表征方式表达出来，制作了《我妈妈》图书，将已有经验迁移至美工区。经过一系列的探究活动，幼儿的经验得以巩固和发展，并向更高层次的表达和创造迈进。最后，大部分幼儿将在语言区习得的经验迁移至美工区，将学习经验举一反三，给妈妈制作手链、手绘裙子设计图，还为爸爸设计领带，实现了活动的延伸和经验的迁移。

三、"我妈妈"活动评价与反思

（一）活动反思

回顾整个活动过程，幼儿在语言区的探究活动其实是在"家是什么"这个主题背景下，语言区的材料投放和操作活动的过程。主题背景下的语言区活动随着主题的不断深入而逐渐丰富。

1. 我国教育学家陈鹤琴先生认为："兴趣对于儿童的发展，文化造就，具有莫大的势力。"[①] 因此，在语言区投放的材料也应结合本班幼儿的兴趣。教师通过观察幼儿的兴趣投放相应的材料，能够点燃幼儿探究的热情，使他们在活动过程中始终保持兴趣，人人都是积极的语言运用者，随处体现想说、敢说、愿意说的语言氛围。

2. 教师对于主题活动的解读与认识、对于幼儿身心发展特点的了解是选择语言区材料和活动的前提。只有这样，才能更好地激发幼儿的活动动机，调动幼儿活动的主动性、积极性、创造性，使区域活动材料更好地为不同幼儿的自主性及个性的和谐发展服务，并促进探究的不断深入发展。

3. 在区域活动中，操作活动作为师生互动、生生互动的媒介，不

---

① 严碧芳. 陈鹤琴早期教育思想述略［J］. 宿州学院学报，2010（1）：42-45.

仅促进幼儿语言能力、自主能力的发展，而且提高了幼儿的创造力和表现力。

（二）幼儿发展

1. 在此次活动中，幼儿基于自身的兴趣开展了系列探究活动，认知范围不断扩大，生活经验随之加深，这些改变都促进且丰富了幼儿的语言能力发展。

2. 幼儿用纯真的眼睛去发现，用稚嫩的心去了解妈妈、感受母爱，用移情的方式去表现，并从被爱到学会关爱妈妈及周围的人。幼儿的整体认知能力得到了提高，情感得到了升华。

（三）教师支持

在整个活动过程中，教师始终本着"以幼儿为主体"的精神实质，以引导者、支持者、合作者的角色，关注幼儿的学习兴趣，及时捕捉关键信息，将预设和生成相结合开展语言区活动，通过绘本的投放、材料的丰富、环境的构建，为幼儿营造了一个积极的探究环境，推动了幼儿的学习与探究，使幼儿通过调查、访谈、自制图书、写信等活动，不断满足其好奇心和求知欲，促进思维、学习品质和能力的不断发展。

一粒关于爱的小小种子，迎着春天的阳光在幼儿心中生根发芽。愿幼儿从了解妈妈开始，用心感受爱、体会爱、表达爱，在爱中蓬勃成长！

（案例提供：广州市第一幼儿园　徐桂梅）

大班语言区活动案例"碰撞星球的诞生"

一、语言区基本情况

通过对本班幼儿在语言区活动中的学习现状进行观察总结，发现存在以下三个方面的问题。

第一，幼儿在自主阅读中获取的经验较为零散，话题天马行空，没有约束，且内容杂乱，没有逻辑性。

第二，语言区材料投放的种类和数量还不够丰富，且部分材料不符合中班幼儿的年龄特征和游戏水平。

第三，区域设置简单，容易相互打扰，无法有效促进幼儿听说读以及前书写能力的发展。

二、"碰撞星球的诞生"活动过程

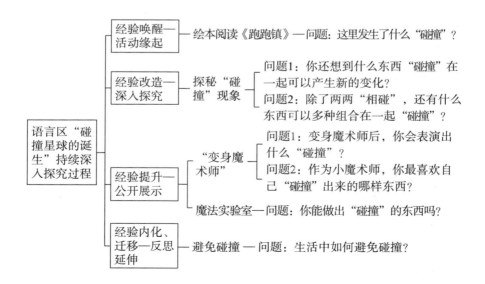

（一）经验唤醒—活动缘起：绘本阅读《跑跑镇》

问题：这里发生了什么"碰撞"？

幼儿探究实景

在颜色对对碰的探究活动中，孩子们发现黄色加红色会变成橙色，黄色加蓝色会变成绿色，孩子们对不同颜色的组合产生了浓厚的兴趣。这天的户外自主游戏时，杨杨用树叶包裹着一块石头，很高兴地和同伴分享："你们看，小叶子和石头在一起就变成了粽子。"同伴们听后也纷纷玩起了户外自然物的组合游戏。看着兴趣盎然的孩子们，教师想起了绘本《跑跑镇》，并在语言区投放了此绘本，一个关于"碰撞"的活动拉开了序幕。

教师的思考与支持

在颜色对对碰的活动中，幼儿发现不同的颜色通过"碰撞"会产生新的颜色，这一奇妙的现象引发了幼儿的探究兴趣。于是，在户外活动时，幼儿便自发地玩起了自然物的组合游戏，进一步加深了对除颜色以外其他物体"碰撞"的认识。教师以这一经验和兴趣点为契机，为幼儿提供与"碰撞"有关的绘本《跑跑镇》，进一步拓宽幼儿对"碰撞"的认识，唤醒幼儿在已有活动中形成的"碰撞"经验。

（二）经验改造—深入探究：探秘"碰撞"现象

问题1：你还想到什么东西"碰撞"在一起可以产生新的变化？

幼儿探究实景

在共读绘本的过程中，孩子们时而捧腹大笑，时而脑洞大开，那些奇妙、有趣的想法从他们的头脑中不断蹦出来。

班级也因此掀起一股关于"碰撞"的热潮。语言区成了餐后自主游戏的大热门，霈然爽朗的笑声吸引了教师的注意，只听见他说：椅子和轮子，咣！变成了轮椅。

伊伊：“小鸟和轮子，变成了飞机，我和爸爸妈妈坐过飞机呢。”

天泽：“鞋子和轮子会变成滑轮鞋。”

梓乐：“房子和轮子会变成房车。”

润润：“楼梯和轮子会变成电梯。”

孩子们各抒己见，从自由讨论到结伴讨论，从结伴讨论到小组讨论，一场思维碰撞正在区域活动中进行着。

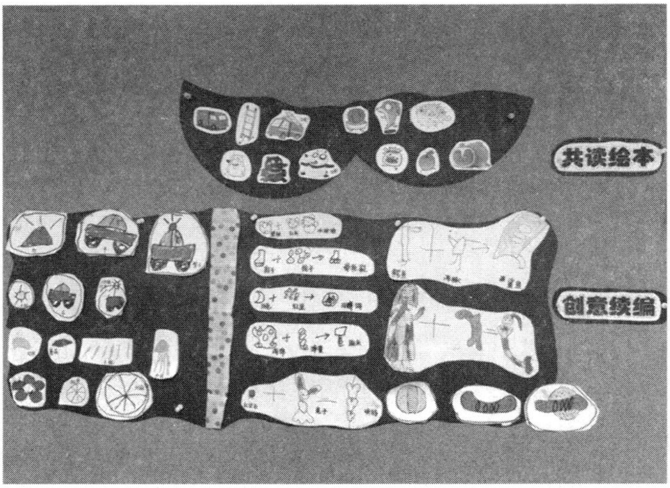

“碰撞”大讨论

教师的思考与支持

绘本《跑跑镇》描述了不同物体（植物、动物）通过“碰撞”产生的奇妙现象，绘本中趣味十足、富有想象力的组合充分调动了幼儿的已有经验和探究欲望，激发了幼儿对“碰撞”的新思考，实现了经验的改造与创新。

但幼儿目前的表达还停留在词和词的组合中，为了帮助幼儿更完整、具体、细致地描述创意，进一步提升表达能力，教师通过创设“跑跑镇”主题墙、评选“创意小明星”等方式拓宽幼儿的游戏范围，为幼儿深入探究提供支持，具体措施如下。

（1）创设"跑跑镇"主题墙：拓宽幼儿的认知与探究边界

创造力来源于生活，同样，碰撞游戏的灵感也不会凭空产生，教育应同生活紧密联系，区域的环境创设也是一样，关注幼儿生活和游戏中的思维火花，才能引起幼儿思想与情感上的共鸣。

因此，经过和幼儿的讨论，教师先把绘本的第一页放大，贴到语言区的墙面上。第二天回园，幼儿对新场景表现出强烈的好奇与惊喜，纷纷围了过来。

放大的绘本第一页图示

（2）评选"创意小明星"：以评促学，激发幼儿内驱力

创设主题墙后，幼儿创作的碰撞素材有了展示的地方，教师帮幼儿把这些材料过塑后贴在墙上。幼儿可以通过移动墙上的素材，进行新的碰撞思考与组合，大家会在每天游戏活动回顾时评选出"创意小明星"，让场景创设与幼儿兴趣融为一体。

主题墙的创设意图：一是帮助幼儿在实际操作中进一步提升语言能力，积累新经验；二是激发幼儿的挑战欲望，为幼儿的自主学习提供多种可能性；三是及时为幼儿提供正面反馈，激发学习内驱力。

问题 2：除了两两"碰撞"，还有什么东西可以多种组合在一起"碰撞"？

幼儿探究实景

孩子们拥有了自己参与创设的主题墙后，学习兴趣越发浓厚。这天，晨晨边在主题墙前操作卡片，边问乐乐："你知道很多很多东西碰在一起会变成什么吗？"

乐乐："会爆炸。"

晨晨："才不是呢，我们全班小朋友在一起就变成中六班；我爸爸、妈妈、爷爷、奶奶、妹妹在一起就是我家。"

晨晨把主题墙上的荷叶、黄色、石榴摆在一起问："你猜，它们碰在一起会变成什么呢？"

乐乐和诗晴都停下来思考，顿时，主题墙前安静了下来。

教师："我们一起再回顾一下绘本，看看会不会有新的发现？"

在回顾绘本的过程中，当读到"红宝石哒哒哒，苹果哒哒哒，咣，变成了石榴"时，诗晴说："我知道了，荷叶、黄色、石榴会变成我妈妈带的珠宝项链。"孩子们听了都鼓起掌来。

在一旁的海琳也加入游戏中："白云和松果加上糖，就会变成爆米花；白云加上面粉、鸡蛋，还有糖就会变成云朵面包，云朵面包飘呀飘，会飞起来……"

可欣："哇，海琳，你好厉害呀！"

海琳："我看过《云朵面包》这本绘本。"

乐乐："扫把扫呀扫、吹风机轰隆隆，再加上电池就会变成扫地机。"

润润："不对不对，是超级中国旋风扫地机。"

佳铖："我想到了，铲子铲呀铲、车子在路上走、雪花飘呀飘，碰在一起会变成超级旋风扫雪车。"

孩子们从讲述到谈论，从谈论到辩论，各抒己见……

教师的思考与支持

随着"碰撞"活动的持续深入，幼儿对词和词组合的经验也越来越丰富，幼儿不再满足于两两词汇的"碰撞"。由此，教师提出新的探究问题"除了两两'相碰'，还有什么东西可以多种组合在一起'碰撞'？"，围绕新的探究问题，幼儿的经验向新的水平迈进，已有经验由原来的两个词组合进一步改造为多个词组合，幼儿把创意更完整、具体、细致地表达为与"碰撞"有关的完整语句。在新的表达、谈论、交流的过程中，幼儿的语言经验得以进一步拓展。

基于幼儿语言能力的发展，教师在以下四个方面给予幼儿深入探究的支持。

（1）教师有效介入：为幼儿的学习与探究提供有效的支持

当晨晨提出多种组合的问题时，乐乐一下子还没能想到答案，如何拓宽幼儿的思路，把幼儿留在当下的学习与探究中呢？教师以参与者的身份加入了幼儿的谈话活动，通过回顾绘本，探究多种组合的可能性，帮助幼儿梳理思维，拓宽组合变化的思考路径。

（2）创设"碰撞星球"小剧场：师幼共创沉浸式、体验式的活动环境

如何延续幼儿的兴趣和探究热情，更好地支持幼儿的深度学习呢？经过讨论后，我们创设了"碰撞星球"小剧场，并在区域上空悬挂了醒目的标志。在区域的边界，我们用屏风作为半隔断，对语言区进行了明确的划分，将区域的空间变为剧场与阅读区，并在阅读区投放了《超级跑跑镇》《睡睡镇》等绘本和故事盒。幼儿在沉浸式的体验中进一步提升语言表达能力，并在与材料的互动中获得新经验。

（3）划分区中区：真正成为环创小主人，拓宽游戏范围

有了小剧场，幼儿提出要搭建一个舞台，他们设计舞台、合作搬运材料、搭建舞台、预留摄像机、用从小农场捡回来的芭蕉叶做门帘，在整个过程中，幼儿真正成为环境创设的主人，每一个前来参观

区域活动的教师，都能聆听小主人们饱含激情与骄傲的解说与介绍。

教师还将剧场划分成区中区，如表演区、观众席、创意创作区（魔法实验室），幼儿可以自由选择剧场中的角色，如演员、编剧、美工、剧场设计等。根据幼儿的游戏意愿与需求，提供各种各样制作发明的素材，如剪刀、泡沫箱、纸盒、画纸、海绵、彩纸、颜料、轮子、螺丝、锤子、各类黏合胶等。

区域创设

（4）家园合作：倾听、记录、观察、撰写幼儿的学习故事

当天晚上，教师通过"致家长的一封信"说明正在开展的学习与探究活动，把幼儿当天的活动写成学习故事发给家长们看，诚邀家长支持幼儿的学习与探究。

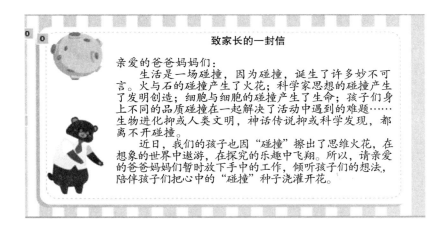

致家长的一封信

亲爱的爸爸妈妈们：

生活是一场碰撞，因为碰撞，诞生了许多妙不可言。火与石的碰撞产生了火花；科学家思想的碰撞产生了发明创造；细胞与细胞的碰撞产生了生命；孩子们身上不同的品质碰撞在一起解决了活动中遇到的难题……生物进化抑或人类文明，神话传说抑或科学发现，都离不开碰撞。

近日，我们的孩子也因"碰撞"擦出了思维火花，在想象的世界中遨游，在探究的乐趣中飞翔。所以，请亲爱的爸爸妈妈们暂时放下手中的工作，倾听孩子们的想法，陪伴孩子们把心中的"碰撞"种子浇灌开花。

（三）经验提升—公开展示

1. "变身魔术师"

问题 1：变身魔术师后，你会表演出什么"碰撞"？

幼儿公开展示实景

当天晚上，家长与孩子们创作了许多素材小卡片，准备了变魔法的道具。第二天，孩子们俨然一个个小小魔法师，开始了在语言区里的魔法表演。只见他们披上披风，带上魔术帽，从口袋里抽出一张张小卡片，讲解着自己的奇思妙想。围坐在一旁的小观众们看得津津有味。

津津的表演赢得了最多的掌声，只见她带着魔法帽站在舞台上说："预备，站直，这是一个圆形，圆圆的，另外一个是长长的长方形，还有两根小棍子，我把它们放进魔法口袋，咕噜咕噜变，请大家闭上眼睛，数三下，看我拿出来，变成了一副墨镜，我要戴着墨镜去沙滩晒太阳呢。"

紧接着润润登场："这是超级轮胎，这是蓝魔法鞋子，碰到一起变成旋风滑轮鞋。"

合作表演的孩子们扮演着森林里的小动物，小动物们来到了碰撞星球，长颈鹿、小熊和大灰狼变成了森林之王大狮子。围坐在一旁的小观众们纷纷鼓起掌来。

从一个人的表演到与同伴合作表演，从徒手到使用道具，从绘画魔法卡片到加入肢体语言，从一句话到一个个精彩的故事，孩子们是小剧场的编剧、导演、演员，教师们变成了他们的忠实粉丝。

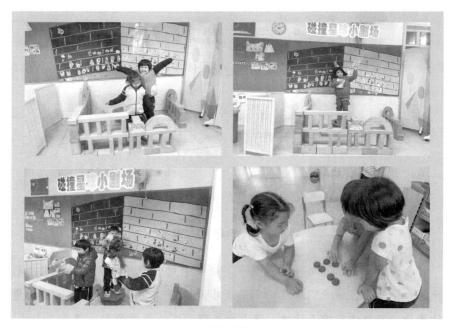

表演现场

教师的思考与支持

经过一系列持续深入的探究活动，从两个词的组合，到多个词的组合，幼儿关于"碰撞"的经验越来越丰富。但是，要使幼儿的经验变得更加完整，对经验的提取和运用更加灵活，还需提供进一步的支持。因此，教师为幼儿的"碰撞"活动创设了"变身魔术师"的情境，新的游戏情境激发了幼儿的想象力和创造力，他们通过语言、肢体动作、角色扮演等方式进行即兴表演和游戏，在同伴间的思维碰撞、交流表达中进一步整合、完善、提升关于"碰撞"的相关经验。

问题 2：作为小魔术师，你最喜欢自己"碰撞"出来的哪样东西？

幼儿反思回顾实景

区域活动后，教师和孩子们围坐在一起分享着活动的精彩瞬间。

杨杨："真的太好玩了，好开心啊。"

教师："小魔法师们最喜欢自己'碰撞'出来的哪样东西呢？"

润润："我最喜欢我变出来的滑轮鞋。"

杨杨："太阳能电吹风，可以用白云和太阳发电吹头发。"

教师："哇，像我们那天看见的，大班哥哥姐姐在操场上组装的太阳能车一样吗？"

杨杨："是的是的，我也想做一个。"

教师："杨杨这个想法很有趣，你们想不想一起挑战？"

这个提议引发了孩子们的热烈响应，他们商量讨论、收集材料、动手操作、分享着自己的创意与制作。

教师的思考与支持

经过持续深入的探究，幼儿对与"碰撞"相关的表达已很丰富，教师通过多种策略支持幼儿回忆、巩固已有经验，如在每天游戏活动回顾时评选出"创意小明星"，一起讨论和总结新发现和新创想。在分享与谈论中，幼儿的反思是自然生发的，他们在思维碰撞中实现了深度学习。

2. 魔法实验室

问题：你能做出"碰撞"的东西吗？

活动实景

在第二天的区域活动中，润润用轮子和鞋做了滑轮鞋，但是用双面胶固定的滑轮鞋总是掉出来，这可怎么办呢？孩子们纷纷发表了自己的看法：鞋子太重了？双面胶不粘？轮子的问题？

应该怎么解决呢？

佳铖："把鞋底削薄。"

泽杨："换一种很黏的胶水。"

霈然："用我们建构区的扎带固定。"

润润："用磁铁吸住。"

一番讨论过后，润润和霈然去建构区找来磁力片，但是鞋底太厚了，磁铁没有吸住，他又用扎带把鞋子绑住，可是两边不对称，还是未能成功。

当天晚上，教师从家里带来一双很薄的袜子鞋，并在第二天悄悄投放在创意制作区的材料筐里。润润很快发现了新材料，他用磁力片把袜子鞋和轮子吸在一起，磁力滑轮鞋成功了，一旁的孩子们跟着欢呼了起来。

接下来几天，创意制作区成了魔法实验室，可欣、霈然和俊源一起用木棍、硅胶、丝巾、抹布搭建出一个野餐帐篷；一直学习体操的尚霖和海琳用螺丝、海绵、胶水做出一个蹦床；佳铖、泽杨、昀栩、锦鹏用轮子、电池、马达、积塑、吸水树脂做了一辆超能扫雪车；诗晴、陈晨、伊伊用吸管、绳子、纽扣做了一条项链……

讨论不停，探索不止！

制作滑轮鞋

教师的思考与支持

通过反思，幼儿对"碰撞"的探究过程有了一定的认识，从而巩固了已有经验，向更高层次的表达和创造迈进。随着探究活动的深入，幼儿的创作欲望也愈加强烈，懂得将经验迁移至其他游戏情境中，如灵活运用已有经验至科学区。教师敏锐地把握契机，为幼儿经验的迁移提供了支持，为幼儿搭建了"魔法实验室"的平台，小剧场变成了分享发明创造的舞台，幼儿站在自己搭建的小舞台上，分享创意、想法变成现实的过程。不同水平的幼儿有着不同的分享方式，有的需要教师当小助手，帮忙播放自己的图片进行分享；有的能自己画下制作步骤图进行讲解；还有的能直接拿着成果侃侃而谈。每名幼儿都在踮脚采摘最近发展区里的"果实"，把想法变成现实，实现语言区活动中的深度学习。

（四）经验内化、迁移—反思延伸：避免碰撞

问题：生活中如何避免碰撞？

活动实景

关于"碰撞"的话题一直在持续着……

这天，区域活动的音乐响起，铖铖和源源在收拾建构材料时碰到了一起，两个人同时说："你碰到我了。"紧接着哭了起来。教师捕捉到这一教育契机，和孩子们一起讨论了这起"碰撞事故"。怎样才能避免碰撞呢？

　　欣欣："跑得太快就会撞在一起。"

　　铖铖："我们收拾积木的时候不小心就撞到了。"

　　教师："如何能避免碰撞呢？"

　　源源："我们要小心一点儿，不要跑太快。"

　　阳阳："慢慢走，保护自己和别人。"

　　孩子们的对话引发了对活动安全的思考，他们遇到的问题恰恰是生活中常见的问题，如何把安全教育以游戏化的方式根植在孩子们心中，避免因"碰撞"而受伤，"碰撞"又引发了新的思考与探究……

教师的思考与支持

　　幼儿对"碰撞"的认识已经较丰富，在持续深入的探究中，"碰撞"的内容也越发丰富多样。幼儿的相关经验迁移至实际的生活情境中，围绕"碰撞"产生了新的问题"生活中如何避免碰撞？"，产生了对"碰撞"的新思考。

　　教师顺势以此为教育契机，创造讨论机会，搭建问题解决的平台，引发幼儿对活动中的安全问题进行新的探究。在教师的支持下，幼儿探究和解决生活中有关"碰撞"的问题，扩展和迁移了已有经验。

三、"碰撞星球的诞生"活动评价

（一）区域现状

　　随着区域活动递进式的深入展开，语言区一改常态的冷清，幼儿从快速随意地翻阅绘本到专注当下的阅读，甚至在家里也能主动独自阅读；从没有逻辑性地讨论到聚焦当下的思考；从以往区域中阅读和游戏混在一起，到如今整个语言区划分为区中区，如阅读区、小剧场、魔法实验室。幼儿在活动过程中，始终保持着热情与浓厚的兴趣，人人都是积极的语言运用者，随处都是想说、敢说、愿意说的语言氛围。

（二）幼儿发展

与小班相比，中班幼儿的游戏水平、口语发展、思维水平、想象力、活动的持久性等方面都有了明显提升，同时好奇心、探究欲望显得尤为强烈，需要更多的表达与创作机会。

在此次活动中，幼儿基于真实需求与发展需要，进行了系列探究活动，从最初的一个问题到持续的探究，从持续的探究到真正掌握话语权与抉择权，再到站在公开的舞台上展示自己的智慧成果，最后实现跨领域的成长。幼儿的认知范围不断扩大，生活经验随之丰富，这些改变都促进且丰富了幼儿的语言能力发展。

（三）教师角色

首先，作为教师，在对语言区活动持续的观察中，扮演着引导者、支持者、合作者的角色，始终关注着幼儿的学习兴趣，及时捕捉问题的关键信息，记录、思考、参与、引导、陪伴幼儿在活动中解决问题，构建知识经验，展开家园合作，推动幼儿的学习与探究。

其次，教师通过搭建由幼儿、教师、家长组成的学习探究共同体，为幼儿的探究提供条件和资源。家园共育的有力支持为幼儿营造了一个积极的探究环境，绘本的投放、材料的丰富、环境的构建，为幼儿探究兴趣的持久与跨领域成长提供了物质保证。

最后，教师作为幼儿行动和情感上的合作伙伴，与幼儿形成平等、和谐的师幼关系。在整个活动过程中，教师不仅注重幼儿探究能力的发展，而且重视幼儿探究精神及自信心、成就感、内驱力等积极情感的培养，鼓励幼儿大胆想象、勇于尝试，在试错中总结经验、解决问题。

（四）成果辐射

"跑跑镇"系列活动的建构与实施取得了阶段性成果，我们除了在自己班上进行课程实践，还充分发挥辐射和引领作用。

成果分享交流

通过环境观摩、小组研讨、师徒结对等方式，不断推动课程的进展与优化。园里越来越多的教师开始关注幼儿区域活动的改革与创新，建构深度学习视角下的幼儿园区域活动。

（案例提供：广州市第二幼儿园　于美华　梁文欣）

第八章

音乐区活动中
幼儿深度学习的教育支持

　　音乐区活动是在一定的空间范围内，幼儿以小组或个别的形式，自主选择音乐活动主题和音乐活动材料，了解语言之外的歌唱、体态等音乐相关的交流方式，为促进其音乐知识和能力内化所进行的探究和发现的游戏活动。

　　在音乐区里，幼儿可以表达自己对音乐美的认识和情绪态度；能通过欣赏、歌唱、律动、奏乐等多种途径，获得音乐关键经验，提升音乐素养，逐步形成积极主动、乐于创新、认真专注等学习品质。

　　首先，音乐区中的幼儿是主动学习的。幼儿根据自己的兴趣与需要，积极、主动地选择音乐题材和表现方式。幼儿在音乐区中以真实的问题情境为基础，自觉选择学习行为，最大程度地发挥自身的主动性和主体性。

　　其次，幼儿在音乐区可以充分调动已有经验。在活动过程中，当幼儿面对表现音乐问题的困境时，需要调动已有经验，这对幼儿解决问题来说是一种经验准备。在幼儿调动已有经验时，需要对已有经验进行挑选、整合，并在此基础上将新旧经验相联结，以同化或顺应的方式达到认知平衡，从而解决问题。

　　最后，音乐区活动可以充分发展幼儿的想象力和创造力。当幼儿在音乐区活动中遇到问题时，通过欣赏、表演、即兴创造对当前内容、问题进行批判性思考，而不是简单的复制与模仿。

　　因此，音乐区活动作为一种体现幼儿自主性和主体性的活动，与深度学习的内涵与特征相契合，有着其独特的意义和价值。

　　然而，纵观幼儿园音乐区的现状，存在重展示轻过程、教师观察支持不到位等问题，致使音乐区有的成了摆设，有的浮于表面，无法有效支持幼儿的发展。如何完善音乐区创设、支持幼儿开展音乐游戏、促进幼儿的深度学习成了急需解决的问题。如果能够利用音乐区中的环境创设、材料投放等，放手让幼儿自由表现和操作，幼儿就会有更多的机会面对真实的问题和认知冲突，突破思维，萌发创意，音乐区活动的价值也将得以更好地实现。

第一节　音乐区幼儿深度学习的关键经验

幼儿教育领域非常强调让幼儿获得关键经验，并以关键经验作为制定课程标准、编制课程、进行课程评价的重要依据。就音乐区而言，关键经验同样是最基本、最核心的内容。教师心中要时刻有关键经验的意识，通过环境创设、材料提供、有效观察、适宜介入、多元评价等支持幼儿在音乐区中感受美、欣赏美、表现美、创造美。

《指南》中指出，每名幼儿心里都有一颗美的种子。幼儿艺术领域学习的关键在于充分创造条件和机会，在大自然和社会文化生活中萌发幼儿对美的感受体验，丰富其想象力和创造力，引导幼儿学会用心灵去感受和发现美，用自己的方式去表现和创造美。可见，音乐素养的提升远比音乐技能的习得更加重要。幼儿在音乐区中的积极态度与良好的行为倾向，才是伴随幼儿整个生命成长的，是其未来学习和终身发展的基础。

在立足幼儿的发展需要和年龄特点，注重幼儿音乐综合素养提升的同时，教师也要关注幼儿学习品质的发展，因此，音乐区的关键经验包括节奏、旋律、力度、速度、音色、结构、风格、肢体八个部分，并且注重幼儿良好学习品质的养成，具有目标性、连续性、选择性、生成性、主动性和层次性等特点。

一、音乐区幼儿深度学习关键经验的主要内容

（一）感受美

在幼儿音乐活动中，由于音乐在表达和传递过程中以声音为媒介，所以幼儿在音乐学习时需要通过听觉感受探究声音，并且借助听觉感受进行表达与创作。因此，对于幼儿来说，音乐的学习首先是感受，

只有先积累丰富的音乐美感经验，才有助于幼儿进行音乐的表现与创造。

1. 从自然界和生活中发现各种音响、乐音的美感特征。

2. 从音响本体和音乐表演要素中体验音乐的美感。

3. 在听音乐的过程中，感知音乐作品的主题和形象，展开想象和联想。

4. 在听音乐的过程中，感知音乐作品表达的情绪、情感，并产生共鸣。

（二）表达美

表达美即幼儿将感知到的音乐形式和情感的美，通过自我表现的方式进行表达，这既反映了幼儿对音乐审美感知的状态，又为幼儿进行审美创造打下了基础，是在幼儿音乐学习中处于中心地位的核心经验。

1. 声音表现

（1）运用嗓音模仿和再现所感知音乐中的形式美特征。

（2）运用嗓音模仿和再现所感知音乐中的情绪和情感。

2. 动作表现

（1）运用肢体动作模仿和再现所感知音乐中的形式美特征。

（2）运用肢体动作模仿和再现所感知音乐中的人物、动物等意象。

（3）运用肢体动作模仿和再现所感知音乐中的情绪和情感。

3. 奏乐表现

（1）能使用各种常见乐器进行打击乐。

（2）能使用生活中的各种物品进行打击乐。

（三）创造美

音乐创造主要是指在音乐学习过程中，在原有的基础上进行相应的调整和创新，体会音乐的魅力和价值。对于幼儿来说，音乐的创造是一种由声音的组合创作出的新的音乐形式，是一种幼儿自发、自由的过程体验。

1. 具有聆听和探究各种音响的兴趣和愿望，能用不同物体探究不同声音。

2. 在音乐学习的过程中或学习后即兴表现。

3. 在音乐聆听以及音乐表现中创造性表达，开始尝试并模仿音乐，通过身体动作的创编，有目的地进行创编。

二、音乐区各年龄阶段幼儿深度学习关键经验

（一）3—4 岁关键经验

1. 感受美

（1）感受到不同性质的乐曲时，能随着音乐做出动作反应。

（2）能学会借助于想象、联想来理解性质鲜明的音乐情绪，产生一定的共鸣。

（3）通过身体动作，即尽量用自己想出来的、与他人不同的动作来表现音乐。

2. 表达美

（1）声音能力

①音乐要素表现

②音域：基本在 c1–g1。

③音准：能演唱简短的句子，音准不稳定。

节奏：能掌握四分音符和八分音符。

（2）歌唱能力

①姿势：能掌握正确的歌唱坐姿。

②呼吸：气息控制能力较弱，偶尔能准确换气。

③吐字：对于理解的字词能清晰地吐字发音。

（3）动作能力

①控制性：能随着音乐做简单的身体动作，对幅度大的上肢动作的控制性较好。

②随乐性：基本能随着音乐节奏做动作，在成人的提醒下能初步对音乐的总体结构做出反应，如等待前奏、随着音乐开始做动作，在音乐结束时做结束动作。

③协调性：能做一些简单的联合动作，如边拍手边点头、边走步边做简单的模仿动作等。

④平衡性：平衡及自控能力较差，特别是腿部力量较弱，对幅度较大的上肢动作易于掌握，对下肢肌肉力量及弹性要求不太高的单纯的移动动作（如走步、碎步跑、碎步走等）较易掌握，同时能做一些简单的上下肢联合的复合动作，如边走小碎步边学小鸟飞、边走路边吹喇叭等。

⑤合作性：动作表现往往以自我为中心，还不善于与同伴合作。

⑥空间感：在音乐活动中的动作表现空间感还没有完全建立，需要在指导下或者利用某个参照物才能站准自己的位置。

⑦交流意识：动作表现中的交流意识还未建立，在音乐活动中往往以自我为中心进行动作表达。

⑧配合度：还不善于用动作与同伴配合，需要在指导下才能与同伴进行交流和共享。

3. 创造美

（1）能根据歌曲旋律、节奏仿编简单的歌词。

（2）能跟随熟悉的乐曲或歌曲创编简单的律动。

（3）能用声音、动作、姿态模拟自然界的事物和生活情境。

（二）4—5岁关键经验

1. 感受美

（1）倾听、欣赏音乐的听辨能力、感受能力进一步增强。

（2）初步感受到乐曲的结构，听出乐段、乐句之间的重复，以及乐曲在情绪上的明显差异。

（3）能基本理解音乐表达的情绪和情感，并由此产生一定的想象和联想。

2. 表达美

（1）声音能力

音乐要素表现：

①音域：基本在c1-b1。

②音准：音准能力提高，伴奏状态下音准较好。

③节奏：不仅能比较熟练地掌握四分音符、四分休止符和八分音符，而且能初步掌握四分音符和八分音符的组合。对于二分音符、典型的附点节奏和三拍子节拍也能掌握。

（2）歌唱能力

①姿势：能基本控制好自己的歌唱姿态，包括坐姿和站姿。

②呼吸：能逐步控制歌唱的发声，能使用较长的气息，按教师的要求换气。

③吐字：能较完整、准确地再现歌词，且听辨、理解、记忆和再认能力有了较大的提高，唱错字、发错音的情况有所改善。

（3）动作能力

①控制性：能跟着音乐节奏做动作，并且能较自由地做连续的移动动作。

②随乐性：随乐性有了提高，不仅表现在能合拍地跟着音乐节奏做动作（2/4拍或3/4拍），而且能在同一首音乐的转换处以不同的动作节奏加以表现。

③协调性：动作协调性有了进一步的提高，并且与音乐相协调的动作显得更为自如，可以学着做一些比较精细的腕部、指部动作。节奏的均匀性、稳定性也更加明显。

④平衡性：平衡能力和下肢动作能力逐渐提高，能比较自由地做

一些连续的移动动作。

⑤合作性：开始注意运用动作与同伴进行结伴、合作、交流。

⑥空间感：动作表现中的空间感得到提升，能在集体韵律活动中共享空间，不与别人碰撞。

⑦交流意识：交流意识有所增强，能主动邀请同伴共舞。

⑧配合度：动作配合度有所提升，能与同伴合作表演动作。

3. 创造美

（1）能通过即兴哼唱、即兴表演或给熟悉的歌曲编词来表达自己的心情。

（2）能用拍手、踩脚等身体动作表现音乐。

（3）能用乐器或生活中的物品，随乐即兴地敲打节拍和基本节奏。

（三）5—6岁关键经验

1. 感受美

（1）能从对音乐的粗略区分进入比较细致的区分，能感受、辨别较为复杂的器乐曲的结构、音色及情绪风格上的细微差别。

（2）能对音乐形象鲜明的同类音乐作品进行分析和归类，用语言表达音乐感受的能力有所增强，能结合想象和联想，用较完整的语言或一定的故事情节来描述音乐。

（3）能在清楚辨别、理解音乐作品的速度、力度、音色、节奏等表现手段变化的过程中进行大胆地想象和联想，并给出充分的理由。

2. 表达美

（1）声音能力

①音域：基本在c1-c2。

②音准：能较准确地唱出旋律的高低变化，建立初步的节奏感。

③节奏：能区分、掌握常用的拍子和音符，唱准多种音符的组合，以及大、小附点和切分节奏。

（2）歌唱能力

①姿势：能较好地控制自己的歌唱姿态，包括眼神平视、双肩放松。

②呼吸：气息保持时间更长，能按乐曲的情绪自然地换气，同时音量明显变大。

③吐字：能记住更长、更复杂的歌词，进一步理解词义，在歌词的发音、咬字、吐字方面有明显的进步。

（3）动作能力

①控制性：能用较复杂的上下肢联合动作自如地表现音乐的节奏、节拍，并能掌握更复杂的连续移动动作。

②随乐性：随乐性有了更显著的提高，不仅表现在能自如熟练地表现音乐的节奏、节拍，而且表现在对比较复杂的节奏能做出反应，如附点节奏，切分节奏，3/4 拍、6/8 拍的节奏等。此外，对于音乐的速度和力度变化的动作反应灵敏度也有所提高。

③协调性：能做更复杂的上下肢配合的联合动作，可以同时协调配合手臂、手指、头部、眼睛、腰及脚做动作，能掌握更为复杂的连续移动动作，如垫步、交替步、秧歌十字步、踵趾小跑步、跑马步等。

④平衡性：不仅对动作的自控能力增强了，而且保持重心及平衡的能力也得到了进一步的提高。

⑤合作性：合作协调技能增强，并能用动作、表情和眼神与同伴交流。

⑥空间感：通过集体韵律活动形成了一定的空间感，能较准确地进行交换位置。

⑦交流意识：动作表现中的交流意识不断增强，并且主动寻求与同伴一起参与活动的快乐。

⑧配合度：合作协调技能越来越强，能用动作、表情和眼神与同伴进行交流合作。

3. 创造美

（1）能用律动或简单的舞蹈动作表现自己的情绪或自然界的情景。

（2）能自编自演故事，并为表演选择和搭配简单的服饰、道具或布景。

（3）能为表演创编简单的队形或表演形式。

（4）根据音乐的节奏创编简单的乐器演奏。

第二节　音乐区促进幼儿深度学习的环境创设与材料投放

环境创设要与幼儿的身心发展规律和学习特点一致，是区域创设的重要组成部分。《儿童保育中心设计指南》一书中指出，游戏区规划要有五个明显的特征：一是要有明确的空间位置，二是要有清晰可见的活动区边界，三是要有可供幼儿活动的各种设施，四是要有可供存放和展示活动设施与材料的地方，五是要有与相邻的空间相区别的氛围。① 因此，幼儿音乐游戏区环境创设应坚持因地制宜、动静分离、灵活互通的原则。

一、环境布置

（一）合理规划，因地制宜，体现科学性

在创设之初，第一，要了解园所现有的空间，不能盲目地选择一个区域就进行创设。第二，要根据园所的实际情况，调查区域的个数和面积，若符合区域环境创设的原则，尽量在不干扰原有区域的前提下，对剩下的面积进行规划。第三，选择的空间最好能较为开放，远

---

① 陈亚敏. 指向幼儿深度学习的音乐游戏区域创设与支持策略［J］. 东方娃娃（保育与教育），2021（5）：32-34.

离静区，便于声音能及时扩散开来。第四，选择的区域位置最好能遮风避雨，以便乐器的保存。第五，创设的音乐区可分为音乐感知区和表演区，两个区相互连接，容纳人数以每平方米 2—3 名幼儿为宜。第六，音乐区所承载的内容较多，最好创设共享区，可根据园所的实际情况，若户外场地较大，可按年龄班来创设；若户外场地较小，可全园共享，这样可利用园所班级之外的环境来进行创设，不会影响班级内的空间布局。

（二）体现以幼儿为本

在创设过程中，教师要充分考虑幼儿的感受和需要，而不是一味地"我觉得"和"我认为"。活动区的环境是为幼儿服务的，成人的审美和幼儿的审美是存在区别的，在活动区的色彩搭配上，成人更注重色彩的统一，幼儿更喜欢丰富的色彩。所以，音乐区在环境创设上不能仅以成人的审美为标准，而应更加考虑幼儿的喜爱，考虑是否为幼儿提供了便利。

二、材料投放

（一）音乐区材料投放的原则与策略

材料投放是区域创设的一部分，对幼儿的行为会产生影响，因此，对于材料的投放和选择应严谨、科学，以利于幼儿积极行为的发展。音乐区材料的投放具有自身的特点，在投放的过程中，要与《纲要》艺术领域目标相结合，体现其特殊价值。

1. 投放种类丰富的材料，且声音明亮，音质和谐

音乐区主要以声音感知为基础，所以要投放各种不同类型的材料，让幼儿感知不同材质发出来的不同声音。音乐区的材料种类包括金属类、玻璃类、陶瓷类、塑料类、木制类、石材类等，同一种类材料也

要丰富多样。

幼儿对乐器更加注重的是声音的大小，故投放的乐器应选择声音较为明亮的，但考虑幼儿的听觉感受，在投放声音明亮的材料时，要避免声音的嘈杂、尖锐、刺耳等问题，力求做到各种声音交织在一起达到和谐。

2. 固定音高的乐器可选用成品乐器，辅以小部分自制乐器

为了让幼儿能够更好地感知固定的音高，投放成品乐器是最优方案。成品乐器所发出的声音较为准确，且音阶明显，深受幼儿的喜爱。自制的音高乐器由于发出的声音变化不明显，容易受到敲击力度、摆放位置等影响，幼儿选择次数较少，可自制一些玻璃类和陶瓷类的乐器，如音阶瓶和音阶杯。陶瓷和玻璃发出的声音和谐，相较于其他材料来说，声音较为明显，幼儿乐于选择。

3. 投放体现层次性的音乐和图谱

打击乐的方式比较单一，主要是以打击的方式来进行。为了满足不同幼儿的需求，也为了让不同年龄阶段的幼儿获得发展，可投放难易程度不同的音乐和图谱。这些音乐区的材料，并不是随意投放的，而是和平时的音乐活动紧密相连的，只有在充分感知的基础上，幼儿才能对这些材料加以理解和表达，甚至是创造。

4. 打破区域之间的限制，让材料流动起来

音乐区在创设初期，幼儿在材料的使用方式上比较单一，但是由于对新异事物比较感兴趣，在一段时间内，幼儿能够在较长时间内在该区开展活动。随着开展活动时间的推移，幼儿在材料的创造性使用方面比较欠缺，兴趣容易减退。可将音乐区与班级内或者年级的共享区相互联动起来，让每个区的材料能够相互流通。相互流通的材料不仅增加了音乐区材料的用途，而且延长了幼儿与材料互动的时间，大大提升了音乐区对于幼儿的教育价值。

5. 提供较为真实的表演区，为综合活动提供准备

为幼儿提供的表演区不仅只有舞台，而且可以提供灯光、音响、

幕布等，这些材料的提供，让幼儿的表演更加具有仪式感。舞台上表演的内容可与幼儿平时的音乐活动相联系，幼儿可根据自己的需要选择节目、分小组编排节目、开展宣传等一系列活动，在这个过程中，音乐区的作用不再局限于艺术领域本身，而是更多地从单一走向综合。

（二）音乐区材料投放的类型与种类

在幼儿园音乐区材料的种类上，许卓娅认为在区域活动中可以放置一些相对固定的材料，如音响录放设备、表演用的道具、制作乐器道具的材料或废旧材料、模拟表演游戏用的节目单、提示歌词用的图谱等①。房莹莹论述了幼儿园音乐区活动中四类材料的制作方式、投放及其使用。她认为音乐区材料可以分为音乐封套类材料、视觉类材料、操作类材料、原生态材料四种。② 汪菲、蔡黎曼主要对音乐区的环境创设方式进行了分析，在材料方面，她们认为在音乐区要投放四类乐器，分别是打击乐器、吹奏乐器、生活用品、废旧材料自制用具，还要提供与表演内容相关的服装道具、配备音乐图书、磁带和录音机。③

（三）音乐区材料投放的举例

汪菲和蔡黎曼提出，幼儿园音乐区材料要多样，包括音乐图书、磁带、录音机、与表演内容相关的服装道具。四类乐器：打击乐器，包括木琴、木鱼、拍板、双响木、小鼓、大鼓、沙球、三角铁、铃鼓、响铃、锣、钹、云锣、蛙鸣器等；吹奏乐器，包括竖笛、口琴、埙等；

---

① 许卓娅. 学前儿童音乐教育［M］. 北京：人民教育出版社，2010.
② 房莹莹. 音乐"家"中"事"：幼儿园音乐区域不同种类材料的制作与使用［J］. 动漫界（幼教365），2016（4）：71-72.
③ 汪菲，蔡黎曼. 试论幼儿园音乐区环境创设［J］. 教育导刊（下半月），2012（4）：37-39.

生活用品，包括罐子、杯子、碗、瓶子、盘子、筷子、勺子、锅盖、盆或者桶等；废旧材料自制用具，包括易拉罐、椰子壳、奶粉罐、木块等的材料，在旧饮料瓶里放上沙或者米可以变成小沙锤，用废旧报纸或者玻璃纸可以制造一些特殊音效，扇面绑上一些小珠串模仿下雨的声音。[①]

第三节　音乐区促进幼儿深度学习的教师观察与指导策略

《幼儿园教师专业标准》中提到，教师要在教育活动中观察幼儿，根据幼儿的表现和需要调整活动，给予适宜的指导。走进幼儿音乐游戏现场，不难发现存在两大问题：第一，教师完全放手，幼儿停留于摆弄乐器；第二，教师高控、重表演，幼儿只是在按照教师的"剧本"演出节目。究其本质，在于教师指导的适宜性。要想解决这两个极端，教师首先要提高观察的意识，观察的持续性、深入性和针对性。观察是教师了解幼儿的重要途径，也是教育幼儿的前提。在音乐区的活动中，教师作为一名观察者，与幼儿进行交流、对话、分享，进一步帮助幼儿积累经验，促进幼儿全面发展，实现深度学习。

一、音乐区活动前

（一）基于对幼儿前期经验的分析和能力的了解，对活动进行规划和组织

活动前，教师可根据班级情况及幼儿水平制定符合幼儿需求的活动规划，基于幼儿感兴趣的话题，以问题为导向，与幼儿一起商讨游

---

① 汪菲，蔡黎曼. 试论幼儿园音乐区环境创设［J］. 教育导刊（下半月），2012（4）：37-39.

戏计划、活动内容。音乐区的活动内容，既可以结合班级主题活动，来源于集体活动，也可以与集体活动无关。对于3—4岁幼儿，宜选用一些结构短小、内容简单、节奏比较稳定的音乐作品，最好配有简短的歌词，可以让幼儿在说说唱唱、做做玩玩中提高对音乐区活动的兴趣。对于4—5岁幼儿，可鼓励他们推荐自己熟悉的、感兴趣的音乐作品。对于5—6岁幼儿，可引导他们关注多元化的材料与内容，满足幼儿创造、表达的需要。

（二）为幼儿提供充足的游戏时间

游戏时间也是保证幼儿能够深入游戏的重要条件之一。由于音乐区在游戏初期需要幼儿先熟悉各种乐器的声音，还需要幼儿讨论如何进行分小组的配器，从时间上说，这一部分会花费一定的时间，而且幼儿对此环节非常感兴趣。

（三）提供充足的材料准备

在开展音乐区活动之初，教师要给予幼儿充足且丰富的材料准备：第一，不同材质材料的充分准备；第二，同种材质不同类型材料的充分准备；第三，成品乐器的充分准备。在材料多样且种类丰富的情况下，幼儿可以尽情地感知，这是对音乐区最基本的要求。

二、音乐区活动中

（一）合理推介新材料

音乐区材料需要根据幼儿游戏的需要和水平进行适当的更换，在投放新材料时，有多种办法，只有符合幼儿认知方式的方法，才能更好地引发幼儿对材料的关注和兴趣。

第一，对自制无固定音高的材料，由于操作简单，幼儿在之前也有相关的经验，可直接投放。

第二，对固定音高较为明显的成品乐器，对幼儿的听辨能力要求较高，这一部分材料在投放之初，教师可以进行完整的讲解，让幼儿了解材料的操作方式，也可以通过小组讨论的形式向幼儿示范后再投入音乐区中。

第三，在投放幼儿已经熟悉的图谱或曲式结构较为明显的歌曲时，教师可先直接投放，不做讲解，在音乐区中观察幼儿对材料的反应和掌握情况，进行小组或个别指导。

（二）合理引导活动

教师在指导音乐区活动中，不要过多干涉幼儿的活动，避免活动变质而影响音乐区对幼儿发展的独特价值。音乐区活动更强调幼儿的个性化发展，提供符合每名幼儿的指导方式对教师来说难度较大，因此，教师在指导音乐区活动时要注重以下两个方面。

1. 尊重幼儿的合理行为

音乐区活动不是教师给予幼儿的任务，而是教师为幼儿提供的自主发展的机会。幼儿可以通过与环境的互动达到建构自我认知的目的，在强调幼儿自主发展的同时，教师应尊重幼儿在活动中的各种表现，并在此基础上进行合理的指导。

（1）尊重幼儿的自主性（不要苛求幼儿按照音乐区固有的模式开展活动）。

（2）尊重幼儿对材料的自发性（不要苛求幼儿使用统一的方法敲击材料）。

（3）尊重幼儿的个体差异性（不要苛求幼儿在音乐中能力的统一）。

（4）尊重幼儿独特的表现力（不要苛求幼儿动作的一致或者不一致）。

（5）尊重幼儿对活动的兴趣（不要苛求幼儿在音乐活动中是否练

习乐器）。

2. 关注幼儿在日常音乐活动中的经验积累

音乐区活动的顺利开展，离不开幼儿前期的经验积累。幼儿需要在开展音乐区活动之前对乐器的名称、种类有一定的了解，初步感受过乐器的音色，这样可以缩短幼儿因为对乐器的兴趣而盲目敲击的时间。这些前期的经验积累，可以放在日常的音乐活动中。在此基础上的音乐区活动，教师就会减少过多的干预指导，留出更多的时间来引导幼儿在活动中进行自主学习。

三、音乐区活动后

（一）收拾整理，重视幼儿习惯养成

活动后，鼓励幼儿参与收拾、整理材料，能将材料归位，参与清洁环境的活动，增强幼儿的收拾能力和责任感。同时，在收拾整理时，幼儿会观察对比物品标签，这也在无形中为幼儿提供了分类、配对和阅读的机会。要求幼儿保持区域环境的整洁，对幼儿来说也是合理的期望，能帮助幼儿养成良好的学习习惯。

（二）有效评价，给予适宜支持

活动后，幼儿和教师有一定的交流和小结，可开展自评、他评等环节，让幼儿对今天的活动进行反思，以便下次更好地开展活动，这一部分是非常需要的。幼儿某些行为并不是仅利用一次活动后的小结就能达到目的的，需要长时间的潜移默化。

第四节　音乐区幼儿深度学习的教育支持案例

中班音乐区活动案例 "我型我秀"

音乐区是幼儿感受、表现与创造音乐的艺术空间。在音乐区里，幼儿可以表达自己对音乐美的认识、情感和态度；能通过欣赏、歌唱、律动、奏乐、音乐游戏等多种途径，获得音乐关键经验，提升音乐素养，逐步形成主动、创造、认真、专注等学习品质。很多教师误认为创设音乐区的目的是复习在音乐活动中学过的内容，是提供一个表演场所及一些表演材料，看似热闹的音乐区，实则成了一个展示学过的歌曲、律动的舞台。这种成人视角的音乐区创设，显然背离了课程游戏化的精神。《指南》中艺术领域的目标紧扣感受与欣赏、表现与创造两个方面，可见，基于儿童立场的音乐区环境创设，应该注重游戏性，而非展示性。为了便于指导，一些教师会将音乐区独立于其他区域，并设置一些规则来避免区域间的互动。这种成人视角的音乐游戏规则，不仅不利于幼儿社会性的发展，还会使音乐游戏单一、无趣。久而久之，音乐区便门可罗雀，成了摆设。

一、活动背景

（一）幼儿发展特点：角色意识的发展

中班幼儿各方面能力都在稳步发展中。幼儿对世界的认识和关注也逐渐由自己、家庭扩展到更宽广的社会范围中。现实生活中的人、事、物，电视、网络中的各类形象，都逐渐成为中班幼儿模仿的对象。这种角色意识的扩展不仅体现在幼儿的角色游戏中，而且体现在社会性较强的各类活动中，如建构活动、表演活动、语言活动等。

（二）幼儿兴趣驱动：生活兴趣的迁移

在生活中，幼儿爱美的意识越来越凸显，特别是女孩子，她们喜欢穿公主裙，穿有蕾丝边的袜子，穿新新亮亮的鞋子。另外，芭比娃娃、角色换装也是她们越来越爱玩的游戏。同时，幼儿在日常生活，如影视节目、商场庆典等中，看到了真实的走秀活动，阳阳、小煜、楠楠自发地将走秀的生活经验迁移到了幼儿园的游戏中。"我型我秀"开始悄悄在幼儿心中埋下了种子。

二、"我型我秀"活动过程

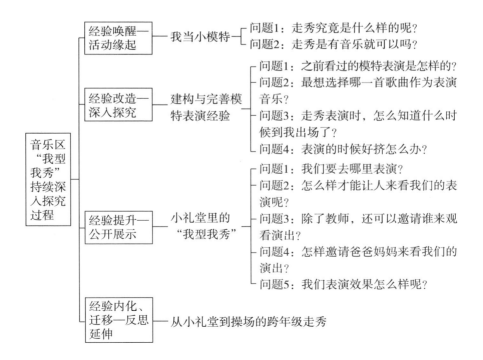

（一）经验唤醒—活动缘起：我当小模特

问题 1：走秀究竟是什么样的呢？

幼儿探究实景

音乐区突然响起了一阵热闹的声音。小煜把音乐区的纱巾披在头上，扭动着身体、摆弄着裙子，正开心地走来走去。瞬间，小煜成功吸引了一批小粉丝，他们也跟着一起拿纱巾系在肩膀上、腰间、手上……孩子们在音乐区快乐地活动着，15 分钟过去了，他们依然沉浸在游戏中，直到区域活动结束。

问题 2：走秀是有音乐就可以吗？

幼儿探究实景

分享环节，唐老师问："今天音乐区的小朋友们进行了什么游戏啊？"

小煜站了起来，满脸自信地说："我们是小模特呀！在玩小模特的游戏。"

芮芮："是的，我们穿着漂亮的衣服，展示给大家看。"

楠楠："才不像呢，小模特走秀是有音乐的，你们都没有，就是走来走去。"

芮芮："那走秀究竟是什么样的呀？"

小煜："有音乐就可以了吗？"

在孩子们对"模特走秀"的经验讨论中，一个关于"模特走秀"的活动探究拉开了序幕。

教师的思考与支持

由于幼儿的年龄特点，他们的注意力保持时间不长，记忆容量相对较小，因而形成了幼儿兴趣广泛但容易改变、探究程度不够深入等特点。这要求教师拥有较高的专业敏感度，适时把握幼儿的兴趣，通过对幼儿经验与能力的评估，初步判断兴趣点是否能够供幼儿向深度和广度探究。而"模特表演"兴趣产生的本质是幼儿角色意识的发展从家庭角色扩展到社会角色，且模特走秀的形式便于为幼儿提供直接经验与动手操作的机会，是适合中班幼儿持续探究和深度学习的内容之一。

（二）经验改造—深入探究：建构与完善模特表演经验

问题1：之前看过的模特表演是怎样的？

幼儿探究实景

在一次区域活动中，音乐区的孩子们主动提出要回看自己的演出。

芮芮："唐老师，您可以把我们的表演拍下来吗？我们想看看。"

其他孩子们也附和着："我们也想看看！"

唐老师应允了孩子们的要求，游戏结束后，大家一起观看游戏时表演的视频。

围绕"模特是怎么表演的"问题，孩子们开启了讨论。

诗诗："大家怎么走得那么随便呀？"

茂茂："怎么小演员们都不笑呢？"

慧慧："模特秀究竟是怎么表演的呢？"

阳阳："我看过动物园里的走秀，演员会扮演各种动物。"

丹丹："我在电视里看过哥哥姐姐的模特秀，他们会按音乐的节奏走。"

佳煜："我们要去寻找音乐！"

通过回看视频，孩子们发现了自己的演出跟想象中的区别。同时，通过回顾和讨论，大家似乎找到了表演的灵感，知道了表演不是随便走的，而是要跟随音乐的节奏走。

团体讨论

教师的思考与支持

幼儿虽然对模特表演充满兴趣，但对其中的细节及迁移到自身后的表演步骤还比较模糊，需要教师以提供支架、范例观摩等方式进行厘清和梳理，从而帮助幼儿建构对模特走秀的初步经验。这是重要且关键的一步，是幼儿后续尝试和深入探究的基础。

问题2：最想选择哪一首歌曲作为表演音乐？

第二天，在家长的帮助下，孩子们从家里带来了很多音乐，唐老师把孩子们选择的音乐放在U盘里，插在音乐区的蓝牙小音箱上。孩子们聚在音乐区，一起挑选走秀音乐。

孩子们有的选了自己喜欢的儿歌，有的选了自己喜欢的动画片主题曲，这个也很好，那个也很好，到底应该怎么选呢？进一步的思考开始发生。

在挑选过程中，公主组的诗诗说："我们是想当公主的，所以我们选了《冰雪奇缘》里艾莎公主的主题曲《let it go》"。

小爱："对！我们还可以在唱'let it go'的时候，扬一下我们的公主裙呢。"

恐龙组的孩子们想了很久，川川想用《爸爸去哪儿》的音乐，在尝试了三遍以后，洛仪说："恐龙的动作是相对笨重的，这个音乐很轻快，好像不是很适合。"

川川："那怎么办？你带回来的音乐又太抒情了，也不像恐龙呀！"

此时恐龙组的孩子们都跑过来求助教师，请教师上网搜寻关于恐龙主题的音乐。

晋铭："老师，你在百度打'恐龙'两个字就可以。"

于是，教师以"恐龙"为关键词在网络上进行搜索并让孩子们试听，最终，恐龙组的孩子们选择了《我是霸王龙》作为他们的走秀音乐。

分享环节，唐老师问音乐区的孩子们："你们为什么会选择这些音乐呢？"

佳煜："因为我走秀的时候扮演的是公主，选这个音乐跟我的形象是一样的，像艾莎公主一样。"

诗诗："而且这首歌曲的节奏不快也不慢，非常适合我们公主穿着公主裙走路。在唱'let it go'的时候，我们还可以甩披肩或把公主裙转起来呢。"

明明："我们一开始选了《爸爸去哪儿》的音乐，但是它太快了，如果我们走得很快就不像巨型的恐龙了。"

晋铭："老师帮我们搜了一首《我是霸王龙》的音乐，这个音乐的主题也是恐龙，非常适合我们表现恐龙的巨大。"

教师的思考与支持

自主性作为区域活动中不可缺少的教育目标，需要教师适时放手，给予幼儿充分的选择空间。同时，自主性也构建了家园合作的空间，让家长在幼儿的幼儿园生活中更有参与感。在音乐目标的渗透中，教师适当地使用经验迁移、关键提问等方式，支持幼儿理解音乐及乐句本身想要表达的含义，并支持幼儿在理解的基础上创造性地进行肢体表达，这也是艺术性的体现。

问题3：走秀表演时，怎么知道什么时候到我出场了？

音乐选完了，新的问题又出现了。

心心："老师，老师！茂茂在走秀的时候一直走，一直走，都不停下来！走秀是要停下来摆造型的！"

阳阳："对啊，对啊，他不停下来，我都没时间出场了，我们究竟什么时候出场呢？"

戚戚："没关系的吧，随意停下就可以了。"

恒恒："肯定不可以随意停，肯定是有规定的时间，大家的时间都要相同，我看过的视频里，没有人随意停的。"

眼看着孩子们讨论不出结果，唐老师回应道："这确实有点难呢。那我们回忆一下，做早操的时候，老师会怎么让你们定位音乐和动作呢？"

佳煜想了一下，惊呼："对呀，我们可以听歌词！我们可以一人走一句或者两句歌词。"

戚戚："我昨天看模特秀的时候，找到了这个音乐，这个音乐非常好听，我想用这个背景音乐来走秀。可是，这个音乐没有人唱歌词，我怎么知道哪里是一句，哪里是两句呢？"

佳煜："那就像我们一起参加音乐活动时一样，来数拍子咯！"

音乐响起，孩子们用"12345678，22345678"的节奏来数拍子。孩子们惊喜地发现，戚戚选的音乐有明确的节奏，两个八拍的音乐就可以作为戚戚一次走秀的背景音乐。

教师的思考与支持

在本环节中，教师引导幼儿熟悉歌曲、歌词、节拍等内容，并持续支持幼儿迁移自身的相关经验，从而不断完善其在音乐走秀中的实际经验。实践证明，教师的支持是有效的。

问题4：表演的时候好挤怎么办？

在表演的时候，大家总是走成一排，有点挤，又不好看。怎样才可以更好看呢？唐老师支持孩子们迁移在建构区中设计搭建内容的经验，引导孩子们先自己设计队形。

洛仪："我觉得这样表演还不够好看呀。"

佳煜："我看过时装表演，她们会走动变队形，很好看呢！"

王皓："我觉得我们也可以跟模特一样，变一下队形，肯定就更精彩了！"

楠燊："对，就像我们做早操一样，变队形就好看了。"

孩子们叽叽喳喳地讨论着队形的变化。

借助瓶盖摆放队形　　　　　　　观看视频寻找灵感

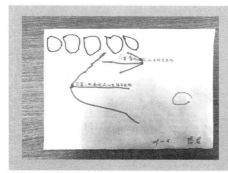 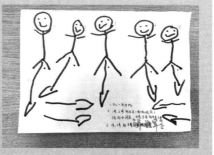

绘制队形计划图

确定走秀队形后，孩子们又商量了出场顺序、变化方式等。

佳煜："第一个八拍皓皓先走，然后是阳阳，然后是我，最后等音乐要结束的时候，我们变化队形，站成一排。可以蹲着，可以站着，也可以踮脚，摆个最后的造型！"

孩子们更加有条不紊地练习了起来，表演越来越成熟。

教师的反思与支持

从音乐到节拍，从造型到队形，孩子们和教师经过多轮的经验碰撞，逐渐建构起自身对模特走秀的直接经验，从音乐到造型，鼓励了幼儿的自主探究，渗透了艺术教育的价值。

（三）经验提升—公开展示：小礼堂里的"我型我秀"

问题1：我们要去哪里表演？

幼儿探究实景

随着孩子们的游戏与表演逐渐成熟，唐老师和孩子们都想去更大的舞台上表演。"我们可以去幼儿园的小礼堂走秀呀！"孩子们的提议和唐老师的想法不谋而合。在园长的支持下，中一班的我型我秀时装秀拉开了帷幕。

问题2：怎么样才能让人来看我们的表演呢？

幼儿探究实景

除了更严谨的排练，我们的时装秀还缺什么呢？正思考着，孩子们遇见了正在开会的实习教师。"我知道啦，表演走秀要有观众呀！""对啊，我们可以邀请其他班的老师来看我们的表演。"孩子们热情地邀请实习教师："老师们，想看演出吗？我们的表演很精彩的。"

邀请实习教师来看走秀表演

问题3：除了教师，还可以邀请谁来观看演出？

幼儿探究实景

除了幼儿园里的教师、实习教师、园长，孩子们当然不会忘记邀请自己的爸爸妈妈来观看自己的表演。孩子们给爸爸妈妈写了邀请信，希望他们能够按时参加，见证自己的风采。

问题4：怎样邀请爸爸妈妈来看我们的演出？

孩子们经过讨论，决定给爸爸妈妈制作邀请函。

邀请函画语解读

亲爱的爸爸妈妈：

你们好！

周五下午3点邀请你们来幼儿园，看我们的"我型我秀"表演。表演的主题、服装、道具、表演的形式都是由我们中一班的孩子们自己一手策划的，期待你们的到来哟！

问题 5：我们表演效果怎么样呢？

幼儿探究实景

戚戚妈妈："我从来没有见过我儿子如此投入地表演。"

明明妈妈："我看到儿子自信的表演，太棒了！"

恒恒妈妈："我发现我儿子学会了听取别人的建议，学会了帮助别人，学会了合作。"

洪泓爸爸："老师，洪泓在表演活动中找到了自己的梦想，从想演宇航员到立志成为一名宇航员。"

张老师："中一班的孩子们让我看到了他们的创造力和想象力，也很佩服中一班的老师们能支持孩子们进行如此自主而又精彩的表演。希望以后我能成为班级的正式老师，也能支持孩子们开展这样的活动。"

李老师："在孩子们的表演里，我看到了孩子们一点一点探究的痕迹，我已经从他们身上学到了一些好点子，可以用到以后的音乐区创设和日常的音乐教育中去。"

在观众教师的欣赏和赞扬中，唐老师和孩子们还听到了实习教师的愿望。杨老师马上要回到自己的家乡做老师了，她把孩子们的走秀视频拍下来，想播放给家乡的小朋友们观看。杨老师还祝愿中一班的孩子们拥有更多的奇思妙想，去到更大的舞台。

除了教师和家长，这么好的表演当然要让更多的人看到。"我型我秀"的延伸活动开始在教师和孩子们的心中酝酿……

时装秀结束时的合影

教师的思考与支持

中班幼儿的自我概念、社会性发展开始进入新阶段。此时，鼓励幼儿走出班级、走出家庭，让他们与幼儿园中的其他人主动交流、交往，让他们作为幼儿园与家庭的纽带去进行联络，是发展他们社会性的一种良好尝试。同时，为幼儿长期的努力提供展示的舞台，有利于增加他们的自信心和成就感。因此，我们走出班级，在更广阔的园内、家长群体内，促进幼儿的成长。

（四）经验内化、迁移—反思延伸：从小礼堂到操场的跨年级走秀

幼儿探究实景

家园联动的时装秀结束后，孩子们的兴趣仍在继续。孩子们想走秀给更多的观众欣赏，于是，我们把舞台迁移到小礼堂的外面。孩子们给大家派发入场券，很多弟弟妹妹都过来看表演。

弟弟妹妹们很认真地观看表演，给喜欢的哥哥姐姐们送上自己的贴纸，弟弟妹妹们也都想加入演出呢！哥哥姐姐们开心地邀请弟弟妹妹们加入："我来教你们吧！""我来给你化妆吧！"

跨年级走秀

教师的思考与支持

随着走秀表演的场地及展示对象的变化，幼儿也开始面临新的问题，如跨年龄段的同伴交往、由于场地改变需要优化展示形式等。教师要做的是支持幼儿与不同的环境、人、物进行互动，将新经验与幼儿的已有经验进行比较、联结、整合，从而支持幼儿的发展。

三、活动评价与反思

（一）音乐区现状

随着"我型我秀"活动的成功开展，音乐区一跃成为幼儿进行活动区计划时的抢手区域，幼儿在音乐区中的活动兴趣提高，操作持久性明显提升。

1. 区域材料不断丰富

在区域材料及环境熏陶方面，幼儿制作的服装道具后来成了音乐区材料的一部分。由于材料来源于幼儿，在丰富了区域材料和氛围的同时更加贴近幼儿经验，更加吸引幼儿的持续参与。

2. 区域联动不断扩展

活动区之间的相互联动得到了更好的支持。"我型我秀"活动期间，音乐区和美工区进行了联动，音乐区的幼儿可以去美工区制作相关的装扮。活动结束后，音乐区与美工区的联动并没有停止，在活动过程中，幼儿有需求时，仍然可以去美工区寻找工具。同时，教师还开放了角色区与美工区、建构区与美工区的联动，为幼儿的游戏和操作扩展了更大空间。

3. 区域活动中的家园合作得以巩固

在活动开展前，教师提前收集相关资料，提前联合家长的力量，为活动区添置更丰富的相关材料。在幼儿寻找材料的过程中，教师及时回应幼儿对进一步丰富物品的需求，通过及时联系园方、家长与幼儿共同收集二手材料等方法，丰富材料，同时锻炼了幼儿的问题解决能力。

另外，在家园联动方面，幼儿在家、在课外兴趣班进行的艺术练习也延展到班级的艺术活动中，幼儿在家和在园的经验得到了更好的联动，家园联系的纽带得到了巩固。

（二）活动过程中的教师观察与评价

在此次活动中，教师尝试使用叶平枝教授的激励性评价体系进行观察与支持。教师通过倾听、关注、赞赏等方式及时回应幼儿出现的困惑，实现激励性评价的第一步——崇拜。第二步，通过描述幼儿做的事，让幼儿清晰地知道自己的发展情况，提高自我效能感，实现激励性评价的第二步——促进。第三步，在形成文字与图片的幼儿发展记录过程中，实现了激励性评价的第三步——传播，具体来说是传播中的记录（对物）；在分享给家长群之后，实现传播中的宣扬（对人）；最后，进行家园合作，家长在接收到此信号之后，及时对幼儿表达赞赏、惊讶之情，陪幼儿收集相关资料，成功实现了后激励性评价——二次激励性评价。

在"我型我秀"活动中，教师肯定并支持了幼儿关于模特表演的兴趣，并一步步地完善幼儿关于模特表演的实操经验，对幼儿每天的活动过程进行记录，并最终将幼儿的阶段性成果进行展出，家园合作贯穿始终，是一次激励性评价在幼儿园现场实际利用的成功尝试。

（三）成果辐射

本活动以行动研究的视角，成功完成了所有主体实践，并提炼出了相关成果，形成了行动研究文本《在主题活动中提高幼儿自主表演能力的行动研究——以"我型我秀"主题活动为例》，其作为幼儿园课程建设成果之一得以沉淀。

（案例提供：广州市第一幼儿园　唐妙红　刘湘丽）

出 版 人　郑豪杰
策划编辑　赵建明
责任编辑　徐　杰
版式设计　郝晓红
责任校对　张晓雯
责任印制　李孟晓

图书在版编目（CIP）数据

区域活动中幼儿的深度学习／蔡黎曼主编；刘琨副
主编. -- 北京：教育科学出版社，2024.8. --（幼儿
深度学习：面向未来的学前教育丛书）. -- ISBN 978-7-
5191-4008-3

Ⅰ. G613

中国国家版本馆 CIP 数据核字第 2024KU2557 号

幼儿深度学习——面向未来的学前教育丛书
区域活动中幼儿的深度学习
QUYU HUODONG ZHONG YOU'ER DE SHENDU XUEXI

出 版 发 行	教育科学出版社	
社　　　址	北京·朝阳区安慧北里安园甲 9 号	邮　　编　100101
总编室电话	010-64981290	编辑部电话　010-64989386
出版部电话	010-64989487	市场部电话　010-64989572
传　　　真	010-64989419	网　　址　http://www.esph.com.cn
经　　　销	各地新华书店	
制　　　作	北京金奥都图文制作中心	
印　　　刷	保定市中画美凯印刷有限公司	
开　　　本	720 毫米×1020 毫米　1/16	版　　次　2024 年 8 月第 1 版
印　　　张	26.5	印　　次　2024 年 8 月第 1 次印刷
字　　　数	358 千	定　　价　85.00 元

图书出现印装质量问题，本社负责调换。